ANTROPOLOGIA TEOLÓGICA:
Pensar o Humano na Universidade

ANTONIO WARDISON C. SILVA
LUÍS FABIANO S. BARBOSA
RONALDO ZACHARIAS
(organizadores)

ANTROPOLOGIA TEOLÓGICA:
Pensar o Humano na Universidade

DIREÇÃO EDITORIAL:
Marlos Aurélio

CONSELHO EDITORIAL:
Fábio E. R. Silva
Márcio Fabri dos Anjos
Mauro Vilela

COPIDESQUE E REVISÃO:
Luiz Filipe Armani
Pedro Paulo Rolim Assunção

DIAGRAMAÇÃO:
Tatiana A. Crivellari

CAPA:
Leandro Cardial Dias

Todos os direitos em língua portuguesa, para o Brasil, reservados à Editora Ideias & Letras, 2019.

2ª impressão

Rua Barão de Itapetininga, 274
República - São Paulo/SP
01042-000 (11) 3862-4831
Televendas: 0800 777 6004
vendas@ideiaseletras.com.br
www.ideiaseletras.com.br

Largo Coração de Jesus, 154
Campos Elíseos
01215-020 - São Paulo - SP

Dados Internacionais de Catalogação na Publicação (CIP)
(Câmara Brasileira do Livro, SP, Brasil)

Antropologia Teológica: pensar o humano na universidade. Antonio Wardison C.
Silva, Luís Fabiano S. Barbosa, Ronaldo Zacharias. (Organizadores).
São Paulo: Ideias & Letras, 2017.
Vários autores.
Bibliografia.
ISBN 978-85-5580-034-4

1. Homem (Teologia cristã)
I. Silva, Antonio Wardison. II. Barbosa, Luís Fabiano S.
III. Zacharias, Ronaldo.

17-10679   CDD-233

Índice para catálogo sistemático:
1. Antropologia teológica: Teologia dogmática cristã 233

SUMÁRIO

APRESENTAÇÃO – 9
Ronaldo Zacharias

I – O SER HUMANO NO DISCURSO TEOLÓGICO

1. A teologia tem algo a dizer sobre o ser humano? – 15
Antonio Wardison C. Silva

2. Como falar de Deus hoje? – 25
Fernando Altemeyer Júnior

3. O ser humano, quem é ele? – 39
Eduardo Dalabeneta

4. Qual o significado de a pessoa humana ser "imagem de Deus"? – 51
Donizete José Xavier

II – O SENTIDO DA BUSCA HUMANA

5. O que é e de quem é a verdade? – 65
Anderson de Alencar Menezes

6. Há sentido para a vida? – 75
Antonio Wardison C. Silva

7. O ser humano, um ser religioso? – 89
Antonio Boeing

8. A fé confere sentido para a vida? – 107
Luís Fabiano dos Santos Barbosa

III – A EXISTÊNCIA HUMANA DESAFIADA

9. Por que o mal existe? – 121
Valter Luiz Lara

10. Existe sentido no sofrimento humano? – 139
Alexandre Andrade Martins

11. Existe algo para além da morte? – 157
Renold J. Blank

12. Por que a injustiça compromete a realização humana? – 173
Cézar Teixeira

IV – O RELACIONAMENTO HUMANO

13. Qual o valor da alteridade? – 187
Nilo Ribeiro Junior

14. O perdão reconstrói as relações humanas? – 203
Domingos Zamagna

15. O amor como projeto de vida? – 213
Ronaldo Zacharias

16. Por que cuidar da criação? – 239
Lino Rampazzo

V – O HUMANISMO CRISTÃO

17. Qual a relação entre cristianismo e promoção do humano? – 263
Luiz Augusto de Mattos

18. Em que consiste o compromisso social cristão? – 277
Rosana Manzini

19. Existe uma Ética Cristã? – 291
José Antonio Trasferetti

20. O que significa ser um profissional cristão? – 309
Fernando Altemeyer Júnior

Apresentação

São diversas as perspectivas de aproximação do humano na tentativa de compreender o significado mais profundo da sua origem, da sua existência e do seu destino. Esta obra procura perscrutar o humano à luz da ciência teológica, em diálogo com a filosofia e as demais ciências modernas.

Os temas abordados pelos diversos autores deixam claro que, criado por amor e para amar, o ser humano é alguém que se realiza apenas por meio do esforço de discernir as exigências que derivam do amor no dia a dia, certo de que um dia se encontrará face a face com o Amor que esteve na origem de tudo e deu sentido a tudo.

É este o fio condutor dos temas que serão abordados. O mistério do ser humano só encontra seu mais profundo significado em Deus, que é Amor. Do fato de ser filho de Deus e, portanto, vocacionado-ao-amor, deriva tanto a consciência da inviolabilidade da dignidade humana quanto da responsabilidade de lutar contra tudo o que ameaça e/ou compromete essa dignidade.

É impossível professar a fé num Deus que é Amor e não se sentir impelido a fazer da própria vida uma resposta de amor ao Deus que não quer outra coisa senão a vida em abundância dos seus filhos e filhas. Concretamente, isso significa que é no mistério de Deus que encontramos situado o humano. É a riqueza e a profundidade de tal mistério que abrem as portas para um estudo da perene novidade que caracteriza o ser humano.

Novidade que é ação do Espírito de Deus no processo de conformação da própria vida aos sentimentos e à prática do Filho, Verbo feito carne, que habitou entre nós. O Espírito, Amor do Pai e do Filho, é quem nos faz compreender que o amor de Deus se faz, necessariamente, comunhão de amor com os outros.

O amor, sentido mais profundo da existência, torna-se, assim, um imperativo para quem crê: realiza-se humanamente quem ama e assume o amor como estilo de vida, modo de pôr-se diante do outro e afirmar o seu bem, independentemente de qualquer condição ou situação.

Os autores convidados a escrever os capítulos deste livro tiveram presente tanto o público ao qual ele se destina quanto o local em que ele deve se situar: jovens imersos na educação superior, ambos "lugares teológicos", isto é, "lugares" onde Deus se revela e se manifesta ao humano.

Dirigir-se aos jovens universitários significa provocá-los a fazer uma profunda experiência de Deus por meio do diálogo sincero entre razão, ciência e fé. Deus se deixa encontrar por quem o procura com o coração sincero. E, neste encontro, o saber se torna sabedoria e confere à vida um novo sabor.

Que os capítulos que seguem ajudem a todos os jovens universitários a compreender um pouco mais de si; os estimulem a buscar incansavelmente um saber que não apenas os qualifique como bons profissionais, mas também como cidadãos éticos, sensíveis ao humano em maior vulnerabilidade; os provoquem a saborear a sabedoria que nenhum conhecimento humano é capaz de esgotar.

Apresentação

Quando a antropologia se abre à teologia, é a compreensão do humano que ganha um novo significado. Quando a teologia assume seriamente a antropologia, é a existência do humano que se converte em significativa. Tanto o significado quanto a significatividade são razões que nos levam a contemplar o humano e, por meio dele, fazer uma profunda experiência de Deus.

P. Ronaldo Zacharias
- Reitor do UNISAL -

I
O SER HUMANO NO DISCURSO TEOLÓGICO

A teologia tem algo a dizer sobre o ser humano?

Antonio Wardison C. Silva[1]

O que posso saber?; O que devo fazer?; O que me é permitido esperar?; O que é o homem?

(Immanuel Kant)

Introdução

Por muitos séculos, a Teologia permaneceu isolada em função de discutir e de responder às principais questões sobre Deus, o ser humano e o mundo a partir de uma perspectiva sobretudo eclesiástica. A sua contribuição, apesar desse isolamento, foi extremamente importante para a geração de uma cultura em prol da vida, da justiça, da dignidade da pessoa. Nos dias de hoje, ao contrário, a Teologia tornou-se uma ciência acessível a todos, uma voz respeitável no diálogo com as ciências, com eficaz incidência no mundo social, político, cultural, econômico e

---

[1] Antonio Wardison C. Silva é doutorando em Filosofia (Pontifícia Universidade Católica - São Paulo,); Pró-Reitor de Extensão, Ação Comunitária e Pastoral do Centro Universitário Saesiano de São Paulo (UNISAL) e professor de cursos de pós-graduação *lato sensu* no UNISAL (*Campus* Pio XI).

16 Antropologia Teológica: pensar o humano na universidade

religioso. Não mais confinada nos espaços eclesiásticos, ela se tornou uma ciência de interesse público, universal.

Por mais que falemos de Teologia, no singular, temos de reconhecer que existem várias teologias, frutos de sistemas e escolas teológicas. Isso não é negativo; pelo contrário, enriquece ainda mais o diálogo dentro da própria Igreja e com a sociedade.[2] As diversas áreas do saber teológico também se abriram à discussão pública e, com o auxílio das ciências modernas, tornaram-se ainda mais capazes de contribuir com o saber-fazer teológico e de legitimar sua significatividade no e para o mundo histórico.

Assim acontece com a Antropologia Teológica, uma área da Teologia voltada a pensar o ser humano à luz da fé e do dado revelado. Nessa tarefa, a Teologia serve-se, fundamentalmente, da Filosofia para especular a natureza humana na sua totalidade, mas, sobretudo, a fé: "sob uma luz nova e mais profunda: a luz da relação do homem com Deus".[3] No diálogo com as outras ciências, a Antropologia Teológica enriquece e aprofunda suas considerações sobre a natureza humana, assim como ela também contribui com tais ciências, ao considerar e transmitir uma compreensão holística do homem. Tal é a razão de ser desta ciência.[4] Em nenhum momento, porém, a Antropologia Teológica pretende esgotar a compreensão sobre o ser humano, até porque nenhuma ciência pode advogar para si tal pretensão, nem as ciências humanas, naturais nem as exatas.[5]

---

2 MONDIN, Batista. *Antropologia Teológica: história, problemas, perspectivas.* Trad. Maria Luiza Jardim de Amarante. São Paulo: Paulinas, 1986, p. 7.
3 LADARIA, Luís F. *Introdução à Antropologia Teológica.* Trad. Roberto Leal Ferreira. São Paulo: Loyola, 1998, p. 12.
4 SIERRA, Alejandro Martínez. *Antropología teológica fundamental.* Madrid: Biblioteca de Autores Cristianos, 2002, p. XV.
5 TEPE, Valfredo. *Antropologia Cristã: diálogo interdisciplinar.* Petrópolis: Vozes, 2003, p. 17.

A reflexão que segue tem a finalidade de elucidar a natureza, o objeto, o método e as principais áreas de especulação da Antropologia Teológica e, com isso, demonstrar sua importância para a investigação e compreensão do ser humano.

1 A compreensão da Antropologia Teológica

A Teologia é a ciência sobre Deus ou, em outras palavras, o discurso sistemático, à luz da fé, sobre Deus: *Theós + logia* = Deus + ciência. Deus é o centro deste estudo e, consequentemente, tudo o que Ele revela sobre si mesmo e que se encontra de uma certa forma "registrado" nas Sagradas Escrituras. Podemos ainda dizer que a Teologia é o modo de tornar acessível a reflexão sobre Deus ao humano, o modo como o humano concebe e se expressa sobre Deus.[6]

Pode-se afirmar que o fazer teológico baseia-se em dois princípios supremos: o *arquitetônico* e o *hermenêutico*. O primeiro sustenta-se na Revelação, "na autocomunicação pessoal de Deus à pessoa humana",[7] isto é, na maneira como Deus se dá a conhecer, base para a compreensão de todos os mistérios e eventos da história da salvação; o segundo se fundamenta na interpretação da comunicação que Deus faz sobre si mesmo para os dias de hoje, isto é, no significado que a Revelação tem para as mulheres e os homens do nosso tempo. Embora interligados, tais princípios são distintos e de proveniências também diferentes: o primeiro deriva da Revelação; o segundo, da Filosofia.[8]

---

6   LIBANIO, J. B.; MURAD, Afonso. *Introdução à Teologia: perfil, enfoques, tarefas.* São Paulo: Loyola, 1996, p. 63.
7   SATTER, Derothea; SCHNEIDER, Theodor. *Doutrina sobre Deus.* Trad. Ilson Kayser et al. Petrópolis: Vozes, 2000, p. 105.
8   MONDIN. *Antropologia Teológica: história, problemas, perspectivas*, p. 8-10.

18 Antropologia Teológica: pensar o humano na universidade

O princípio *hermenêutico* dá condições para a compreensão, via interpretação, dos dados revelados; é condição para que a esperança cristã, marcada pelo evento da salvação, seja significativa na dinamicidade da realidade histórica. Ora, a Teologia necessita da razão para que a fé seja esclarecida. O papel da razão consiste, portanto, em compreender a fé e tudo o que ela implica; dar inteligibilidade àquilo que se crê.

Dos três pilares de conhecimento pela razão – o ordinário, o científico e o filosófico – o primeiro e o terceiro são essenciais para a inteligência da fé: pela vida ordinária, do cotidiano, é possível compreender a fé, base para todo cristão. Neste tipo de conhecimento não há sistematização ou método claro para o conhecimento das coisas, mas espaço de profunda experiência; pelo pensar filosófico, é possível investigar e compreender, de forma sistemática e rigorosa, a fé, exercício tal próprio da Teologia em âmbito acadêmico.[9] Particularmente, a Antropologia Teológica está em estreita relação com a Antropologia Filosófica.[10]

> O homem é naturalmente filósofo. Assim o cristão é naturalmente teólogo. "O esforço para compreender a fé e aquilo que precisa crer, o intellectus fidei, é problema do homem, da sua faculdade de pensar e de compreender. Este esforço em relação à fé, que é a teologia, não se desenvolve paralelamente à fé; é uma forma intensiva de realizar o próprio ato da fé, que não exige somente o fato de crer, mas também a inteligência da fé, e isso porque a fé abrange o homem todo, inteiro, empenhando-lhe as faculdades e, portanto, necessariamente, o espírito, o poder de interrogar e de pensar".[11]

---

9   Ibid., p. 11-12.
10   SIERRA. *Antropología teológica fundamental*, p. XVI. A Antropologia Teológica e a Antropologia Filosófica têm em comum o campo da metafísica, embora com suas particularidades: a primeira desenvolve-se com base na fé e com o aparato especulativo da razão; a segunda, exclusivamente na razão.
11   MONDIN. *Antropologia Teológica: história, problemas, perspectivas*, p. 11.

Podemos dizer que a *natureza* da Antropologia Teológica consiste em investigar o ser humano e a história humana à luz dos dados revelados da Sagrada Escritura, à luz da fé; seu *objeto* é o próprio ser humano, criado por Deus à sua imagem e semelhança; seu *método* funda-se no dado revelado e na sua interpretação, vias para a compreensão do ser humano na sua integralidade.

Em síntese, a Antropologia Teológica procura entender o ser humano em sua íntima relação com Deus – que é Uno e Trino, revelado em Jesus Cristo – e o sentido pleno da sua vida, vocação e realização. E para tal recorre ao estudo da revelação cristã. Uma vez que Deus se revela ao ser humano (Teologia da Revelação), este torna-se destinatário e objeto desta revelação: destinatário porque é dado a ele as possibilidades de conhecer a Deus, seu mistério de salvação, e a si mesmo, vocação e fim último; objeto porque ele é o centro de estudo dessa revelação (criação) e, por isso, procura conhecer-se.[12] Ao conhecer-se, conhece Aquele que o criou; ao conhecer Aquele que o criou, conhece a si mesmo.

2 Dimensões fundamentais da Antropologia Teológica

Compreendido o caráter próprio da Antropologia Teológica, sua perspectiva científica, busca-se, agora, explicitar três dimensões que orientam a compreensão sobre o ser humano na sua integralidade, na perspectiva da fé cristã, a saber: a relação entre Deus e o homem; o homem na sua condição de criatura, em liberdade; a fraqueza humana.

---

12 LADARIA. *Introdução à Antropologia Teológica*, p. 11-12.

2.1 A relação entre Deus e o homem

A dimensão mais específica da Antropologia Teológica consiste no fato de Deus estabelecer uma relação de amor e paternidade com o ser humano,[13] convidado, desde o início da sua existência, a dialogar com Deus. "Pois, se existe, é só porque, criado por Deus por amor, e por ele, por amor, constantemente conservado; nem pode viver plenamente segundo a verdade, se não reconhecer livremente esse amor e se entregar ao seu criador".[14]

Essa vocação sublime do ser humano, de manter-se unido a Deus – já anunciada pelos profetas –, foi confirmada, uma vez por todas, em Jesus Cristo, seu Filho unigênito. Nele, o ser humano tornou-se capaz de conhecer e manter uma relação filial com Deus. Jesus Cristo, o novo Adão – revelação plena de Deus – revela os desígnios do ser humano, sua vocação sublime de relacionar-se com Deus e poder participar da sua comunhão de vida e de amor, que chamamos de vida eterna. Imagem perfeita de Deus, Cristo restituiu ao ser humano a semelhança divina, deformada desde o primeiro pecado. "Já que, Nele, a natureza humana foi assumida, e não destruída, por isso mesmo, também em nós foi ela elevada a sublime dignidade".[15] Assim, no mistério da encarnação, Jesus tornou-se semelhante ao ser humano em tudo, exceto no pecado; e, no mistério da Sua paixão-morte-ressurreição, reconciliou o ser humano com Deus e arrebatou-o da escravidão e do pecado.

---

13 Ibid., p. 13.
14 Constituição Pastoral *Gaudium et Spes*. Sobre a Igreja no mundo. Documentos do Concílio Ecumênico Vaticano II. 4ª ed. São Paulo: Paulus, 2007, n. 19. Daqui em diante = GS.
15 GS 22.

A teologia tem algo a dizer sobre o ser humano? 21

Em Jesus Cristo o ser humano reencontra o caminho definitivo de união com Deus e, com isso, o resgate da sua dignidade. Os mistérios da criação, encarnação e ressurreição revelam ao ser humano o verdadeiro sentido da sua existência. Criado à imagem e semelhança de Deus é destinado a viver para sempre Nele.

2.2 A condição de criatura, em liberdade

O chamado do ser humano ao diálogo com Deus pressupõe, fundamentalmente, a liberdade, condição para que ele se realize em plenitude e com sentido.[16] Como criatura livre, o ser humano é convidado a construir o plano de Deus, porque Ele é a razão última da sua existência. Ora, Deus livremente se revela e se dá ao ser humano. O ser humano, na condição de criatura livre, responde positiva ou negativamente ao apelo que Dele provém para que se realize como pessoa, por meio da escolha do caminho do bem e do seguimento do seu Filho.

Mas isso não significa que o ser humano, na sua condição de criatura, não tenha consistência própria. Dotado de faculdades naturais, constituidoras do seu ser, tem o poder de criar e transformar as coisas. No entanto, não é causa de si mesmo, mas ser causado, ser no Ser e, por isso, somente em Deus poderá encontrar sua plena consistência, solidificada no ato de ser livre.

A liberdade, nesse sentido, "é um sinal privilegiado da imagem divina no homem. Pois Deus quis 'deixar o homem entregue à sua própria decisão', para que busque por si mesmo o seu Criador e livremente chegue à total e beatífica perfeição, aderindo a Ele".[17] Para alcançar este estado pleno da dignidade, deverá

---

16 LADARIA, *Introdução à Antropologia Teológica*, p. 13.
17 GS 17.

o homem proceder segundo sua própria consciência e por livre decisão. Para isso é preciso que ele se liberte de tudo aquilo que o torna escravo e tenda para o seu fim pela livre escolha do bem e, consequentemente, pelo esforço de evitar o mal.

Contudo, o ser humano pode fazer mau uso da sua liberdade, distanciando-se de sua inclinação natural para o bem, ferindo a si mesmo e aos outros. A Antropologia Teológica, nesse sentido, busca compreender a condição do ser humano como ser livre e as propriedades do bem o do mal implicadas no agir humano. Fundamentalmente, reflete sobre o sentido da vida, sobre os valores que a orientam e sobre o reto agir para se realizar como gente.

2.3 A fraqueza humana

Desde a sua criação, o ser humano foi chamado por Deus à santidade. Porém, seduzido pelo mal, afastou-se do seu Criador para buscar, fora dele, o seu fim. Ao descobrir-se inclinado para o mal, sujeito a muitos perigos, e ainda mais distante de Deus e, portanto, dividido em si mesmo, o homem vive a tensão constante entre o bem e o mal, seja em sua vida particular seja em sua vida coletiva. Esta é a condição humana de pecado.[18]

A condição de pecador compromete a natureza originária do ser humano, porque o diminui, impedindo-lhe de alcançar sua plena realização. Não obstante, o resgate de sua natureza e da sua inclinação ao bem realiza-se no mistério salvador de Jesus Cristo, que liberta o ser humano do mal, concedendo-lhe a graça de comunhão com o seu Criador.

O ser humano, embora agraciado pela aliança com Deus, continua sendo humano e, portanto, limitado, frágil, vulnerável.

---

18 GS 13.

Essa sua condição o abre à perspectiva do perdão partilhado, da reconciliação assumida como estilo de vida e da constante (re)construção.

2.4 A peculiaridade das dimensões

Essas três dimensões, fundamentais na abordagem da Antropologia Teológica, caracterizam o ser humano na sua relação com Deus, consigo mesmo e com os outros: na relação com Deus, revela-se o seu caráter social, de diálogo com o Criador, transformador de si e de sua relação com as pessoas; na liberdade, a consciência de seus atos e de suas possíveis consequências e, por isso, do respeito consigo mesmo e com os outros; na fraqueza, a sua abertura à solidariedade, devido ao desejo presente no seu coração de reconciliação e de paz.

Estas três dimensões não se referem a três homens, mas a um só; não correspondem a etapas sucessivas, cronologicamente presentes na história do ser humano. Ao contrário, a condição humana de criatura é perene e, por isso, tais dimensões convivem simultânea e diversamente na vida de cada pessoa e em cada momento da história.

Conclusão

A investigação sobre o ser humano é a mais incrível especulação que pode ser feita. As ciências que diretamente se ocupam desta tarefa reconhecem o quanto o ser humano é inesgotável e, ao mesmo tempo, fascinante; a cada descoberta, reconhece-se a sua complexidade e beleza, vulnerabilidade e vigor.

Antropologia Teológica é isso: uma ciência que busca conhecer o ser humano na sua integralidade. Para isso, parte

24 Antropologia Teológica: pensar o humano na universidade

de Deus e a Ele retorna, porque O considera não somente causa, mas fim último do ser humano. Mas parte também da realidade concreta do ser humano e, para isso, serve-se da contribuição das várias ciências e se coloca em atitude de permanente diálogo com elas, a fim de que tanto a riqueza do mistério de Deus quanto do mistério humano sejam cada vez mais conhecidas e aprofundadas e se tornem, com isso, fonte de esperança em contextos tão controversos, marcados por relativismos e fundamentalismos.

Referências

DOCUMENTOS DO CONCÍLIO ECUMÊNICO VATICANO II. Constituição Pastoral *Gaudium et Spes*. Sobre a Igreja no mundo. 4ª ed. São Paulo: Paulus, 2007.

LADARIA, Luís F. *Introdução à Antropologia Teológica*. Trad. Roberto Leal Ferreira. São Paulo: Loyola, 1998.

LIBANIO, J. B.; MURAD, Afonso. *Introdução à Teologia: perfil, enfoques, tarefas*. São Paulo: Loyola, 1996.

MONDIN, Batista. *Antropologia Teológica: história, problemas, perspectivas*. Trad. Maria Luiza Jardim de Amarante. São Paulo: Paulinas, 1986.

RATZINGER, Joseph. *Natureza e Missão da Teologia*. Trad. Carlos Almeida Pereira. Petrópolis: Vozes, 2008.

SATTER, Derothea; SCHNEIDER, Theodor. *Doutrina sobre Deus*. Trad. Ilson Kayser et al. Petrópolis: Vozes, 2000.

SIERRA, Alejandro Martínez. *Antropología teológica fundamental*. Madrid: Biblioteca de Autores Cristianos, 2002.

TEPE, Valfredo. *Antropologia Cristã: diálogo interdisciplinar*. Petrópolis: Vozes, 2003.

2

Como falar de Deus hoje?

Fernando Altemeyer Júnior[1]

Introdução

Deus não é um problema teórico ou conceitual. Muita gente perde tempo e energia especulando sobre a existência de Deus, a ponto de reduzir a questão a um certo nominalismo ou a um debate sobre hipóteses. Uma reflexão sobre Deus deve subtrair-se imediatamente dessa armadilha falaciosa. Deus não precisa ser afirmado ou negado por meio de argumentos, silogismos ou pela lógica cartesiana. Deus se revelou nos textos sagrados das religiões como Aquele que quer ser amado e experienciado como amor, como Aquele que chama para uma relação de amor com Ele. Se respondermos positivamente a esse chamado, Deus poderá não apenas ser compreendido, mas significativo para as perguntas existenciais. Se a nossa resposta for negativa, qualquer discurso sobre Deus se tornará uma falácia e um engodo. Já dizia Blaise Pascal que os milagres de Deus para quem não crê são inúteis e, para os que creem, não são necessários.

---

1 Fernando Altemeyer Júnior é doutor em Ciências Sociais (Pontifícia Universidade Católica - São Paulo), mestre em Teologia e Ciências da Religião (Université Catholique de Louvain – Bélgica) e professor da Pontifícia Universidade Católica de São Paulo.

O debate sobre Deus e sua existência transformou-se numa disputa sobre poderes extraordinários ou feitos sobrenaturais que, por sua vez, converteu-se em espetáculo de massas, impedindo a acolhida do dom gratuito do amor e a vivência do mistério da transcendência. Precisamos seguir em outra direção. O falar de Deus deve ser feito a partir da voz dos seres humanos e de suas expectativas cotidianas na arte de viver os valores éticos.

Neste capítulo não discutirei Deus como conceito. Farei outro caminho, que nasce da antropologia existencial inspirada em Edgar Morin, Santo Agostinho, Henri de Lubac, Fiodor Dostoievski, Herbert Marcuse, Guimarães Rosa e, sobretudo, no Evangelho de São João. Quero falar de Deus usando a linguagem do humano e de sua existência concreta; falar de Deus pela voz de cada ser humano contextualizado. Esse tipo de reflexão sobre Deus tem raízes antigas na escola de pensamento dos cristãos de Antioquia, retomado pelos teólogos da América Latina desde 1968, como uma teologia ascendente ou da libertação ou da história: parte-se da vida para chegar a Deus, e não o contrário, como fazem é comum acontecer em outros contextos.

Deus estará presente neste texto como a bela surpresa de um encontro de amor, como foi o encontro de Jesus com a samaritana (Jo 4, 6-30). A razão desta escolha metodológica é para que evitemos falsificar Deus e criar uma imagem divina que seja um simulacro religioso que não fala com as pessoas nem interage com a história. Precisamos de um novo e vigoroso "falar de Deus" que escape das armadilhas do deus domesticado. O estilo do Papa Francisco é exemplo concreto de que isso é possível e necessário para nossos dias. Seus gestos proféticos em Lampedusa, Lesbos, México, Congo e Brasil confirmam um novo modo de falar de Deus pela proximidade e pela misericórdia. Francisco proclama claramente que a questão sobre Deus passa pela questão humana. Sem a carne e o corpo humano sentindo, amando e pensando, não pode existir um dizer convincente sobre Deus.

1 O pensamento ocidental sobre o ser humano

Nos países ocidentais, a democracia propõe valores iguais para todos os seres humanos, como inscrito na Declaração Universal dos Direitos Humanos, promulgada pela ONU em 10 de dezembro de 1948. Ainda que isto pareça utópico, se considerarmos tudo o que está acontecendo no mundo, é um santo evangelho para nossos povos. De acordo com o artigo primeiro da Declaração, "todos os seres humanos nascem livres e iguais em dignidade e em direitos. Dotados de razão e de consciência, devem agir uns para com os outros em espírito de fraternidade".[2] Aqui está o melhor da consciência humana produzida depois de duas guerras fratricidas que mataram 60 milhões de seres humanos e do holocausto genocida que dizimou mais da metade do povo judeu.

O segundo artigo da Declaração da ONU completa a utopia necessária em favor da dignidade inerente de cada ser humano:

> Todos os seres humanos podem invocar os direitos e as liberdades proclamados na presente Declaração, sem distinção alguma, nomeadamente de raça, cor, sexo, língua, religião, opinião política ou outra, origem nacional ou social, fortuna, nascimento ou outro estatuto. Além disso, não será feita nenhuma distinção fundada no estatuto político, jurídico ou internacional do país ou

---

2 Declaração Universal dos Direitos Humanos, de 1948, documento-marco na história dos direitos humanos. Disponível em: <http://www.dudh.org.br/declaracao/>. Acesso em: 15 nov. 2016.

do território da naturalidade da pessoa, seja esse país ou território independente, sob tutela, autónomo ou sujeito a alguma limitação de soberania.[3]

Hoje existe um bilhão de pessoas perseguidas por guerras, terrorismos e massacres perambulando dentro e fora de seus países. Um em cada sete habitantes da Terra não é reconhecido como pessoa com direitos e deveres e, por isso, acaba sendo coisificado e usado como bucha de canhão ou lixo humano por uma economia que gera e produz seres descartáveis, já que movida apenas pelo lucro em favor de bolsas e mercados. Ressoa hoje, mais do que nunca, a voz de Deus dirigida a Caim: *"Onde está Abel, teu irmão?"* (Gn 4, 9).

2 O ser humano como criatura de Deus

Um dos melhores caminhos para superar a injustiça é assumir que somos criaturas de Deus. A fé cristã, desde as origens, assumiu a antropologia em chave universal e de respeito aos diferentes. O valor da vida brota da certeza de que somos criaturas destinadas à eternidade. No finito há uma semente de infinito. O Eterno se plasma e se faz presente na mente, nos corações e na emergência de cada vida que deve ser cuidada e amada. O Eterno se manifesta no provisório e mortal. Há uma comunhão entre o infinito e o finito. A antropologia humana vital é penetrada pela presença de Deus. Assim afirmou em entrevista pessoal, Dom Júlio Akamine, atual Arcebispo de Sorocaba: "a vida é sagrada porque desde a sua origem está ligada e relacionada com Deus. Sacralidade da vida humana nada mais é do que o reconhecimento de que a vida tem dentro de si uma relação

---

3 Disponível em: <http://www.dudh.org.br/declaracao/>. Acesso em: 15 nov. 2016.

especial com o Criador da vida. Ninguém de nós se deu (ou se dá) a vida a si mesmo. Ela é recebida. Nós a recebemos dos nossos pais; nós a recebemos todos os dias e a todo o momento deste mundo que nos fornece alimento, bebida, ar para viver. A fonte da vida não está dentro nós: nós a recebemos!".

Ver desse modo não é contrário à visão científica ou biológica dos seres. Sabemos que todos os seres vivos são corpos ou sistemas homeostáticos, autorreprodutíveis e em constante evolução. Certamente sentimos e vemos que os seres vivos são mais que essas três propriedades essenciais e especiais. Pensando estas três integradamente e de acordo com o pensamento complexo da atualidade, podemos articulá-las com a dimensão do tempo, onde a vida acontece e se manifesta. E vivendo no tempo, os seres vivos comungam de uma vocação de estabilidade e transformação que se dá por troca, morte e comunhão de vidas. Tudo isso clama por sentido e valor.

Vivemos de que, por que e para que? Essa flecha de sentido mexe com nossa mente e coração. O ser humano como consciência de toda a matéria existente faz essa pergunta e busca incessantemente respostas provisórias para compreender sua viagem e seu destino. Sabemos que somos feitos de carbono e vivemos de oxigênio, nitrogênio e muita água, mas logo sentimos dentro da alma que o maior elemento constitutivo da vida humana é feito de memória, presença amorosa e sonhos de futuro.

O tempo flui e nos molda e, simultaneamente, nós fazemos o tempo e a história. Somos hominizados e humanizados em processo dialético. Blaise Pascal assim resume tal paradoxo:

> A última tarefa da razão é de reconhecer que existe uma infinidade de coisas que a ultrapassam, e que a razão é fraca, se ela não reconhecer isso. Se até as coisas naturais

> a ultrapassam, que diremos nós das coisas sobrenaturais. É preciso duvidar onde devemos duvidar, acreditar onde devemos crer e nos submeter onde devemos nos submeter. Quem assim não age não entende a força da razão. Mas, se nós submetermos tudo à razão, nossa religião não teria nada de misterioso ou sobrenatural. E se esmagarmos os princípios da razão, nossa religião será absurda e ridícula.[4]

A resposta do valor de cada pessoa humana à luz da perspectiva cristã ou transcendente é simples e direta: o valor de cada pessoa é infinito e incomensurável. A realidade cotidiana mostra que muitas vidas são barganhadas por menos que as 30 moedas com as quais Judas entregou Jesus. Crianças no Brasil e no mundo morrem por falta de água tratada na ausência de alguns gramas de soro caseiro que lhes são sonegados pelos ricos e pelos governos ineptos. Adolescentes em nossas capitais morrem massacrados por traficantes de drogas e por grupos de extermínio ou definham pelo crack e pelo oxi nas cracolândias urbanas. Há ainda jovens burgueses e das periferias ou classes médias que matam pessoas por sadismo ou normopatias gravíssimas, sem remorso nem sentimento. E, para completar o quadro de horrores, sabemos que centenas de crianças do Nordeste brasileiro, com oito ou nove anos, são vendidas ou traficadas como carne humana para servir ao desfrute mercantil no mercado global do turismo sexual.[5]

---

4 PASCAL, Blaise. *Pensées*. Paris: Garnier-Flammarion, 1976, p. 126-127.
5 FERLIN, Danielly. Brasil: o berço do tráfico de mulheres e da exploração sexual. In: *JurisWay*. Disponível em: <http://www.jurisway.org.br/v2/dhall.asp?id_dh=4386>. Acesso em: 15 nov. 2016.

Como falar de Deus hoje?

3 O homem: lobo do homem ou imagem do divino?

Se valemos tanto para Deus, por que a dignidade nos é roubada de forma tão aviltante e acintosa? Teria razão Thomas Hobbes em dizer que o homem é o lobo do homem?[6] Por que muitos seres humanos assumem práticas deprimentes e inumanas? Por que as pessoas são tão desrespeitadas na sua dignidade e nos seus direitos? Por que nos tornamos facilmente indiferentes ao mal que vemos e, consequentemente, nos tornamos coniventes com ele? Por que não reagimos diante da banalização do mal que dizima milhões de pessoas como se fossem seres descartáveis? Por que vivemos conectados com o mundo mas permitimos que a cegueira moral afete a nossa retina, cérebro e coração? Se, num contexto como esse, dissermos que cremos em Deus e nada fizermos para denunciar e mudar a situação, acabamos assumindo publicamente que somos mentirosos.

Muito da perda da dignidade humana não acontece em guerras ou massacres de terroristas, como assistimos no Iraque, Líbia ou, há alguns anos, na Bósnia e nos Balcãs. Acontece de forma silente nas pequeninas perdas éticas em nosso cotidiano. Concedemos licenças para poderes ilegítimos e nos desvalorizamos. Calamos quando pessoas agridem negros com racismo e nos embrutecemos. Rimos quando homofóbicos desrespeitam a dignidade de uma pessoa homossexual e nos animalizamos. Aplaudimos e assistimos embevecidos aqueles tantos programas televisivos que estimulam o ódio e a raiva contra os pobres e deixamos de ser companheiros de mesa e de utopias. De grão em grão, de mentira em mentira, de morte em morte

---

6   HOBBES, Thomas. *Leviatã ou matéria, forma e poder de um Estado eclesiástico e Civil*. São Paulo: Nova Cultural, 1997.

32 Antropologia Teológica: pensar o humano na universidade

vamos secando, definhando e ficando sem o essencial. Vendemos a nossa alma e acabamos nos perdendo de nós mesmos.

Herbert de Sousa, o Betinho, lembrava-me em conversa pessoal que a cidadania se constrói já na mesa do café da manhã e no primeiro "bom dia" que damos ao porteiro do prédio, ao cobrador do ônibus, ao empregado da limpeza, ao feirante da rua, ao motorista do táxi. Ao me omitir cada vez que vejo uma injustiça, torno-me conivente e apago um pedaço de minha humanidade. Depois de um tempo fica muito difícil protestar, pois já estarei envolvido na rede ardilosa da ideologia que segrega e fragiliza a compaixão e o perdão.

O pensador francês Edgar Morin insiste que, para uma reforma do pensamento, precisamos ter uma educação nova e um novo educador; e que um dos sete saberes essenciais dessa nova sociedade de humanos complexos e dialógicos deve ser o de ensinar a condição humana; outro, a compreensão; outro, ainda, o bem pensar: "Este é o modo de pensar que permite apreender em conjunto o texto e o contexto, o ser e seu meio ambiente, o local e o global, o multidimensional, em suma, o complexo, isto é, as condições do comportamento humano".[7]

Tudo é uma questão de ampliar visões e ter coerência pessoal. É preciso que a nossa vida proclame como valor aos outros aquilo que ela mesma vive cotidianamente. Coerência é uma exigência de todos que lutam pela dignidade humana. Assim dizia Santo Agostinho: "Por causa da miséria humana, até a vida dos bons está coberta, se não de barro, ao menos de poeira. E, se não se aplicar diariamente ao exercício da penitência,

---

7   MORIN, Edgar. *Os sete saberes necessários a educação do futuro*. São Paulo: Cortez, 2003, p. 100.

podem acabar em estado lamentável".[8] Sair de determinadas situações sem barganhar seus valores poderá custar caro naquele momento, mas garantirá equilíbrio psíquico e coerência de vida no futuro. Não é tudo que me pedem e mandam realizar que eu devo cumprir. É preciso discernimento, maturidade e diálogo. Não se trata apenas de dizer um não contestatório, mas argumentar e propor um sim convicto, claro e destemido; sem nenhuma arrogância; saber dizer *não* e saber dizer *sim* como criatura livre e cocriadora com Deus e com os irmãos e demais criaturas vivas.

4 A antropologia bebe do poço da ética

Há ainda outro elemento importante para falar de Deus de forma coerente e lúcida: a reflexão sobre a história da nossa sociedade e suas relações sociopolíticas. O desprezo dos pobres, negros e mulheres está entranhado em nossa formação histórica. Somos filhos renegados da Colônia, marcados com o ferro em brasa da escravidão e convivendo numa sociedade de classes extremamente violenta e injusta. Sem alterar essas estruturas econômicas e políticas, pouco se pode falar de Deus. As mudanças estruturais em nosso Brasil e no continente latino-americano e caribenho são tarefas para ontem. E a cada dia vemos mais retrocessos que avanços.

Há nas ruas e nos meios de comunicação discursos segregacionistas e alienados. Faltam ações organizadas da sociedade civil para criar uma rede de transformação. Há grito demais e ação concreta de menos. Ação que seja democrática e serena.

---

8 AGOSTINHO, Santo. *Sermão 131, 3.5*. Disponível em: <http://www.augustinus.it/latino/discorsi/discorso_167_testo.htm>. Acesso em: 15 nov. 2016.

Ação que se inspire em valores e respeite as opiniões e divergências. Ações sem ódio e divisão, mas que assumam o lado do fraco e oprimido por convicção e justiça.

Não basta mudarmos estruturas e funções se não mudarmos os corações e os sentimentos. Mas também não basta mudarmos os corações se não mudarmos nosso modo de viver. A ação deve ser dupla e simultânea: mudar a estrutura social e mudar as pessoas que nela vivem. Precisamos mudar e mudarnos. Aqui entram todos e todas: pessoas, associações culturais e acadêmicas, escolas, universidades, times de futebol, religiões, pipoqueiros, marreteiros, empresários, políticos, desempregados, gente do campo e da cidade e, sobretudo, os estudantes. Ninguém tem direito a se eximir e desfalcar o time da cidadania participativa. Dignidade humana e liberdade se constroem com firmeza permanente e não com imperialismo cultural.

Um velho ditado do orador latino Publius Terencio Afer dizia que nada do que é humano pode ser alheio a outro ser humano. Esta é a vocação comunitária de cada ser humano. Não existe o ser humano genérico sem que haja antes a comunhão das pessoas concretas. Existem os humanos e estes, com seus sonhos e personalidades, constituem a bela trama que é a vida humana.

Os religiosos afirmam encontrar a imagem de Deus em cada ser humano. E é importante que esta imagem seja polifacetada. A fé cristã nos diz que Deus, pai de Jesus, nos fez no plural e não no singular. Nos fez à sua imagem como silhuetas divinas em pó e argila humanos; cada um de nós como seres únicos, complexos e singulares, radicalmente iguais e simultaneamente diferentes; sem senhores e tampouco escravos, fraternos e diversos; vivendo conflitos de poder e de solidariedade cotidianos. Somos idênticos em termos genéticos, estruturais, mas totalmente diferentes nas digitais, em nossas memórias, em tantas dores e sonhos inefáveis.

Em muitas religiões, particularmente nas monoteístas, a dignidade humana ocupa lugar central. Não uma dignidade abstrata, genérica e fluída, mas a afirmação das Marias, dos Pedros ou das Letícias. Essa vocação arquetípica de cada pessoa humana registrada nos escritos sagrados que defendem a dignidade de todos foi atualizada por muitos santos, heróis e líderes de nosso tempo. Gente destemida que nos convoca a viver o conceito de valor e respeito da pessoa humana em seu mistério e em sua individualidade.

5 Alguns seres humanos exemplares amigos de Deus

Pensemos em São Sérgio, patrono da Rússia; no exemplo de não violência e firmeza permanente do hindu Mahatma Gandhi; na luta pelos direitos civis do pastor batista norte-americano Martin Luther King Junior; na luta contra o nazismo do pastor luterano Dietrich Bonhoeffer; nas missões populares do missionário nordestino, padre Ibiapina; no líder seringueiro e em seus embates no Acre, Chico Mendes; na luta pela terra, do padre católico Josimo Moraes Tavares; na luta por liberdade, do jornalista judeu Wladimir Herzog; na luta sindical da evangélica Margarida Alves; na luta pela paz do líder Bahaí, Mirza Husain'ali Nuri Bahá'ullán; na vida sofrida e exemplar de Nelson Madiba Mandela, que fez um país inteiro converter-se de racista em nação respeitosa de negros e brancos.

Assim, esses heróis anônimos de tantas confissões religiosas, sindicatos, movimentos sociais, coletivos feministas, juvenis, indígenas e de luta podem ser assumidos como amigos de

Deus. Exemplo belo é o da adolescente muçulmana que recebeu o prêmio Nobel da Paz, Malala Yousafzai, nascida em Mingora no Paquistão; ou do líder pacifista islâmico, Fetullah Güllen, que viveu exilado nos Estados Unidos da América; ou dos profetas e profetisas do mundo jurídico como Dalmo de Abreu Dallari, Mário Simas Filho, Margarida Genevois; e ainda dos líderes religiosos como o cardeal Paulo Evaristo Arns, o rabino Henry Sobel e o pastor presbiteriano Jaime Nelson Wright.

Todos eles enfrentaram a banalidade do mal por meio do testemunho e do amor às pessoas, sem distinção de credo, classe social, ideologia ou identidade étnica. O Deus que professam e creem é Aquele que ama e defenda a vida em risco; é o mesmo Deus do povo de Israel, que proclama solenemente que qualquer criança de qualquer canto pobre do planeta é imagem única Dele, e que essa criança, timorense, brasileira, afegã ou iraquiana, poderá salvar a Sua imagem.

Um ditado antigo do Talmud judaico guardado por cristãos e pelos muçulmanos diz que quem salva uma pessoa humana em risco de vida é como se estivesse salvando a humanidade toda. O ser humano foi criado à imagem e semelhança de Deus; por isso, se maltratarmos quem quer que seja praticamos idolatria religiosa. Preservar a imagem humana é o caminho necessário para professar Deus. Quanto mais belos forem os homens e as mulheres, mais lindamente Deus se manifesta. Quanto mais bela a imagem de nosso Deus, mais emancipados e livres serão os seus adeptos e mais comprometida com a vida e a dignidade será a religião por estes cultuada.

Conclusão

O mercado capitalista fabrica religiões e edifica templos para adoração de um número sem fim de ídolos. Precisamos estar bem atentos, pois muitas vezes acendemos as velas em templos falsos e a deuses de argila feitos por mãos humanas para escravizar outros seres humanos. A religião que for contra o ser humano e sua dignidade deveria ser negada e abolida por ser contra Deus. A religião que mata em nome de Deus não deve ser reconhecida como porta-voz de Deus. Dizia-me o atual arcebispo de Sorocaba, Dom Júlio Akamine: "Nenhuma religião pode tolerar o terrorismo. Muito menos ainda apoiá-lo ou fazer propaganda dele. As religiões, pelo contrário, se empenham em colaborar para remover as causas do terrorismo e para promover a amizade entre os povos. É nossa tarefa, enquanto responsáveis pela religião, não permitir que o nome de Deus seja usado para justificar o terrorismo. E também não permitir que as nossas doutrinas, tradições, ritos e preceitos morais sejam manipulados ou sirvam de suporte ideológico para o terrorismo".

O que for a favor do divino concorre para a plenitude do humano. Deus se alegra com as criaturas e o humano se plenifica em Deus. A questão sobre Deus não se concentra em provar ou não a sua existência, mas na afirmação corajosa e convicta de que Deus nos ama e que é relação de amor. Sabendo-nos criaturas amadas feitas para amar e cuidar de outras vidas, descobrimos não ser objetos descartáveis, mas criaturas e silhuetas de Deus. E assim damos um basta aos que nos querem reduzir a insetos sem liberdade e autonomia.[9] Com liberdade

---

9 BETTELHEIM, Bruno. *O coração informado*. Rio de Janeiro: Paz e Terra, 1985, p. 209-233.

38 Antropologia Teológica: pensar o humano na universidade

podemos aceitar o convite divino para participar da festa do Amor de Deus. Uma festa surpreendente, tal qual a Festa de Babette (*Babettes gæstebud*).[10]

Referências

AGOSTINHO, Santo. De diversis quaestionibus octoginta tribos. In: AGOSTINHO, Santo. *Obras*. Madrid: BAC, 1995.

BETTELHEIM, Bruno. *O coração informado*. Rio de Janeiro: Paz e Terra, 1985.

BETTO, Frei. *Oito vias para ser feliz*. São Paulo: Planeta, 2014.

GESCHÉ, Adolphe. *O ser humano*. São Paulo: Paulinas, 2003.

HOBBES, Thomas. *Leviatã ou matéria, forma e poder de um Estado eclesiástico e Civil*. São Paulo: Nova Cultural, 1997.

LIBANIO, João Batista. *Em busca de lucidez: o fiel da balança*. São Paulo: Loyola, 2008.

MORIN, Edgar. *Os sete saberes necessários a educação do futuro*. São Paulo: Cortez Editora, 2003.

PAOLI, Arturo. *A raiz do homem: perspectiva política de São Lucas*. São Paulo: Loyola, 1979.

PASCAL, Blaise. *Pensées*. Paris: Garnier-Flammarion, 1976.

TERRIM, Aldo Natale. *Antropologia e horizontes do sagrado: culturas e religiões*. São Paulo: Paulus, 2004.

---

10 A Festa de Babette é um filme dinamarquês de 1987, dirigido por Gabriel Axel, baseado no conto de Karen Blisex. Disponível em: <https://pt.wikipedia.org/wiki/A_Festa_de_Babette>. Acesso em: 15 nov. 2016.

3

O ser humano, quem é ele?

Eduardo Dalabeneta[1]

Introdução

"Estamos em Birkenau em busca de aproximarmo-nos daquela mulher que tanto fizera pela Alemanha, mas no fim da vida foi considerada apenas o número 44070. Já havíamos passado por Auschwitz e pelos sentimentos que ele provoca: o ar parece ficar rarefeito, o nascimento de melancolia é quase incontrolável. Éramos solicitados a todo instante por memórias. As pedras, os sapatos, as paredes diante de nós estavam vivas de sentido. Mas o local que procurávamos não ficava na entrada do Campo de Birkenau, tínhamos de seguir em direção à floresta que fica ao fundo em busca das ruínas da Pequena Casa Vermelha e da Pequena Casa Branca usadas experimentalmente a partir de 1942 como as primeiras câmaras de gás. Sozinhos, nós três, tomamos o caminho e adentramos no bosque. Uma garoa gelada começou a cair. Era outono europeu, outubro brasileiro. De repente, chegamos num entroncamento

---

1 Eduardo Dalabeneta é doutorando em Filosofia (UNIFESP), mestre em Teologia (Pontifícia Universidade Católica - São Paulo) e professor na Faculdade Dehoniana (Taubaté).

40 Antropologia Teológica: pensar o humano na universidade

com três possíveis direções: sem placa indicativa, sem saber o rumo certo e a garoa a cair. O que fazer: desistir? Dividir-nos e ir cada um numa direção?"[2]

Os três amigos que abrem este nosso diálogo e nos introduzem nos horizontes da antropologia[3] nos ensinam que devemos dedicar tempo às nossas vivências, em entender o fundamento e o sentido das coisas, porque todos nós em algum momento na vida passamos por experiência semelhante à deles. Porém, na maioria das vezes, temos atitudes bem diferentes da que tiveram os três amigos: copiamos ou reagimos ao que acontece em nossa volta; fazemos o que todos fazem ou obrigamos os outros a fazerem o que queremos; permitimo-nos sermos conduzidos pela atração, pela repulsa, por explicações fáceis.

1 A colaboração da filosofia

Investigar quem é o ser humano exige mudança de atitudes e de olhar porque não se trata inicialmente de ocupar-se com os outros, elaborar discursos, procurar respostas fora ou distantes, mas em começar pelo ser humano mais próximo que temos à disposição: nós mesmos! Portanto, olhemo-nos!

---

2 A narrativa constitui parte do diálogo da professora Clio Francesca Tricarico com o autor do artigo depois da visita ao Campo de Concentração Auschwtiz-Birkenau na Polônia, em outubro de 2015, em companhia dos também professores Juvenal Savian Filho e Maria Cecília Isato Parisi.

3 "[...] A Antropologia é a ciência que observa, perscruta, busca entender e explicar o homem (*Anthropos*) oferecendo à comunidade humana um saber, um conhecimento, uma palavra fundamentada (*logos*) sobre o fenômeno humano em sua unidade fundamental e nas particularidades e originalidades com que se apresenta nas diferentes épocas e culturas". BLANK, Renold; VILHENA, Maria Ângela. *Esperança além da esperança: antropologia e escatologia*. São Paulo/Valência: Paulinas/Siquem, 2003, p. 21.

"Quando tenho um trabalho acadêmico para preparar, reservo um determinado tempo e ocupo um lugar para dedicar-me a tal tarefa. Depois de meia hora ocupado com esta atividade, sinto sede: meu corpo começa a ter sua força vital diminuída e solicita-me. Levanto-me, tomo um copo d'água e retorno ao trabalho. Enquanto refaço os caminhos prevendo novos horizontes que podem nascer quando a afirmação do autor X é aplicada na realidade Y, uma mensagem chega ao celular. Minha atenção desloca-se imediatamente, sinto o desejo de saber quem me enviou a mensagem e tenho de tomar uma decisão: aceitar o desejo e mover-me para ver a mensagem ou recusar o desejo e manter-me no trabalho que realizo reposicionando minha atenção e minhas forças."

Nesta situação descrita, muito comum e cotidiana a todos nós, aprendemos coisas muito importantes sobre antropologia:

a. a pessoa humana mostra-se originariamente uma unidade, uma presença: somos nós quem vamos percebendo e conhecendo as dimensões, as múltiplas vivências que a constituem em momentos diferentes;

b. a pessoa humana é primeiramente consciência: percebe, vive e sabe da sua corporeidade, das suas vivências psíquicas, das suas atitudes e escolhas. Mesmo em graus distintos, sempre está ocupada (consciente) com alguma coisa, embora outras realidades podem não estar sendo percebidas;

c. a pessoa humana é sempre uma e mesma pessoa: não são três "eus", mas sempre um único e mesmo "eu" vivendo, agindo, sentido, que flui de uma vivência a

42 Antropologia Teológica: pensar o humano na universidade

outra. Este "eu",[4] embora mova-se de vivência e vivência, é capaz de retirar-se e retornar ao seu núcleo.[5]

A vivência descrita acima faz-nos perceber que somos constituídos por três dimensões:[6] corporeidade,[7] psique[8] e espírito.[9] Mas, atenção, não somos três partes. A corporeidade, a psique e o espírito não são gavetas ou realidades que se juntam para formar o ser humano, como elementos de uma fórmula química.

---

4 O "eu" é um ponto móvel e irradiador de vida; uma unidade agente capaz de receber e oferecer vida. STEIN, Edith. Ser finito y ser eterno: Ensayo de una ascensión al sentido del Ser. In: STEIN, Edith. *Obras completas III: escritos filosóficos (etapa de pensamiento cristiano)*. Burgos/Madrid/Vitoria: Editorial Monte Carmelo/ Editorial de Espiritualidad/Ediciones El Carmen, 2007, p. 658.

5 O núcleo é aquela região onde o "eu" encontra a si mesmo, onde pode repousar e descansar. Para Ales Bello, "o núcleo – elemento último profundo – representa aquilo que diz respeito às características absolutamente singulares. Esse núcleo identitário não se desenvolve, mas dá a direção, como se indicasse a estrada ao espírito e a psique". BELLO, Ales Angela. *Pessoa e Comunidade - Comentários: psicologia e ciências do espírito de Edith Stein*. Belo Horizonte: Artesã, 2015, p. 83.

6 Comumente ouvimos falar que somos "corpo" e "alma": o corpo como uma realidade externa e a alma como uma realidade interna. Na tradição filosófica encontramos muitos filósofos que procuraram explicações para estas duas realidades: Platão, Aristóteles, Agostinho, Boécio, Tomás de Aquino, Duns Escoto, Descartes, Espinosa, Hume, Marx etc. Para Edith Stein, "devemos ver o homem como um microcosmo em que se unem todos os estados: é material, ser vivo, ser animado, pessoal e espiritual". STEIN, Edith. Estructura de la persona humana. In: STEIN, Edith. *Obras completas IV: escritos antropológicos y pedagógicos*. Burgos/Madrid/Vitoria: Editorial Monte Carmelo/Editorial de Espiritualidad/Ediciones El Carmen, 2003, p. 593.

7 Afirmar que temos um corpo significa que somos um corpo vivo, que percebemos o mundo ao redor, que possuímos força vital, que nos damos conta do mundo. ALFIERI, Francesco. *Pessoa humana e singularidade em Edith Stein: uma nova fundação da antropología filosófica*. São Paulo: Perspectiva, 2014, p. 64.

8 As realidades percebidas não são neutras, mas sempre vividas com intensidades distintas: "sentimos as impressões como agradáveis ou desagradáveis, prazerosas ou dolorosas [...] Vivemos também em nós mesmos as emoções que percebemos no mundo externo, nos fenômenos expressivos dos homens e nos animais: dor e alegria, medo e cólera [...]". STEIN. *Estructura de la persona humana*, p. 644-645.

9 A expressão "espírito" aqui não tem sentido religioso. Ela traduz e congrega as realidades do entendimento, dos valores e da vontade. Para Edith Stein, os atos espirituais com os quais o "eu" se ocupa constituem uma infinidade de possibilidades: ordenar as coisas percebidas, penetrar nestas realidades, explicar, resolver, prever, retroceder, abstrair. STEIN. *Estructura de la persona humana*, p. 651.

O ser humano, quem é ele? 43

A partir da compreensão dessa estrutura fundamental que constitui todo ser humano podemos iniciar um discurso sobre a linguagem, as relações sociais, a cultura, a vida social, a política: todos estes discursos são prolongamentos e tematizações fundados nessa estrutura que acabamos de demonstrar. As diversas áreas do saber humano (exatas, artes, humanas, saúde etc.) estão também todas ancoradas (com mais ou menos clareza) nesta mesma estrutura antropológica fundamental.

Nossa identidade humana, portanto, é *universal* (todos os seres humanos possuem a mesma estrutura antropológica: corporeidade, psique, espírito, núcleo e eu) e, ao mesmo tempo, *singular*, porque não somos repetições estruturais uns dos outros: "cada um de nós preenche qualitativamente a espécie humana da qual faz parte com um modo único de ser – somos semelhantes a uma nota musical. Nunca antes existiu e nunca existirá igualmente repetida noutra pessoa".[10] Nessa singularidade está ancorada a dignidade da pessoa humana, que precisa ser respeitada, preservada e protegida.[11]

Os estudos antropológicos ensinam que o ser humano não é capaz de olhar-se e "saber-se por inteiro": sempre nos vemos em perfis.[12] Alguns perfis são perceptíveis sem muito esforço (ocupamos um lugar no espaço); outros requerem muita energia e muito esforço (que o tempo é algo que registramos dentro de nós), outros ainda não são acessíveis, por exemplo, a vivência do próprio nascimento: sabemos que ele existe, que

---

10 DE RUS, Éric. *A visão educativa de Edith Stein: aproximação de um gesto educativo integral.* Belo Horizonte: Artesã, 2015, p. 120.
11 ALFIERI. *Pessoa humana e singularidade em Edith Stein,* p. 72-96.
12 SOKOLOWSKI, Robert. *Introdução à Fenomenologia.* 4ª ed. São Paulo: Loyola, 2004, p. 25-29.

44 Antropologia Teológica: pensar o humano na universidade

nos constitui, que todos os que se encontram conosco têm acesso a ele, mas é um mistério para nós.

Para explicar essa realidade misteriosa que envolve a pessoa humana, Edith Stein afirma que nossa estrutura antropológica é sustentada numa "profundidade escura": "O eu humano é algo cuja vida surge da profundidade escura da alma".[13]

A profundidade escura não é um limite que se impõe a nós, obrigando-nos ao silêncio ou ao conformismo, mas uma abertura permanente e latente não para fora (ao mundo, aos outros), mas para dentro. Essa abertura presente em nós revela que somos "porosos", capazes de acolher, e possibilita sermos tocados, encontrados, sustentados. Esse mistério presente em nós, quando enfrentado, revela não ser vazio ou desabitado; mas encontramos aí junto a nós outra presença pessoal. Essa presença que mora em nós nos inquieta, nos seduz, fala conosco e nos possibilita um ato de fé:

> A fé é uma captação e não um conhecimento no sentido estrito. Nós a entendemos como 'ser tocado pela mão de Deus', de forma que aquele que nos toca está presente quando o faz. O fato de ser tocado é algo do qual não podemos nos subtrair de modo algum [ignorar, ficar indiferente] [...]. Frente a essa primeira captação existe um ato livre. Se procuro a mão que me toca, encontro-a sustentando-me e amparando-me em absoluto [...]. O amor nos inunda e nos sentimos levados por seu amor. Colocar a nossa mão na mão de Deus e aí permanecer é o ato que constitui a fé.[14]

---

13 STEIN. Ser finito y ser eterno, p. 1020.
14 STEIN, Edith. "Natureza, libertad y gracia". In: STEIN, Edith. *Obras completas III: escritos filosóficos (etapa de pensamiento cristiano)*. Burgos/Madrid/Vitoria: Editorial Monte Carmelo/Editorial de Espiritualidad/ Ediciones El Carmen, 2007, p. 120; 123-124.

O ser humano, quem é ele?

2 A colaboração da Teologia

Com o ato de fé abre-se para a Antropologia um novo horizonte. A Teologia constituiu uma área do saber que ajuda a esclarecer a estrutura que demonstramos inicialmente e, ao mesmo tempo, possibilita visualizarmos novos horizontes à Antropologia. Acompanhemos o que diz o texto bíblico:

> Certo homem descia de Jerusalém para Jericó. Caiu nas mãos de assaltantes, que lhe tiraram a roupa, o espancaram e foram embora deixando-o quase morto. Por coincidência, um sacerdote descia por esse caminho: ele o viu e passou pelo outro lado. Do mesmo modo um levita que chegou a esse lugar: viu e passou pelo outro lado. Mas um certo samaritano, que estava viajando, viu, chegou junto dele e se encheu de compaixão. Aproximou-se dele, tratou suas feridas derramando óleo e vinho. Então colocou o homem em seu próprio animal e o levou a uma pensão onde cuidou dele. No dia seguinte, tirou duas moedas de prata, deu-as ao dono da pensão e disse: "Cuide dele. Quando eu voltar, lhe pagarei o que tiver gasto a mais" (Lc 10, 30-35).

Esta narrativa está repleta de movimentos e sentimentos. Alguns comportamentos até podem nos revoltar, como a atitude dos assaltantes ou dos representantes religiosos. Mas não percamos o foco: para além das muitas direções interpretativas, concentremo-nos no verbo mais importante do relato, o *ver*:

a. os quatro interlocutores veem um mesmo homem: em todos eles se manifesta essa capacidade originária de captar e distinguir um ser humano de uma pedra e de uma árvore (eles não o confundem com um pássaro). Isso pode até parecer óbvio; mas por que os quatro interlocutores têm atitudes tão diferentes se em todos eles se manifesta essa mesma capacidade originária?;

b. eles não podem alterar ou negar essa capacidade originária e o que ela lhes dá, mas podem construir ou adotar conceitos artificiais para atenuá-la: diríamos que estão tentando se autoenganar para justificar as atitudes que tomam em relação ao ser humano que eles sabem estar diante deles (quem usa conceitos artificiais é responsável por eles!);

c. as atitudes nascem conforme as decisões que cada interlocutor tem em relação ao *ver*: no caso dos assaltantes, seus interesses e desejos materiais são as realidades usadas para eles se autoenganarem e justificarem suas atitudes (gravíssimas, por sinal, abeirando ao assassinato); no caso dos dois religiosos, as disputas históricas, políticas e religiosas, unidas aos medos e às opiniões que os outros poderiam ter deles (inseguranças, infantilismos, autossuficiências e partidarismos de tantas e diversas naturezas) são as realidades usadas para eles se autoenganarem e justificarem suas atitudes (também gravíssimas, porque sabendo que o homem morreria se não houvesse intervenção, aceitam tal fato sem "dor na consciência" e seguem em frente).

A narrativa indica o samaritano como o único que foi coerente com o ver originário e não se impôs atenuantes ou preconceitos. Por não usar "desculpas artificiais", nascem nele atitudes diferentes dos demais: aproximação, compaixão, intervenção, solidariedade.

A narrativa cristã acima possibilita para o estudo da antropologia diversos aprofundamentos. O ver originário e a compaixão informadas no texto não são um sentimento subjetivista, mas uma realidade essencial, que chamamos de *empatia*.

O ser humano, quem é ele?   47

A empatia não pode ser confundida com a simpatia. Esta está baseada em reações psíquicas ou em outras motivações (agrada, desagrada, atrai, causa repulsa). A empatia é justamente essa capacidade originária que há em nós de identificar os sujeitos humanos antes das reações psíquicas e dos discursos e conceitos[15] (é um ser humano que agrada, que causa repulsa). Uma antropologia sem empatia corre o risco de se tornar uma construção artificial para justificar atitudes desumanas: é o que vemos, por exemplo, em todos os casos de genocídio antigos e contemporâneos. Temos aqui um caso em que a Teologia concorda com a Antropologia e a ajuda a alargar seus horizontes.

A narrativa que acabamos de analisar constitui uma memória dentre os muitos ensinamentos que Jesus de Nazaré, o Cristo, confiou à sua comunidade discipular. Para os discípulos de Jesus os ensinamentos dessa narrativa constituem sua norma antropológica, ou seja, seu projeto de vida pessoal e comunitário. Nesse caso, o mestre Jesus indica que seus discípulos só serão verdadeiros entendedores e testemunhas daquilo que Ele veio lhes revelar se forem semelhantes ao samaritano, ou seja, "doutores em Antropologia". Ele revela não apenas quem é Deus e seu projeto amoroso para os homens e mulheres: Ele revela o mistério de quem é o ser humano; ajuda-nos a ver o que há em nossa superfície iluminada e em profundidade escura.

Podemos fazer neste momento uma pergunta: por que precisamos recorrer a Jesus para pensarmos a Antropologia?

Primeiro: sua morte na forma de assassinato se deve justamente porque ele não recuou em seus ensinamentos. Quando

---

15 STEIN, Edith. Sobre el problema de la empatia. In: STEIN, Edith. *Obras completas II: escritos filosóficos (etapa fenomenológica)*. Burgos/Madrid/Vitoria: Editorial Monte Carmelo/Editorial de Espiritualidad/Ediciones El Carmen, 2005.

48 Antropologia Teológica: pensar o humano na universidade

uma pessoa consciente das suas escolhas, sem procurar a fatalidade, é posta na condição de decidir e opta em permanecer fiel ao propósito assumido, sacrificando a própria vida se necessário, seu ensinamento não é um discurso ou teoria, mas está fundado numa "Certeza de Presença" e, por isso é capaz de elevar e de provocar elevação: Ele (e seu ensinamento) mostra-se como verdadeiro Mestre. O ser humano precisa ser conduzido, iniciado, guiado e tal missão só pode ser realizada por quem sabe quem é o ser humano, sabe o caminho a ser percorrido e qual a meta a ser alcançada (Jo 14, 6).

Segundo: há em Jesus Cristo uma consciência originária de quem é o ser humano não verificável nem antes nem depois na história da humanidade: somos filhos de Deus. Em seus gestos aparentemente simples Jesus nos conduz a nós mesmos e nos conduz ao encontro com Deus e a conviver com os outros. Quem faz esse caminho com Ele será surpreendido mais a frente: Ele se transfigura (Lc 9, 28-36), mostra seu verdadeiro rosto (Jo, 14, 9) e permite descobrir que *Ele é a imagem de toda criatura e que segundo a sua imagem fomos feitos* (Cl 1, 15-18).

> Quando nós aceitamos que Jesus nos fale a última verdade de nossas vidas, quem crê nele e confessa sua morte, Deus fala a nós a última palavra para a qual Ele vive e morre; então nós aceitamos por causa disso Jesus como Filho de Deus [...] Ele é a única pessoa diante da qual a gente se sente animado para dobrar os joelhos e rezar chorando de alegria: o Verbo se fez carne e habitou entre nós.[16]

---

16 RAHNER, Karl. *Antropologia e teologia*. São Paulo: Paulinas, 1969, p. 81 e 84.

Conclusão

O convite com o qual encerramos esta reflexão, sobre alguns aspectos constitutivos da pessoa humana segundo a filosofia e a teologia, é que você permaneça firme e avance nos estudos com coragem e ousadia. Antropologia é coisa séria e necessária. Deixemos que o conselho de um amigo nos ajude nesta caminhada:

> A floresta ondulante desce
> No ritmo dos rios da montanha...
> Se queres encontrar a fonte, deves caminhar para o alto, contra a corrente,
> Atravesse, procure, não desista,
> Você sabe que tem que estar aqui em algum lugar.
> Onde está você, fonte? Onde está você, fonte?[17]

Referências

ALFIERI, Francesco. *Pessoa humana e singularidade em Edith Stein*: uma nova fundação da antropologia filosófica. São Paulo: Perspectiva, 2014.

AUSCHWITZ-BIRKENAU: MEMORIAL AND MUSEUM. *Bunkers: Provisional Gas Chambers*. Disponível em: <http://auschwitz.org/en/gallery/memorial/former-auschwitz-ii-birkenau-site/bunkers-provisional-gas-chambers,2.html>.

BELLO, Angela Ales. *Pessoa e Comunidade - Comentários: psicologia e ciências do espírito de Edith Stein*. Belo Horizonte: Artesã, 2015.

BLANK, Renold; VILHENA, Maria Ângela. *Esperança além da esperança: antropologia e escatologia*. São Paulo/Valência: Paulinas/Siquem, 2003.

---

17 JOÃO PAULO II, Papa. *Triptico Romano: Meditazioni. Città del Vaticano*: Libreria Editrice Vaticana, 2003, p. 15.

50 Antropologia Teológica: pensar o humano na universidade

DE RUS, Éric. *A visão educativa de Edith Stein*: *aproximação de um gesto educativo integral*. Belo Horizonte: Artesã, 2015.

JOÃO PAULO II, Papa. *Triptico Romano: Meditazioni*. Città del Vaticano: Libreria Editrice Vaticana, 2003.

RAHNER, Karl. *Antropologia e teologia*. São Paulo: Paulinas, 1969.

SOKOLOWSKI, Robert. *Introdução à Fenomenologia*. 4ª ed. São Paulo: Loyola, 2004.

STEIN, Edith. Estructura de la persona humana. In: STEIN, Edith. *Obras completas IV: escritos antropológicos y pedagógicos*. Burgos/Madrid/Vitoria: Editorial Monte Carmelo/ Editorial de Espiritualidad/Ediciones El Carmen, 2003.

STEIN, Edith. Natureza, libertad y gracia. In: STEIN, Edith. *Obras completas III: escritos filosóficos (etapa de pensamiento cristiano)*. Burgos/Madrid/Vitoria: Editorial Monte Carmelo/ Editorial de Espiritualidad/Ediciones El Carmen, 2007.

STEIN, Edith. Ser finito y ser eterno: Ensayo de una ascensión al sentido del Ser. In: STEIN, Edith. *Obras completas III: escritos filosóficos (etapa de pensamiento cristiano)*. Burgos/ Madrid/Vitoria: Editorial Monte Carmelo/Editorial de Espiritualidad/Ediciones El Carmen, 2007.

STEIN, Edith. Sobre el problema de la empatia. In: STEIN, Edith. *Obras completas II: escritos filosóficos (etapa fenomenológica)*. Burgos/Madrid/Vitoria: Editorial Monte Carmelo/ Editorial de Espiritualidad/Ediciones El Carmen, 2005.

4

Qual o significado de a pessoa humana ser "imagem de Deus"?

Donizete José Xavier[1]

Introdução

Para entendermos a questão do ser humano enquanto imagem de Deus devemos levar em conta a tradição dos textos fundadores de nossa fé na relação criativa que faz entre experiência, teologia e profissão kerigmática. Há sempre um percurso obedecido que se inscreve do kérigma à narração, da experiência à profissão de fé. Daí a importância que devemos conferir nos estudos sobre o ser humano à tradição veterotestamentária e, concomitantemente, à cristologia que se descortina das Epístolas de São Paulo, no que diz respeito à compreensão do homem criado à imagem de Deus como *conditio sine qua non* do seu existir no mundo. Nestes termos, a pertinência deste escrito está no fato de percorrermos o caminho metafórico do tema da *imitatio Christi* assumido ao longo da história da espiritualidade,

---

[1] Donizete José Xavier é doutor em Teologia Fundamental (Pontifícia Universidade Gregoriana - Roma), mestre em Teologia Dogmática (Pontifícia Faculdade Nossa Senhora da Assunção) e professor de Teologia da Pontifícia Universidade Católica de São Paulo.

procurando ressaltar o papel significativo da interpretação da metáfora central da vida do cristão: ser imagem crística. O tema da conformidade com Jesus, o Cristo, é o que atesta ao homem a verdadeira imagem de Deus na carne de sua história. O homem é chamado a ser imagem da Imagem por excelência de Deus, que é Jesus Cristo.

1 O homem na perspectiva do Antigo Testamento

Na perspectiva do Antigo Testamento, o homem não tinha uma ideia abstrata sobre a condição da sua existência. Longe de uma reflexão meramente metafísica, como fizeram os gregos, o povo semítico olhava para a realidade do mundo e para o tecido do existir humano numa perspectiva profundamente real e concreta. À luz da fé da tradição hebraica, o povo semita procurava compreender o sujeito humano desde a sua originalidade genesíaca, relatada heuristicamente pelas tradições javista e sarcedotal.

1.1 O homem criado à imagem e semelhança de Deus nos textos fundadores da nossa fé

Os relatos bíblicos que nos são dados como textos fundadores de nossa fé são testemunho histórico das relações dos homens com Deus. Nesse sentido, cabe aqui recordarmos que, quando falamos de tradição bíblica sobre os relatos da criação do homem, nos deparamos com as duas fontes nevrálgicas, a sacerdotal (P) e a javista (J), ambas tradições que se desdobram em perspectivas narrativas.

Qual o significado de a pessoa humana ser "Imagem de Deus"? 53

1.1.1 A tradição javista e sacerdotal

A fonte javista (J) tem por característica a dramaticidade da própria criação do homem, trazendo ao jogo lúdico da linguagem bíblica a ideia de matéria animada e de barro animado. Já a fonte sacerdotal (P) é portadora de uma característica específica, muito mais sapiencial e litúrgica; a poetização da ideia da criação humana é a sua marca (Gn 1, 27).[2]

A fim de esclarecer melhor a concepção javista sobre o homem, vale a pena recordar que nos relatos da Criação, esta tradição ensina que o homem foi formado por Deus a partir do pó da terra e, concomitantemente, pelo sopro divino insuflado nas suas narinas, permitindo assim que este ser criado tornasse possuidor de uma alma vivente (Gn 2, 7). O que está subentendido nesta impostação bíblico-teológica é exatamente a certeza de que a vida do homem é apanágio exclusivo de Deus. O homem só existe porque recebe da vontade incriada de Deus o sopro da vida (Sl 104, 2s).

Da tradição sacerdotal colhemos a ideia de que, referindo-se ao homem, estamos diante de uma questão nodal: trata-se da imagem mais plena e viva de Deus na terra. A pessoa humana será sempre um ser digno de respeito e veneração, pois essa é a marca de sua dignidade inviolável. Disso decorre afirmar que o autor do relato sacerdotal da Criação, procura definir a natureza e a função do homem com a ideia de imagem e semelhança.[3] Permanecendo no âmbito deste saber sapiencial, somos chamados a conscientizar-nos cada vez mais de que cada pessoa humana, pela dignidade que lhe é própria, jamais poderá ser

2 SIERRA, Alejandro Martinez. *Antropologia teológica fundamental.* Madrid: BAC, 2002, p. 99-105.
3 JACOB, E. Homem. In: ALLMEN, J. J. von. *Vocabulário Bíblico* São Paulo: Aste, 2010, p. 233.

54 Antropologia Teológica: pensar o humano na universidade

tratada como um objeto de manipulação e instrumentalização de outrem.

1.1.2 As quatro palavras-chave da antropologia bíblica

Procurando esclarecer ainda mais a concepção de homem para a mentalidade hebraica, faz-se necessário recorrermos à terminologia utilizada na Bíblia quando referida ao ser humano: *basar, nefes, leb* e *ruah*.

a. *basar*: originariamente, significa *carne* (contrapondo-se a ossos) de qualquer ser vivo, homem ou animal. Pode significar também um órgão do corpo, assim como o homem inteiro. É um termo que é aplicado tanto ao homem quanto aos animais; daí a importância do binômio *kol basar*, isto é, toda a carne. Podemos dizer que tanto o homem quanto os animais têm uma raiz biológica comum e que, se existe alguma diferença entre eles, essa deverá ser entendida em termos qualitativos.[4] Na tradição bíblica, a palavra *basar* caracteriza o ser humano segundo dois aspectos. Primeiro, como ser social, uma vez que o termo é muitas vezes utilizado para estabelecer uma relação de parentesco (Gn 2, 23-24), em que homem e mulher são "uma só carne"; ainda no quadro semântico da palavra, podemos recorrer à expressão de Gn 37, 27, "nossa carne", que significa "nosso irmão". Aqui, nos deparamos com a ideia de que a palavra *basar* revela o forte grau de parentesco.

---

4 DE LA PEÑA, Juan L. Ruiz. *Imagen de Dios: Antroplogia teológica fundamental.* Santander: Presencia Teológica, 1988, p. 20-21.

Qual o significado de a pessoa humana ser "Imagem de Deus"?

Segundo, o significado de carne está associado também à fragilidade humana, não somente no que se refere ao seu aspecto físico, considerando a condição de caducidade própria da aventura da nossa existência, mas também a condição pecaminosa do ser humano. Recordamos, como nos relata a literatura sapiencial (Sl 78, 39), que há um caminho da corrupção registrado na carne da nossa história em que está dramaticamente envolvida toda a criatura.[5]

b. *nefes*: utilizada 750 vezes no Antigo Testamento, seu valor semântico registra-se pelo fato de expressar uma parte vital do corpo humano; geralmente refere-se ao 'pescoço' ou à 'garganta'. Numa interpretação estrita do seu sentido, o conceito *nesfes* significa 'respiração vital'. O conceito associa-se ainda à necessidade de o ser humano alimentar-se e respirar e como tal designa o homem indigente e necessitado; daí a ideia de que *nefes* se vincula ao homem que sente fome e sede. Suas necessidades básicas são atestadas pela sua *nefes*. Desta forma, porque ligado a uma função vital, está vinculado com o conceito de vida, não à vida em geral, mas à vida relacionada a um corpo ou ao próprio indivíduo vivo.

O conceito de *nefes* pode ser também traduzido por anima/ alma, no sentido de sede de sentimentos e movimentos emocionais profundos. No quadro de sua significação, *nefes* traduz o princípio vital ou de vida do homem, ou seja, o centro vital inerente ao ser humano. Nestes termos, compreendemos que a pessoa concreta animada pelo seu próprio dinamismo *nefes* e dotada de seus alentos distintivos, está favorecido de uma

---

5   DE LA PEÑA. *Imagen de Dios*, p. 22-23.

56 Antropologia Teológica: pensar o humano na universidade

personalidade. Desta feita, os três pilares constituem a tessitura da individualidade pessoal e social de um homem que se caracteriza efetivamente pela sua capacidade inerente de pensar, agir e sentir.[6]

Do conceito de *nefes* podemos chegar à ideia de vísceras, tão cara para a tradição religiosa hebraica. Para os hebreus, as entranhas (vísceras) têm uma significação nodal: sendo elas a parte mais profunda do corpo e, ao mesmo tempo, a mais frágil e desprotegida, sempre foram consideradas a região da misericórdia e do amor. Por isso é que podemos falar de um amor maternal e visceral. Uma mãe ama os seus filhos com amor visceral, amor de entranhas. Vale recordar que é a palavra *rahamim*, bastante utilizada na tradição bíblica, que significa misericórdia. A sua raiz – *rehem* – significa ventre ou útero materno.

c. *leb*: compreendida pelos hebreus como coração, não se reduz a um órgão fisiológico e à sede dos sentimentos, mais significa o centro mais íntimo e oculto do ser humano. Com o conceito *leb*, a referência semântica que se descortina é que o coração humano funciona como uma espécie de centro de comando, lugar nevrálgico de onde partem todas as nossas mais profundas decisões, quer se traduzam em operações sensitivas, afetivas ou cognitivas. Por fim, podemos dizer que o coração compreendido como *leb* se nos apresenta como a sede dos nossos sentimentos, do conhecimento das nossas opções mais profundas; daí a relevância de acentuar a ideia de que *leb* é a sede de nossa espiritualidade e da nossa reta consciência. Sendo assim, podemos ainda

---

6   DE LA PEÑA. *Imagen de Dios*, p. 22-23.

dizer que *leb* é a sede do nosso princípio ético, da nossa abertura ao outro, uma vez que é deste terreno fecundo que nos habita que nós podemos querer bem ao outro e amá-lo sem medida.

d. *ruah*: aparece 389 vezes no Antigo Testamento. O sentido semântico que se descortina é o de 'exalar', 'soprar'; em sentido lato, significa 'brisa', 'vento' ou 'espírito'. Esse termo aplicado a Deus diz respeito a sua força fecundante, ou ainda, enquanto força ao serviço de JHWH. Quando aplicado ao humano, refere-se à sua disposição receptora para com Deus. Frente a Deus, o homem sempre será um ser receptivo e, concomitantemente, responsivo. Neste sentido, esta realidade no homem não é algo que nasce nele, mas sim que lhe é dado como graça por Deus.[7]

2 O homem: um sujeito livre capaz de Deus

O homem, como um ser relacionado a Deus, é capaz de compreender-se não como um inimigo e concorrente de Deus, mas como criatura chamada por vocação existencial a ser o primeiro colaborador de todas as realidades criadas em quem Deus confia.

Ao criar o homem, Deus revela o seu amor pela sua criatura. Daí a pertinência da pergunta sapiencial do salmo 8: "o que é o homem Senhor, para assim o tratardes com tanto carinho?". A questão nodal que daqui se depreende é que o homem, em sua condição adâmica, está diante de Deus não meramente como um paciente, mas como um sujeito que é, *de per si*, capaz

---

7   DE LA PEÑA. *Imagen de Dios*, p. 23-24.

58 Antropologia Teológica: pensar o humano na universidade

de resposta; não como um simples objeto de sua vontade, mas como um sujeito livre, capaz de Deus.

Resulta claro que o homem, estrutural e ontologicamente compreendido, é, *de per si*, um ser capaz de obediência, que não é outra coisa senão manifestação da sua liberdade. Em termos teológicos, a sua potencialidade obediencial é embrionária ao seu existir, condição inata do ser seu, capacidade receptiva, vivida em todos os seus atos de acolhimento da manifestação do ser de um Outro diferente de si.[8]

Neste sentido, devido à inerente potência obediencial que nos habita, podemos dizer que tal conceito pode se tornar cada vez mais inteligível se trouxermos ao horizonte da nossa intelecção a originalidade da experiência de amizade e de amor que estabelecemos entre nós, seres humanos tão semelhantes e tão diferentes em nossas particularidades. Nesta relação de potencialidade obediencial, cada um recebe o amor que emana do outro como plenitude da própria existência.[9] De maneira análoga podemos compreender a relação de amor entre o homem e Deus. Trata-se de uma relação de dependência, não alienante, mas virtuosa, dinâmica e existencial, uma vez que o homem é um *tu* a quem Deus se dirige, com quem fala e do qual espera uma resposta. Daí a importância de destacarmos a dimensão responsiva do homem como *conditio sine qua non* de sua existência.

Estamos diante de uma questão central para a compreensão bíblica do homem: este é, pois, o interlocutor de Deus, por duas razões: porque é a única criatura capaz de responder com

---

8 PIÉ-NINOT, Salvador. *La Teología Fundamental: Dar razón de la esperanza* (1Pe 3, 15). Barcelona, 2006, p. 111-113.
9 PIÉ-NINOT. *La Teología Fundamental*, p. 112.

Qual o significado de a pessoa humana ser "Imagem de Deus"? 59

a palavra, à Palavra divina que o criou; e porque tem a função de servir de mediador entre o Criador e as outras criaturas. Nestes termos, podemos dizer que a característica de interlocutor radica-se ainda no fato de o homem ter sido criado à imagem e semelhança de Deus.

3 Jesus Cristo é a imagem de Deus: "Ele é a imagem do Deus invisível"

Com Jesus Cristo, acontecimento fulcral da história da salvação, tudo o que a Escritura nos ensinara até então ganha um novo significado: a ideia de homem, tal como a encontramos no livro do Gênesis, é reinterpretada à luz do acontecimento histórico Jesus Cristo (2Cor 4, 4; Col 1, 15), isto é, em chave cristológica.[10] Daí a pertinência de afirmarmos que toda a criação está marcada cristologicamente.[11]

Jesus Cristo é a plenitude da Revelação de Deus. No cerne de sua missão está a instauração do Reino e a revelação do Pai. Em Jesus, descobrimos um Deus que não somente ama como um pai, mas um Deus que é Pai. Disso decorre afirmar que ao revelar o Pai, Cristo torna-se a imagem do Pai por excelência, o verdadeiro "ícone" de Deus.

Paulo é quem melhor desenvolve essa teologia. Para o Apóstolo, só Cristo é a imagem verdadeira de Deus; só Ele restaura a imagem obscurecida pelo pecado de Adão. É somente seguindo e imitando a Cristo que a existência humana se realiza e caminha conforme os desígnios de Deus.

---

10 DE LA PEÑA. Imagen de Dios, p. 78-79.
11 BALLESTER, Martín Gelabert. *Jesucristo, revelación del mistério del hombre: Ensayo de antropología teológica.* Salamanca: Madrid, 1997, p. 120-124.

3.1 O "imitatio Christi" como metáfora central da vida cristã

O tema da *imitatio Christi,* assumido ao longo da história da espiritualidade, sempre teve um papel significativo na interpretação da metáfora central da vida do cristão. A conformidade com Cristo é o que atesta ao homem a verdadeira imagem de Deus. Como Cristo manifesta a glória do Pai, assim também o cristão é chamado a manifestar essa mesma glória. Nas palavras do filósofo Paul Ricoeur, Paulo, desta forma, como constrói sua cristologia, forja assim "a metáfora central do si cristão como *cristomorfa*", o que significa dizer que nesta dinâmica configurativa, o homem é a imagem da imagem excelência.[12]

Vale ainda recordar que toda a história da salvação começa pela criação e aponta para o acontecimento escatológico, Cristo, como nos ensina a tradição da nossa fé: o primeiro Adão prefigura já o segundo Adão. O primeiro homem, por ser imagem de Deus, já era rei e senhor do universo. Com Cristo, essa primazia é assumida de forma completa: *"Ele é o primogênito de toda a criatura"* (Col 1, 15. 17-18).

Vale também recordar que o pecado não ofusca esta imagem de *Deus* no homem, mas, como diz Paulo, em Cristo, a imagem do Criador é renovada dando lugar à Nova Criação: *"vai-se restaurando constantemente à imagem daquele que o criou, até atingir o perfeito conhecimento"* (Col 3, 10). Em Cristo e por Cristo fomos distinguidos e predestinados, mesmo antes da criação do mundo (Rm 8, 29). O Senhor ressuscitado é o Adão definitivo, o novo princípio da humanidade, chamada a partilhar da sua vida.

---

12 RICOEUR, Paul. *Amor e Justiça.* São Paulo: Martins Fontes, 2012, p. 87.

Conclusão

No quadro do desígnio salvífico, Cristo é imagem de Deus. Enquanto primogênito de toda a criatura é, concomitantemente, o centro de comunhão dos homens, o ponto nodal para onde tudo converge, pois é Ele que conduz à sua plenitude o homem como ser de comunhão, vocacionado à vida da Trindade. Em termos de escatologia do mundo, Cristo é imagem de Deus na sua soberania cósmica como Senhor da criação, Senhor de todos os tempos e lugares, que leva à plenitude a vocação do homem de ser Senhor da Criação.

No contexto da história da salvação, como nos transmite os textos fundadores de nossa fé, depois de se ter revestido da imagem do primeiro Adão, o cristão deve revestir-se da imagem do último Adão (1Cor 15, 22). A configuração existencial à imagem de Cristo é o pressuposto da atividade moral e ética do cristão (Col 3, 10). Neste sentido, como fez o Apóstolo Paulo, não é voltando-se para a figura de Adão, criado à imagem de Deus, mas para o tema da glória de Deus, figurada pela pessoa de Jesus Cristo, que devemos entender a configuração de cada cristão à pessoa de Jesus Cristo. É a condição da imagem cristoforme do homem que atestará ao mundo a superabundância do amor instaurada e radicalizada no tecido da existência histórica de Cristo, prolongada na história dos cristãos.

Referências

BALLESTER, Martín Gelabert. *Jesucristo, revelación del mistério del hombre*: *Ensayo de antropología teológica*. Salamanca: Madrid, 1997.

DE LA PEÑA, Juan L. Ruiz. *Imagen de Dios*: *Antropología teológica fundamental*. Santander: Presencia Teológica, 1988.

MALNATI, Ettore. *L'uomo da impoverito a redento: Antropologia teologica*. Lugano: Eupress FTL, 2009.

NOVO CID-FUENTES, Alfonso. *Jesucristo, plenitud de la Revelación*. Bilbao: Desclée de Brouwer, 2003.

PIÉ-NINOT, Salvador. *La Teología Fndamental*. Salamanca: Secretariado Trinitario, 2002.

RICOEUR, Paul. *Amor e Justiça*. São Paulo: Martins Fontes, 2012.

SIERRA, Alejandro Martinez. *Antropologia teológica fundamental*. Madrid: BAC, 2002.

II
O SENTIDO DA BUSCA HUMANA

5

O que é e de quem é a verdade?

Anderson de Alencar Menezes[1]

Introdução

A questão sobre a verdade é tão antiga quanto a humanidade. Ela se constitui como uma das grandes buscas e procuras da humanidade. Fundamentalmente, a especulação sobre a verdade iniciou-se com os gregos, de diferentes formas e de diversos modos.

Para ilustrá-la, atualmente, recorremos aos fatos noticiados no âmbito da saúde, no contexto do *zika vírus* e da microcefalia. A Folha de São Paulo, em 29.02.2016, trouxe a seguinte manchete: "Céticos da Zika cobram provas de que vírus é culpado por microcefalia". Segue ainda o argumento: "foram confirmados 462 casos de microcefalia ou outras alterações do sistema nervoso central, sendo 41 associados à Zika. Outros 3.852 registros continuam sendo investigados. A principal razão do ceticismo é a falta de estudos que comprovem a relação de causa e efeito entre a Zika e a microcefalia. Há trabalhos confirmando o vírus no cérebro de bebês com microcefalia. Mas

---

[1] Anderson de Alencar Menezes é doutor em Ciências da Educação (Universidade do Porto – Portugal), mestre em Filosofia (Universidade Federal de Pernambuco) e professor, pesquisador e coordenador do Programa de Mestrado e Doutorado em Educação da Universidade Federal de Alagoas.

66 Antropologia Teológica: pensar o humano na universidade

é mesmo ele o responsável pela má-formação ou há outros fatores por trás disso?".

A discussão sobre o assunto alcançou proporção nacional: as mulheres grávidas e infectadas pelo *zika vírus* terão ou não os seus bebês com microcefalia? Responder de modo afirmativo a esta indagação significa ter certeza na ótica da cientificidade. No entanto, a relação causal entre *zika vírus* e microcefalia se desfez quando algumas mães infectadas com o vírus do Zika não gestaram bebês com microcefalia.

Neste horizonte de compreensão, associação não é causa e nem tampouco se constitui uma verdade primeira. Aqui está o cerne da questão: a relação entre certeza e verdade. Foi o filósofo Karl Popper (1902-1994)[2] quem fez esta distinção de forma fundamental.

Nesse sentido, a relação causal entre o *zika vírus* e a microcefalia pode se constituir uma *certeza* científica quando for possível não admitir erro em tal relação (falseabilidade). A certeza, na compreensão de Popper, faz parte do *mundo psicológico*. Por sua vez, esta relação causal (*zika vírus* x microcefalia) poderá ser compreendida como uma *verdade*, do ponto de vista científico, se reconhecida a possibilidade de estar incerta, incorreta, sujeita a ser refutável (percepção objetiva), pois a verdade para Popper faz parte do *mundo objetivo*.

Popper revolucionou o pensamento científico ao romper com uma ciência positivista que se fundava na certeza científica como algo absoluto, irrefutável e inabalável. Esta compreensão

---

2 Segundo Karl Popper, "o conhecimento é a busca da verdade... Ele não é a busca por certeza. Pois, quando percebemos que o conhecimento humano é falível, também percebemos que jamais podemos estar totalmente certos de que não cometemos um erro. Seria possível formular isso da seguinte maneira: há verdades incertas – até mesmo proposições verdadeiras que consideramos falsas –, mas não certezas incertas". POPPER, Karl. *Em Busca de um Mundo Melhor*. São Paulo: Martins Fontes, 2009, p. 14-15.

O que é e de quem é a verdade? 67

cedeu lugar para uma concepção de verdade científica como algo perfeitamente questionável, falsificável. Neste sentido, Popper rompeu com o *dogmatismo científico* da ciência moderna, possibilitando uma releitura e uma reconstrução da ciência no âmbito do espaço público contemporâneo. Ao fazer esta distinção sutil e fundamental, ele rediscute o papel da ciência hoje, apresentando os conceitos de falseabilidade e de refutabilidade.

1 A verdade no mundo grego: a apologia de Sócrates

Platão (428-347) escreveu a *Apologia de Sócrates*. Nesta tão renomada obra, ele defende a ideia de verdade em oposição à ideia de retórica. Sua preocupação consiste em conduzir os interlocutores ao encontro da verdade e, por isso, estabelece um método para procurá-la com exatidão. Segundo Lara,[3] a perspectiva socrática pretende contrapor-se aos sofistas, que, de um modo geral, utilizavam-se das palavras (discurso) para persuadir a juventude. Tal retórica não conduzia à verdade; ao contrário, a verdade era compreendida para fins utilitários e financeiros.

Como apresentado por Platão, Sócrates tinha um compromisso claro com a verdade. Foi no Templo de Delfos que ele leu a seguinte afirmação: *Conhece-te a ti mesmo*. Isto significou para ele uma compreensão mais profunda e dilatada do tema da verdade, ou seja, ela passaria por uma dimensão profundamente antropológica. A verdade estaria no interior da pessoa, não nas coisas, ou fora dela.

Pare este fim, Sócrates estabelece um método fundado em dois aspectos centrais: ironia e maiêutica. A partir do pressuposto *"só sei que nada sei"* ele estrutura o seu método. Começa com

---

3 LARA, Tiago Adão. *A Filosofia nas suas origens Gregas*. Petrópolis: Vozes, 1989, p. 87-91.

68 Antropologia Teológica: pensar o humano na universidade

a ironia que, no sentido grego da palavra, significa "perguntar, fingindo ignorar". Assim, ele "desmonta" o seu interlocutor e o leva a reconhecer a sua própria ignorância. A maiêutica, por sua vez, que em grego significa "parto" e que representa uma homenagem à sua mãe, que era parteira, consiste no exercício de o mestre conduzir o interlocutor a encontrar a verdade, a dar à luz; tem o intuito de destruir o saber meramente opinativo (*dóxa*) na busca do conceito, de tal modo que a verdade seja encontrada por cada um a partir "de dentro".

2 A concepção de verdade na modernidade: verdade como expressão da razão científica

Os modernos, diferentemente dos gregos, procuraram estabelecer as categorias sobre o conhecimento a partir não mais do mundo físico ou do método silogístico, mas de uma concepção de ciência. O exemplo clássico deste período é René Descartes (1596-1650), que pensou e formulou, no início da era moderna, questões referentes ao problema da verdade.

Descartes propôs um método seguro que pudesse conduzir à verdade indubitável. Com isso, estabeleceu as regras para um método eficaz. Seu pensamento parte de três verdades evidentes – Deus, o homem e a natureza – e, a partir delas é que ele estabelece as quatro regras do método: evidência: acolher apenas o que é claro e distinto; análise: dividir cada dificuldade em parcelas menores para resolvê-las por partes; ordem: ordenar os pensamentos, começando pelos objetos mais simples e fáceis de conhecer para depois lançar-se aos mais compostos; enumeração: fazer revisões gerais para se ter certeza de que nada foi omitido.[4]

---

4 DESCARTES, René. *Discurso do Método*. São Paulo: Martins Fontes, 2009.

O que é e de quem é a verdade? 69

De fato, as regras do método evidenciam uma preocupação com a exatidão da verdade. O sujeito deve afastar-se da opinião ou dos sentidos e buscar uma verdade primeira que não possa ser posta em dúvida. O método da dúvida o conduz a indagar tudo: as afirmações do senso comum, o testemunho dos sentidos, os argumentos de autoridade, as verdades deduzidas pelo raciocínio, a realidade do mundo exterior e a realidade do seu próprio corpo.

Nessa perspectiva, a questão da verdade no mundo moderno era percebida como uma tarefa exclusiva da razão, representada pela máxima cartesiana *cogito ergo sum* (penso, logo existo): esse "eu" é puro pensamento, em que o sujeito existe enquanto pensamento. Para Descartes, o sujeito só pode interromper a cadeia de dúvidas diante do seu próprio ser que duvida.

3 A questão da verdade na contemporaneidade: verdade como diálogo

A contemporaneidade trouxe vários problemas para a questão da verdade, sobretudo devido às perspectivas do fundamentalismo e do relativismo, referentes à religião, à política, à cultura etc. De fato, os mais diferenciados autores discutem estes problemas na atualidade.

O fundamentalismo impõe um modo de pensar e de perceber a realidade e o mundo de forma "blindada". Com isso, provoca e estimula atitudes intolerantes em todos os setores e cenários da existência humana. Habermas, na sua obra *Entre Naturalismo e Religião*,[5] preocupa-se com a questão da tolerância religiosa,

---

5 HABERMAS, Jurgen. *Entre Naturalismo e Religião*. Rio de Janeiro: Tempo Brasileiro, 2007.

70 Antropologia Teológica: pensar o humano na universidade

como precursora dos direitos culturais. Para ele, a compreensão da tolerância repercute na preocupação com o direito e o assentimento da verdade, fundamentalmente na relação com diversas expressões religiosas; é o que se vem denominando como diálogo inter-religioso, compreendido como busca da verdade na pluralidade das expressões religiosas.

O relativismo, por sua vez, impulsiona formas de compreensão em que nada se constitui como absoluto, tudo é descartável, nada existe de forma sólida, tudo é muito fluido, líquido, *soft*. Até mesmo a pessoa humana está refém das correntes relativistas, em que não há regras ou parâmetros para se viver de forma inteligente e segura em sociedade.

Pensadores contemporâneos como Habermas[6] e tantos outros partidários do diálogo e do consenso postulam a possibilidade da verdade a partir de critérios reguladores a serem assumidos por uma determinada comunidade comunicacional, como tentativa de combater o relativismo. Para tal, é necessário que regras sejam assumidas para os nossos atos de fala, para o nosso discurso: clareza, veracidade, autenticidade e normatividade. Poderíamos explicitar estas regras do seguinte modo: o esforço para que a nossa fala seja clara e inteligível; a necessidade vital de que os nossos argumentos e proferimentos fundem-se numa fala veraz; a compreensão de que quando falamos estamos sendo coerentes e autênticos em nossas expressões e atitudes; por fim, que a nossa fala respeite as regras do discurso estabelecida pela comunidade comunicacional, quer dizer: não posso usar minha fala para manipular ou constranger meu interlocutor.

---

6 Idem. *Verdade e Justificação*. São Paulo: Loyola, 2004.

O que é e de quem é a verdade? 71

Estas regras possibilitam aos sujeitos, como se presume, buscar pretensões de validade em todos os seus proferimentos e falas, fruto do consenso. São elas que devem fundamentar todo o diálogo.

4 Experiência humano-transcendente: verdade como revelação

A singularidade da nossa existência humana e os vários acontecimentos sociais, culturais, políticos e econômicos fazem-nos entender que a vida tem uma dimensão mais profunda e essencial. Somos seres complexos e nos constituímos enquanto corpo, espírito, alma. Somos uma inteireza do ponto de vista da nossa existência. As tendências mais atuais da Antropologia reconhecem que somos constituídos por uma teia de relações que diz muito da nossa constituição de sermos pessoas.

De fato, uma das dimensões da Antropologia compreende-se do ponto de vista da Teologia. Neste sentido, busca-se uma dimensão essencial da existência, que é a importância e a centralidade da Espiritualidade para todo ser vivente. A Espiritualidade nos indica um caminho exemplar a seguir: beleza, verdade, generosidade, gratuidade.

A Espiritualidade nos reabre um caminho muito valoroso, pois nos aponta para um caminho de integralidade, de descobertas das nossas identidades mais profundas. Por isto, que não poderemos nos entender somente como seres biológicos, psíquicos, culturais ou sociais; somos uma inteireza que reclama uma abertura radical da existência para os aspectos transcendentes; somos, também, constituídos pelo espírito. Ou seja, damo-nos conta de que algo nos ultrapassa no tempo e no espaço.

72 Antropologia Teológica: pensar o humano na universidade

Somos convidados pela existência a superarmos a nossa mera imanência (concretude) e abrirmo-nos à transcendência (amor, verdade, bondade).

De fato, a experiência Humano-Divina revela-nos na ótica de um Cristianismo histórico a importância de reconhecermos que existe uma Revelação Divina na história humana. Os textos mais clássicos da Tradição cristã apontam-nos para um Deus que se revelou em sua forma humana, Jesus de Nazaré. Ou seja, Deus que se historicizou, que assumiu a condição humana em sua liberdade e nos ensinou no itinerário e na exemplaridade de sua vida terrena os caminhos do humanismo integral.

Neste sentido, abre-nos uma dimensão em nossa existência que ultrapassa a nossa historicidade e temporalidade e nos impulsiona a vivermos uma dimensão maior enquanto seres humanos, a percebermos que existe algo que está muito além de nós e que nos convida a vivermos outras temporalidades e outras formas de existir segundo uma espiritualidade que nos provoque a sermos mais humanos, mais ternos, mais compreensivos e solidários com todos aqueles que encontrarmos no caminho de nossas existências.

Conclusão

A discussão sobre a verdade sempre foi um problema espinhoso na cultura ocidental. Tentamos apresentar, partindo da apologia socrática, escrita por Platão, que a verdade está "dentro", no *conhece-te a ti mesmo*. Aqui reside a nossa mais profunda identidade humana. Por sua vez, na modernidade percebemos que a questão da verdade em Descartes desloca-se da antropologia para a gnosiologia, ou seja, o mais importante é

O que é e de quem é a verdade?73

o estabelecimento de um método que possa aferir e provar as verdades científicas.

Na contemporaneidade, aparecem as perspectivas do fundamentalismo e do relativismo. Se o primeiro procura sustentar uma verdade de forma cega, baseada na irracionalidade, que gera formas desmedidas de perceber os outros e o mundo, o segundo, por sua vez, conduz-nos a uma visão cética e generalizada do mundo e das pessoas.

Começamos este texto com a ideia do *Zika Vírus* e as afirmações da Ciência. A Ciência pretende ser uma voz absoluta que pretende encerrar a experiência humana num tipo de certeza infalível. Fizemos uma distinção clara no âmbito da Filosofia que existe profundas distinções entre verdade e certeza. A certeza entende-se infalível, a verdade entende-se falível a partir de uma ótica mais crítica da cientificidade hoje. O que quisemos apresentar com este texto é que a verdade, a partir da antropologia, da experiência humana, nunca se encerra em certezas, pois está sempre aberta à novidade radical da verdade que nos inspira a aprofundarmos nossa identidade e a nos percebermos enquanto seres frágeis, vulneráveis, mas com potencialidades, desejos e possibilidades que ultrapassam a mera facticidade da existência.

Referências

DESCARTES, René. *Discurso do Método*. São Paulo: Martins Fontes, 2009.

HABERMAS, Jurgen. *Entre Naturalismo e Religião*. Rio de Janeiro: Tempo Brasileiro, 2007.

_____. *Verdade e Justificação*. São Paulo: Loyola,2004.

LADARIA, Luis. *Introdução à Antropologia Teológica*. São Paulo: Loyola, 1998.

LARA, Tiago Adão. *A Filosofia nas suas Origens Gregas*. Petrópolis: Vozes, 1989.

PLATÃO. *Apologia de Sócrates*. São Paulo: Abril Cultural, 2000.

POPPER, Karl. *Em Busca de um Mundo Melhor*. São Paulo: Martins Fontes, 2009.

6

 Há sentido para a vida?

Antonio Wardison C. Silva[1]

Introdução

Viktor Emil Frankl (1905-1997), médico psiquiatra austríaco e fundador da *logoterapia*,[2] vivenciou os horrores do campo de concentração em Auschwitz e, com perspicácia de um cientista nato, relatou e analisou, no viés da fenomenologia existencial, a sua experiência.[3] Frankl descreveu o campo de

---

1 Antonio Wardison C. Silva é doutorando em Filosofia (Pontifícia Universidade Católica - São Paulo); Pró-Reitor de Extensão, Ação Comunitária e Pastoral do Centro Universitário Salesiano de São Paulo (UNISAL) e professor de cursos de pós-graduação *lato sensu* (UNISAL - *Campus* Pio XI).
2 "A Logoterapia é uma escola psicológica de caráter multifacetado – de cunho fenomenológico, existencial, humanista e teísta –, conhecida também como a "Psicoterapia do Sentido da Vida" ou, ainda, a Terceira Escola Vienense de Psicoterapia. A teoria de Viktor Emil Frankl (1905-1997) concebe uma visão de homem distinta das demais concepções psicológicas de seu tempo ao propor a compreensão da existência mediante fenômenos especificamente humanos e a identificação de sua *dimensão noética* ou espiritual, a qual pela sua dinâmica própria pode despertar a vivência da religiosidade". MOREIRA, Neir; HOLANDA, Adriano. "Logoterapia e o sentido do sofrimento: convergências nas dimensões espiritual e religiosa". In: *Psico-USF* (Impr.) vol.15 no.3 Itatiba Sept./Dec. 2010, p. 345. Fundamentalmente, na concepção de Frankl, a logoterapia – em que se supõe a *autotranscedência da existência humana*, numa concepção de homem integrada pelas dimensões somática, psíquica e espiritual – está estruturada em três bases: a) na liberdade da vontade (antropologia); b) no sentido da vida (filosofia); c) na vontade de sentido (psicoterapia).
3 Viktor Frankl, por ser judeu, foi prisioneiro em campos de concentração, de

76 Antropologia Teológica: pensar o humano na universidade

concentração como um local de guerra, de todos contra todos: as pessoas procuravam defender seus interesses, proteger-se da perseguição, lutar pelo alimento e formar pequenos grupos de força para desviar-se da morte. Tal experiência é relata em três fases: a recepção, a vida e a liberdade no campo de concentração.

A primeira fase é caracterizada pela chegada na estação de Auschwitz, depois de uma viagem de trem aparelhada por muitas pessoas. O prisioneiro logo se deparava com um ambiente hostil e sufocante, claramente identificado nas cercas da estação, nas ordens agressivas dos comandantes e na miséria do alimento. Os primeiros contatos com a realidade eram de temor e sofrimento. Frankl, ao ser obrigado a ficar nu, como todos os outros prisioneiros, tomou conhecimento da crueldade do lugar; percebeu que a sua nudez era a real manifestação de sua condição existencial: uma existência *nua* e *crua*. Não se sabia, ao certo, até que ponto se poderia ter vida naquele lugar. Mas logo uma alternativa apresentava-se: "ir para o fio", isto é, provocar o suicídio na cerca elétrica. Mas para Frankl, isso não era nada contagiante, já que não via razão em cometer suicídio.[4] Na experiência da *existência desnuda*, Frankl interrogou-se pelo sentido de sua vida, pois naquela situação árdua, "o prisioneiro que perdia a fé no futuro estava condenado a definhar, confirmando a estreita relação existente entre o ânimo de uma pessoa e seu valor e suas esperanças".[5]

A segunda fase é caracterizada pela vida no campo de concentração. Após as primeiras impressões de realidade, as

---

1942 até o fim da Segunda Guerra Mundial.
4   FRANKL, Viktor E. *Em busca de sentido.* Trad. Walter O. Schlupp e Carlos C. Aveline. São Leopoldo: Sinodal; Petrópolis: Vozes, 2008, p. 22-35.
5   ANGERAMI, Valdemar Augusto. *Psicoterapia existencial.* São Paulo: Pioneira Thomson Learning, 2002, p. 23.

Há sentido para a vida? 77

pessoas, diante da apatia do lugar, entravam em um processo de deterioração. O mau trato, a violência, a doença, entre outros, iam destruindo a estrutura interna de cada prisioneiro: "a apatia e a insensibilidade emocional, o desleixo interior e a indiferença [...] tornam a vítima insensível aos espancamentos diários e em quase cada hora".[6] Para Frankl, em Auschwitz, a pessoa regredia ao seu estado primário de vida, tamanha era a fragilidade para sobreviver. Qualquer prisioneiro experienciava o contraste entre o sonho e a realidade presente. Não era possível cultivar sentimentos ou desejos naquele lugar, nem mesmo o sexual. Em momentos raros, discutia-se sobre política e religião; até brincadeiras eram criadas. No entanto, era notável – relata Frankl – o desejo pela solidão. O prisioneiro ansiava por um momento de recolhimento consigo mesmo e distância dos outros. Muitas vezes, o pensamento que dominava era o de fuga, de abandono das próprias convicções e decisões.[7] Nesta fase, Frankl pode ainda observar uma nova repressão humana: a do espírito (a agressão moral). O próprio Frankl "sentiu ódio; não porque o estavam castigando fisicamente, mas porque o ofendiam moralmente sem motivo algum. Daí ele pode constatar o valor da dignidade humana e como se sofre quando ela é esmagada por outros injustamente".[8]

A terceira fase, após a libertação, é caracterizada por um estado de irrealidade. Torna-se difícil acreditar em um sonho tão desejado: estar livre. Todavia, no confronto com a realidade, não é possível entender ao certo este novo estado de vida,

---

6 FRANKL. *Em busca de sentido*, p. 38.
7 Ibid., p. 35-113.
8 RODRIGUES, Roberto. *Fundamentos da Logoterapia: na clínica psiquiátrica e psicoterapêutica*. v. I. Petrópolis: Vozes, 1991, p. 50.

78 Antropologia Teológica: pensar o humano na universidade

pois perdeu-se a noção do conceito de liberdade, assim como o sentimento de alegria; o mundo parecia não provocar nenhuma nova impressão. Muitos permanecem imersos na amargura e na decepção: por que todo aquele sofrimento? Mas caso alguém venha a admitir que a liberdade representou um lindo sonho, concluirá que o campo de concentração nada mais foi que um pesadelo.[9]

Foi diante de toda essa realidade de sofrimento e desespero em massa que Frankl pode interrogar-se sobre o sentido da vida: "será que a pessoa nada mais é que um resultado de múltiplos determinantes e condicionamentos, sejam eles de ordem biológica, psicológica ou social?".[10] Para Frankl, isso indicava a existência de algo para além da corporeidade do indivíduo, capaz de conferir sentido para a vida.

1 O sentido na experiência singular da pessoa

Diante de tal experiência, que revela a dramatização da natureza humana em suas várias condições – de finitude, sofrimento, esperança, injustiça, violência, horror etc. – é possível afirmar que existe, de fato, sentido para vida? Ou a vida deve ser preenchida de sentidos? E onde encontrar sentido? Como premissa a tais questionamentos, é necessário considerar, como compreende Frankl, que a busca de sentido não pode estar desagregada do contexto vivencial da pessoa, mas nela ancorado.[11]

Ora, cada pessoa tem a sua história particular; a realidade, para ela, se apresenta de forma irrepetível, singular, marcada por um conjunto de significados. Ainda que a tradição transmita sentidos

---

9   Ibid., p. 113-120.
10   FRANKL. *Em busca de sentido*, p. 88.
11   Para os existencialistas, se a vida não tem sentido, *a existência é um absurdo*.

Há sentido para a vida? 79

e os valores sejam universalmente aceitos, eles só poderão ter significado se presentes na história da pessoa. Somente dessa forma a pessoa, segundo Frankl, poderá acessar e descobrir a sua interioridade.[12]

Na descoberta de sentido, a pessoa verificará uma situação real de vida, que vai além de uma mera descoberta. O sentido é revelador da sua condição existencial; quando concebido na sua singularidade, tem o poder de prescrever uma modificação em sua vida. Frankl denomina uma real situação singular como *kairos*, para afirmar que a pessoa deve partir da sua condição existencial, presente, para entender a si própria. Caso a condição existencial seja abnegada, o sentido poderá não mais revelar seu significado.[13] O sentido, por sua vez, deverá ser encontrado pela própria pessoa, por meio de um esforço pessoal.

> Sentido pode ser entendido como um modo específico de dar forma à situação. Viver com sentido quer dizer, então, que o homem, com suas disposições e aptidões, suas emoções e sua vontade, se ponha a serviço da proposta de cada hora, se confronte criativamente com ela, recebendo e dando ao mesmo tempo. Sentido é uma espécie de engajamento, de "estar totalmente dedicado a uma causa".[14]

Adverte Frankl que, numa relação terapêutica, o profissional não deve conferir sentido ao paciente, mas demonstrar que o sentido está presente em tudo e em qualquer situação:[15] "o sentido do homem não é apreendido, memorizado ou objeto de consciência. Ele 'existe' por si próprio; é da própria natureza

---

12 FRANKL, Viktor E. *Um sentido para vida.* Trad. Pe. Victor H. S. Lapenta. Aparecida: Santuário, 1989, p. 31.
13 FRANKL. *Um sentido para vida*, p. 32.
14 ROEHE, Marcelo V. Revendo ideias de Viktor Frankl no centenário de seu nascimento. In: *Psico*. Porto Alegre: PUCRS, v. 36, n. 3, p. 312, set/dez 2005.
15 FRANKL. *Um sentido para vida*, p. 34.

80 Antropologia Teológica: pensar o humano na universidade

inata do ser humano e não está submetido a leis biomecânicas".[16] Ainda mais: "na vida, não se trata de uma atribuição de sentido, senão um achado de sentido, o que faz não dar um sentido mas encontrá-lo[...]".[17]

Entre o sentido originado de uma situação de satisfação e outro de sofrimento, este, segundo Frankl, tem um potencial diferente daquele. O sentido encontrado em uma situação de angústia dá à pessoa a possibilidade de ela descobrir o próprio sentido da sua vida. É nessa perspectiva que Frankl, diferentemente da compreensão do homem *sapiens* – compreendido pela ideia de superioridade, inteligência, resistência etc. (dada pelo movimento sucesso-sofrimento) – considera o homem como *patiens*, para indicar que este contém as duas faces da dimensão sucesso-fracasso. Seu movimento está sempre direcionado para superação: o homem *patiens* é aquele "que sofre, que sabe como sofrer, como transformar seus sofrimentos em uma conquista humana".[18]

2 A liberdade como autotranscendência

Para Frankl, o "vazio existencial" assola o mundo contemporâneo como uma neurose em massa. Tal neurose, compreendida como perda de sentido na vida, está enraizada no niilismo singular de cada pessoa, quer dizer, na perda de referências e singularidade da sua existência. O niilismo, como sustenta Frankl, divide o ser humano em dimensões – social, cultural, biológico e psicológico, determinadas às ordens da natureza – e, por isso, obstrui a compreensão holística da pessoa e o seu protagonismo.

---

16 RODRIGUES. *Fundamentos da Logoterapia*, p. 57.
17 ANGERAMI. *Psicoterapia existencial*, p. 23.
18 FRANKL. *Um sentido para vida*, p. 35.

Ao contrário, para Frankl, a pessoa é autodeterminante, capaz de atuar conscientemente diante dos determinismos apresentados a ela; tem a capacidade de se movimentar por si e de mudar a sua trajetória no mundo. Não permanece estável porque é construtora de sua própria personalidade e apta a mudar, a qualquer momento, de atitudes. E na sua dinamicidade, é "improgramável", isto é, impossível de predizer seu futuro (diferente de uma máquina programada). A pessoa é livre[19] e, na sua liberdade, aspira responsabilidade.[20] Para Frankl:

> O ser humano não é uma coisa entre outras; *coisas* se determinam mutuamente, mas o *ser humano*, em última análise, se determina a si mesmo. Aquilo que ele se torna – dentro dos limites dos seus dons e do meio ambiente – é ele que faz de si mesmo.[21]

Portanto, o ser humano é *autodeterminante*, livre para tomar suas decisões diante dos condicionamentos, quaisquer que sejam eles; tem uma *autocompreensão ontológica pré-reflexiva* da sua existência (porque não a conhece bem), identificada em sua busca constante de sentido; tem um *órgão de sentido*, entendido como "capacidade intuitiva de descobrir o significado último e singular

---

19 Para Sartre, a liberdade tem um valor absoluto. Essa é a concepção de liberdade defendida por vários existencialistas: o valor da liberdade é incontestável. Mais ainda: segundo Sartre: "a liberdade não é uma qualidade que se acrescente à qualidade que já possuía como homem: a liberdade é o que precisamente me estrutura como homem, porque é uma designação específica da própria qualidade de ser consciente, de poder negar, de transcender. A liberdade é o que define a minha possibilidade de me recusar como coisa, projetando-me para além disso, ou, se quiser, para além de mim". ANGERAMI. *Psicoterapia existencial*, p. 7.

20 "Para Frankl (1986) ser-homem é ser-responsável porque é ser-livre. Livre para decidir (ser que decide) o que será em face de suas possibilidades. A liberdade humana, porém, é limitada [...]. Não somos livres de nossas limitações, todavia temos liberdade para nos posicionar diante delas. Somos livres *para* algo e não de algo". ROEHE. Revendo ideias de Viktor Frankl no centenário de seu nascimento, p. 312.

21 FRANKL. *Em busca de sentido*, p. 155.

82 Antropologia Teológica: pensar o humano na universidade

escondido em cada situação".[22] O sentido, por sua vez, está além da sua corporeidade. Esta outra dimensão, Frankl a chama de *autotranscendência,* entendida como capacidade de a pessoa exceder seu próprio eu.[23] É nela que reside a liberdade.

> Somente na medida em que consegue viver esta autotranscendência da existência humana, alguém é autenticamente homem e autenticamente si próprio. Assim o homem se realiza não se preocupando com o realizar-se, mas esquecendo a si mesmo e dando-se, descuidando de si e concentrando seus pensamentos para além de si.[24]

Nesse horizonte, ao conceber que a pessoa só atinge o seu grau máximo de liberdade se destituída de sua dimensão psicofísica, responsável por condicionamentos sociais, afirma, então, Frankl: "sim, o homem pode 'existir' independentemente das pulsões, da tendência de domínio pela força, dos determinismos sociais, da doença psíquica mental e mesmo biológica, independentemente das memória e psicodinamismos da infância".[25] Esta condição pode ser assegurada pela sua capacidade de autotranscendência.

Para Frankl, portanto, "o existir humano genuíno é responsável e não impulsionado; o ser propriamente humano não se dá junto a um id impulsivo, mas sim onde há um eu que decide".[26] Nessa perspectiva, vê-se que "a existência precede e comanda a essência, e todo empenho em demarcar a liberdade torna-se

---

22 FRANKL. *Em busca de sentido,* p. 104.
23 ROEHE. Revendo ideias de Viktor Frankl no centenário de seu nascimento, p. 312.
24 FRANKL, Viktor E. *Dio nell'inconscio: psicoterapia e religione.* 3ª ed. ampliada. Brescia: Morcelliana, 1990, p. 29.
25 RODRIGUES. *Fundamentos da Logoterapia,* p. 97.
26 ROEHE. Revendo ideias de Viktor Frankl no centenário de seu nascimento, p. 313.

Há sentido para a vida? 83

contraditório, pois a liberdade se explica como fundamento de todas as essências".[27] E, por isso, o ser humano é livre para atribuir sentido à sua própria existência, independentemente de qualquer situação, porque capaz de autotranscendência.

3 Em busca do sentido último da vida

Para Frankl, uma *psicologia das alturas* (logoterapia), em contraposição à *psicologia profunda* (psicanálise), considera a "necessidade de sentido" elemento predominante no ser humano. Ela, fundamentalmente hoje, é portadora de inúmeras enfermidades, pois "cada vez mais o ser humano moderno é acometido de uma sensação de falta de sentido, que geralmente vem acompanhada de uma sensação de 'vazio interior', aquilo que descrevi e denominei de 'vazio existencial'", afirma Frankl.[28] Esta realidade "manifesta-se principalmente através de tédio e indiferença. Nesse sentido, o tédio representa uma perda de interesse pelo mundo, enquanto a indiferença significa uma falta de iniciativa para melhorar ou modificar algo no mundo".[29]

No entanto, Frankl não acredita que toda neurose seja fruto da falta de sentido; tampouco que a falta de sentido provoque, necessariamente, uma neurose. Mas é possível conceber o vazio existencial como uma neurose sociogênica. Como percebido nos dias atuais, a sociedade procura satisfazer todas as necessidades do ser humano, até mesmo criando necessidades para ele, mas não a sua necessidade fundamental: de sentido.

---

27 ANGERAMI. *Psicoterapia existencial*, p. 6.
28 FRANKL. *A presença ignorada de Deus*, p. 100.
29 Ibid., p. 100.

O sentido, para Frankl, "não significa algo abstrato; ao contrário, é um sentido totalmente concreto, o sentido concreto de uma situação com a qual uma pessoa também concreta se vê confrontada".[30] Três caminhos, com base na reflexão ontológica pré-reflexiva do ser humano, permitem a pessoa encontrar sentido:

> Primeiramente através de uma ação que pratica ou uma obra que cria; em segundo lugar, vivendo algo ou encontrando alguém, em outras palavras, pode encontrar um sentido não apenas no trabalho, mas também no amor. Além disso, parece saber que há um terceiro *caminho para o sentido*: sempre que estivermos diante de uma situação que não podemos modificar, existe ainda a possibilidade de mudar nossa *atitude* diante da situação, de mudar a nós mesmos, amadurecendo, crescendo além de nós.[31]

Embora seja possível atribuir sentido às coisas, o ser humano não consegue apreender o sentido último de sua existência, pelo menos intelectualmente. Frankl, aqui, faz uma analogia para explicar tal afirmação: em um filme, cada cena transmite um significado. Somente depois, no final, é possível dar significado ao filme. Antes, o telespectador somente recolhe os significados das partes. Assim também é a vida da pessoa humana. Em cada momento ela descobre um significado, mas somente depois, mesmo que seja no final da vida, será possível compreender o sentido da própria existência.

É impossível conceber, então, que o sentido esteja acessível à ciência natural ou à pura razão. Pois "nem tudo pode ser compreendido quanto às conexões lógicas de forma teleológica (ou final), mas apenas explicado de forma

---

30 FRANKL. *A presença ignorada de Deus,* p. 102.
31 Ibid., p. 103.

causal".[32] E, por isso, "apesar de tudo, é válido acreditar num sentido encoberto, que está acima de tudo, situado num outro plano, para dentro do qual devemos segui-lo".[33] É neste ponto que o conhecimento cede lugar para a fé: "a pessoa que *crê num sentido* diz o seu *fiat* ou 'amém'".[34] Acrescenta Frankl:

> Faço a opção por agir "como se" a vida tivesse um sentido infinito, além de nossa capacidade finita de compreensão, enfim, "um supra-sentido". E com isso acaba se cristalizando uma verdadeira definição: *A fé não é uma maneira de pensar da qual se subtraiu a realidade, mas uma maneira de pensar à qual se acrescentou a existencialidade do pensador.*[35]

A fé, nessa perspectiva, confere sentido à pessoa. Não se trata tanto de algo apenas transmitido ou imposto à pessoa, mas parte de sua experiência singular, que, pela via da autotranscendência e porque vivenciada, tem significado para ela e a impulsiona a viver. Para Frankl, a grande maioria dos prisioneiros do campo de concentração que tinha fé, não "matou" Deus. Portanto, a fé só pode ser incondicional. Só assim ela não deixará de existir, mesmo diante do fato de seis milhões de pessoas terem sofrido com o holocausto.[36]

Conclusão

A reflexão antropológica, hoje, concebe o ser humano como ser integral, não subdividido (corpo e alma), mas um

---

32 Ibid., p. 107.
33 Ibid., p. 107.
34 Ibid., p. 108.
35 Ibid., p. 108.
36 Ibid., p. 114.

todo composto, indivisível. As essências deixaram lugar para as experiências existenciais, singulares, vivenciadas na história e construtoras da própria pessoa. O ser humano é aquele que se constrói e, ao se construir, conhece a si mesmo e o outro. E, diferentemente de outros animais, tem capacidade de auto-transcedência. Caso contrário, como apontado por Frankl, estaria determinado à condicionalidade das coisas.

A abordagem de Frankl não somente é peculiar, mas caminho para uma genuína hermenêutica. Ora, tanto para Frankl quanto para a concepção cristã, o homem tem sede de sentido e, veementemente, busca o sentido último da sua vida. Frankl o concebe como significado ou razão (motivo) que impulsiona, naturalmente, o homem a viver, e que pode ser Deus, pois o sentido é "a mais humana das necessidades humanas";[37] a busca de sentido é a motivação primária na vida do indivíduo "e não uma 'racionalização secundária' de impulsos instintivos";[38] a tradição cristã o concebe como realização da pessoa em Deus, sustentada por uma experiência profunda de fé. Em Deus o crente encontra felicidade, fim último da vida humana (Tomás de Aquino)[39] e resposta às questões (sentido e fim) de sua vida (*Catecismo da Igreja Católica*).[40]

É imprescindível para a antropologia teológica partir do pressuposto de que o ser humano é um ser integral, e não divisível – corpo e alma – e nobre porque capaz de transcendência, o que lhe

---

37 FRANKL. *Dio nell'inconscio*, p. 124.
38 FRANKL. *Em busca de sentido*, p. 124.
39 GARDEIL, H. D. *Iniciação à filosofia de S. Tomás de Aquino*. São Paulo: Duas Cidades, 1967, p. 161.
40 CATECISMO DA IGREJA CATÓLICA. São Paulo: Loyola, 2000, n. 50-53.

Há sentido para a vida? 87

faz *capaz de Deus*.[41] Ao contrário da razão instrumental, do cientificismo moderno, de uma abordagem psicológica reducionista ou de uma antropologia de viés materialista, a antropologia teológica deve, fundamentalmente, conceber a dimensão do espírito, o que faz o ser humano sempre aberto, num estado de liberdade interior, ao sentido e às novas descobertas.

Para Frankl, portanto, o sentido pode ser compreendido como motivação, justificativa que se fundamenta na interioridade (eu) e na exterioridade (outro). Essa perspectiva deve, e sempre, ser assumida pela antropologia teológica: compreender o ser humano não como sujeito "fechado" em si mesmo, mas como pessoa em relação. Frankl, no campo de concentração, teve o compromisso de "lembrar os companheiros que era necessário cultivar uma *espiritualidade*, isto é, *um sentido* para a vida que se fundamentasse na graça, na entrega, em outras palavras, no amor aos irmãos e irmãs".[42] Foi isso que o fez ser maior do que o sofrimento a ele imposto. Foi esse sentido que o tornou mais forte do que as inúmeras expressões de morte que o circundaram. Foi por causa desse sentido que ele continuou vivendo.

Referências

ANGERAMI, Valdemar Augusto. *Psicoterapia existencial.* São Paulo: Pioneira Thomson Learning, 2002.

CATECISMO DA IGREJA CATÓLICA. São Paulo: Loyola, 2000.

FRANKL, Viktor E. *Em busca de sentido: um psicólogo no*

---

41 Ibid., n. 27-43.
42 GUARESCHI, Pedrinho A. Prefácio à edição brasileira. In: LESLIE, Robert C. *Jesus e a Logoterapia: o ministério de Jesus interpretado à luz da psicoterapia de Viktor Frankl.* Trad. Euclides Luiz Calloni. São Paulo: Paulus, 2013, p. 10.

campo de concentração. Trad. Walter O. Schlupp e Carlos C. Aveline. São Leopoldo: Sinodal; Petrópolis: Vozes, 2008.

_____. *Um sentido para vida.* Trad. Pe. Victor H. S. Lapenta. Aparecida: Santuário, 1989.

_____. *Dio nell'inconscio: psicoterapia e religione.* 3ª ed. ampliada. Brescia: Morcelliana, 1990.

_____. *A presença ignorada de Deus.* Trad. Walter O. Schlupp e Helga H. Reinhold. São Leopoldo: Sinodal; Petrópolis: Vozes, 2007.

GARDEIL, H. D. *Iniciação à filosofia de S. Tomás de Aquino.* São Paulo: Duas Cidades, 1967.

GUARESCHI, Pedrinho A. Prefácio à edição brasileira. In: LESLIE, Robert C. *Jesus e a Logoterapia: o ministério de Jesus interpretado à luz da psicoterapia de Viktor Frankl.* Trad. Euclides Luiz Calloni. São Paulo: Paulus, 2013.

MOREIRA, Neir; HOLANDA, Adriano. Logoterapia e o sentido do sofrimento: convergências nas dimensões espiritual e religiosa. In: *Psico-USF* (Impr.). Itatiba, v. 15, nº 3, set/dez 2010.

RODRIGUES, Roberto. *Fundamentos da Logoterapia: na clínica psiquiátrica e psicoterapêutica.* v. 1. Petrópolis: Vozes, 1991.

ROEHE, Marcelo V. Revendo ideias de Viktor Frankl no centenário de seu nascimento. In: *Psico*, Porto Alegre: PUCRS, v. 36, nº 3, set/dez 2005.

7

O ser humano, um ser religioso?

Antonio Boeing[1]

Religião não pode possibilitar tudo, mas ela pode abrir e proporcionar um "mais" em termos de vida humana... Ela consegue transmitir uma dimensão mais profunda, um horizonte interpretativo mais abrangente face à dor, à injustiça, à culpa e à falta de sentido.

(Hans Küng)

Introdução

O ser humano é resultado do seu processo educativo, isto é, a sua identidade é expressão daquilo que foi possível apreender de suas relações no mundo. Nesse dinamismo, é preciso considerar que a dimensão religiosa é essencial na formação do ser humano e no desenvolvimento das culturas, e que sempre se manifesta de forma plural. Para compreender esse fenômeno e lidar com ele nos processos educativos, especialmente no espaço acadêmico, este texto busca analisar: a condição humana,

---

1 Antonio Boeing é doutor em Ciências da Religião (Universidade Metodista - São Paulo), mestre em Teologia Dogmática (Pontifícia Universidade Católica - São Paulo) e Ouvidor do Colégio Santo Américo (São Paulo).

90 Antropologia Teológica: pensar o humano na universidade

o lugar das religiões, as múltiplas formas e funções das expressões religiosas, a importância do aprender a crer. O percurso da reflexão será feito na abertura ao diferente e numa atitude de diálogo permanente.

1 A condição humana

Para compreendermos o ser humano na sua complexidade, inclusive na sua dimensão religiosa, faz-se necessário analisá-lo como ser aberto, relacional e simbólico, cuja produção cultural é marcada pelo pluralismo.

O ser humano nasce deficiente no plano genético quanto à sua adaptação ao mundo e isso o obriga a transformar a natureza para que ela se ajuste às suas exigências. Como outros seres vivos, o ser humano enfrenta o problema da sobrevivência, embora de forma distinta dos demais. Enquanto o animal, em grande parte, é condicionado pela programação biológica que o adapta ao seu meio, o ser humano, devido à falta de tal programação, tem de inventar e criar mecanismos de adaptação. Para transformar o mundo em que se encontra, ele inventa técnicas e instrumentos, que podem ser considerados extensões do próprio corpo. Do limite da inadaptação emerge a capacidade de ir além, de transcender, de imaginar formas de adaptar-se ao mundo que o distingue de outras formas de vida. Essa é uma diferença essencial, como afirma Rubem Alves:

> Nos animais, a experiência se esgota com as informações que seus sentidos captam do mundo exterior. Por isto, não podem eles suspeitar que o possível seja maior que o real. Realidade e possibilidade se identificam. Ou mais precisamente, os limites do real denotam os limites do possível. Protótipos do realismo. Por isto, não podem transcender o seu mundo. Resta-lhe apenas a alternativa de ajustamento

O ser humano, um ser religioso? 91

> e adaptação às condições dadas. Com o homem não é assim. Há dentro dele um reduto de resistência, uma parcela do eu que se recusa a socializar-se, que se recusa em aceitar como final o veredito da realidade.[2]

O ser humano se recusa a aceitar a realidade como algo acabado; por isso, segue permanentemente em busca. Nesse processo, elabora sistemas culturais que o ajeitam ao mundo, remetendo-os à transcendência e conferindo-lhes sentido para a vida. A transformação da natureza é, nesse sentido, um ato de organizá-la simbolicamente. Assim, o puro universo físico torna-se um universo simbólico, onde a linguagem, o mito, a arte e a religião têm lugar.

Diante da natureza o ser humano experimenta-se como um ser dependente das forças naturais, forças que muitas vezes parecem ter vontade e inteligência independentes, forças que parecem ser seres ambivalentes que fazem o bem e/ou o mal. Diante de tais forças, o ser humano procura proteção e desenvolve práticas para agradar e/ou afastar os "espíritos" que as movem, tendo em vista assegurar a sobrevivência do indivíduo e/ou do grupo. Por isso, ele cria práticas rituais que têm como objetivo neutralizar as forças adversas, agindo direta e eficazmente sobre elas. A construção simbólica passa a ser, assim, um reflexo imediato dessa experiência, mas também uma expressão da procura de explicação às causalidades daquilo que se vive.

Outra maneira de a pessoa estar e atuar no mundo são as relações sociais. Só a pertença do indivíduo ao grupo garante-lhe a vida e o integra na ordem cósmica. São as relações sociais que, além de dar o sentido de pertença, estabelecem os limites na convivência social. Sem parâmetros relacionais não há como

---

2 ALVES, Rubem. *O Enigma da Religião*. Campinas: Papirus, 1988, p. 46.

92 Antropologia Teológica: pensar o humano na universidade

se tornar pessoa humana. A produção simbólica tem, portanto, a função de superar as contradições e desenvolver o sentimento de pertença a um grupo e, por isso, tem um caráter harmonizador. Os ancestrais e/ou as divindades, heróis-culturais, surgem como modelos de conduta, dada sua vida exemplar. São eles que protegem o grupo, favorecem a construção da identidade e o auxilia no direcionamento das ações. Culto e mito têm uma função iminente integradora e exemplar, procurando suscitar a solidariedade e frear os desvios individuais. A solidariedade é um valor, tanto quanto a fecundidade, para a sobrevivência dos indivíduos e sociedades.

Segundo Pierre Bourdieu, o ser humano, para viabilizar seus anseios, sonhos e esperanças, cria símbolos.[3] Ele tem necessidade dos símbolos para sua orientação e ordenação do mundo em que vive. O símbolo é um nexo no qual se mantém a diferença original entre a manifestação terrena e o sagrado que nela se manifesta, mesmo que ambos formem uma única experiência. O ser humano tem a tendência de dominar o que está além. É nessa busca que a religião se articula como alternância entre o sagrado e o profano.

Toda operação simbólica consiste, pois, em transformar um objeto qualquer em algo diferente, convertido em sinal de uma realidade considerada mais elevada, mais ampla ou até transcendente ao ser humano. O espírito humano transfere a um objeto material e visível um significado invisível, capaz de lhe conferir uma dimensão superior. Michel Meslin define a simbolização como a "capacidade do homem para superar a

---

3   BOURDIEU, Pierre. *A economia das trocas simbólicas*. São Paulo: Perspectiva, 1974.Ver também: BOURDIEU, Pierre. *O poder simbólico*. Rio de Janeiro: Bertrand Brasil S.A., 2002.

O ser humano, um ser religioso? 93

aparência material das coisas".[4] Faz-se necessário acrescentar que toda operação simbólica é condicionada por um conjunto social, cultural e religioso, cujo conhecimento se requer para a interpretação conveniente do sentido do símbolo.

O fato de o ser humano ser aberto, relacional e simbólico lhe possibilita criar cultura. E ele o faz a partir das suas necessidades, interesses, desejos, preocupações, medos, sonhos e esperanças. As maneiras de como se dão as adaptações são as que determinam e diferenciam o modo de ser de cada pessoa, grupo e sociedade. Sobre esse processo Clifford Geertz afirma:

> Nossas ideias, nossos valores, nossos atos, até mesmo nossas emoções são como nosso próprio sistema nervoso, produtos culturais – na verdade, produtos manufaturados a partir de tendências, capacidades e disposições com as quais nascemos, e, não obstante, manufaturados. Chartres é feita de pedra e vidro, mas não é apenas pedra e vidro, é uma catedral, e não somente uma catedral, mas uma catedral particular, construída num tempo particular por certos membros de uma sociedade particular. Para compreender o que isso significa, para perceber o que isso é exatamente, você precisa conhecer mais do que as propriedades genéricas da pedra e do vidro e bem mais do que é comum a todas as catedrais. Você precisa compreender também – e, em minha opinião, da forma mais crítica – os conceitos específicos das relações entre Deus, o homem e a arquitetura que ela incorpora, uma vez que foram eles que governaram a sua criação. Não é diferente com os homens: eles também, até o último deles, são artefatos culturais.[5]

Por isso, sem considerar o contexto em que a cultura é produzida e, dentro dela, a dimensão religiosa, torna-se impossível a sua compreensão. A elaboração cultural pode

---

4 MESLIN, Michel. *A experiência humana do divino: fundamentos de uma antropologia religiosa*. Petrópolis: Vozes, 1992, p. 203.
5 GEERTZ, Clifford. *A interpretação das culturas*. Rio de Janeiro: LTC, 1989, p. 62-63.

94   Antropologia Teológica: pensar o humano na universidade

abrir espaços para a inclusão, mas pode também desencadear a exclusão. Considerando os equívocos na produção cultural, Paulo Suess afirma que "a utopia inconsciente do trabalho humano é a reconciliação com a natureza",[6] reconciliação com as raízes naturais perdidas pela absolutização de algumas instâncias culturais. É preciso considerar que o processo de produção cultural ao tornar-se objetivável passa a ser interiorizado pelo ser humano e, consequentemente, este se torna produto do que ele próprio produziu, como analisa Peter Berger:

> O processo dialético fundamentado da sociedade consiste em três momentos, ou passos. São a exteriorização, a objetivação e a interiorização. Só se poderá manter uma visão adequadamente empírica da sociedade se se entender conjuntamente esses três momentos. A exteriorização é a contínua efusão do ser humano sobre o mundo, quer na atividade física quer na atividade mental dos homens. A objetivação é a conquista por parte dos produtos dessa atividade (física e mental) de uma realidade que se defronta com os seus produtores originais com facticidade exterior e distinta deles. A interiorização é a reapropriação dessa mesma realidade por parte dos homens, transformando-a novamente de estruturas do mundo objetivo em estruturas da consciência subjetiva. É através da exteriorização que a sociedade é um produto humano. É através da objetivação que a sociedade se torna uma realidade *sui generis*. É através da interiorização que o homem é um produto da sociedade.[7]

Se foi o ser humano que produziu as expressões culturais e religiosas, ele tem plenas condições de transformar o que não favorece a construção de uma vida saudável. O risco é projetar para uma esfera mítica toda a sua produção. Nesse sentido, a

---

6   SUESS, Paulo. *Culturas e Evangelização*. São Paulo: Loyola, 1989, p. 41-65.
7   BERGER, Peter L. *O Dossel Sagrado: elementos para uma teoria sociológica da religião*. São Paulo: Paulinas, 1985, p. 16.

O ser humano, um ser religioso? 95

dificuldade para efetivar mudanças é bem maior. É preciso que o ser humano vá se recriando e potencializando sua existência, mas sempre centrado na busca de sentido.

2 O lugar das religiões

As religiões nascem a partir das perguntas que o ser humano faz para situar-se dentro do contexto histórico. Elas procuram dar sentido ao presente, explicar a origem de todas as coisas e direcionar a vida futura do ser humano. É a tentativa de responder às questões: De onde vim? O que estou fazendo aqui? Para onde vou? Mesmo tendo como ponto de partida estas questões, a base essencial das religiões é dar sentido à existência humana no presente. Nesse contexto, cada religião quer oferecer uma orientação global, dando sentido às coisas, construindo a realidade e, por isso, acaba criando valores e normas e interferindo no rumo da história. Considerando a importância dessa dimensão, Leonardo Boff afirma que a religião:

> Surgiu do sentimento de uma re-ligação de tudo com tudo e com a Fonte originária de todo ser. Ela confere um sentido supremo e um sumo valor à vida e ao universo. Por causa disso, é a maior força de coesão social que conhecemos. Uma de suas funções principais consiste em oferecer um leque de valores e de normas que visam a ajudar os seres humanos a conviverem bem uns com os outros e consigo mesmos e a terem veneração para com a natureza e o mistério do universo.[8]

Não existem povos, por mais primitivos que sejam, sem religião e magia. Tampouco há povos primitivos sem atitudes científicas ou ciências, mesmo que se lhes fosse negada esta

---

8 BOFF, Leonardo. *Tempo de Transcendência*. O ser humano como um projeto infinito. Rio de Janeiro: Sextante, 2000, p. 59.

96 Antropologia Teológica: pensar o humano na universidade

capacidade. Encontram-se nestas sociedades duas esferas distintas, o sagrado e o profano. Não há época nem espaços humanos sem religião. Não existe um vácuo religioso na história. A difusão da religião é universal.

Sendo o fenômeno religioso multiforme, deveríamos falar sempre em religiões, dada a sua pluralidade. Verifica-se a existência de diversas concepções, sejam elas monoteístas, politeístas, fundamentadas em mitos, revelações proféticas, escrituras sagradas ou tradições orais, mais ou menos otimistas/pessimistas. As religiões, como todas as coisas, nascem, se desenvolvem e morrem. Elas também entram em contato umas com as outras, num dinamismo de substituição, modificação, transformação, continuidade, aceitação e desprezo.

As religiões são expressões humanas construídas historicamente, mas mesmo assim, segundo Michel Meslin "[...] o que nós podemos captar é a experiência do sagrado através do homem, isto é, daquilo que ele nos fala sobre ela por meio de sistemas de expressões teóricas, conceituais, rituais ou simbólicas, linguagens todas elas, por natureza, humanas".[9] Só captamos a experiência do outro dentro das nossas possibilidades e limites. Isto é, somos condicionados pela visão que possuímos e pelos instrumentais que utilizamos para ver e analisar o outro. É preciso também observar quem nos fala de sua experiência e tomar uma distância metodológica, conscientes de que não há neutralidade.

As religiões implicam crença em espíritos, conjunto de mitos e ritos, esfera de valores, relação e comprometimento com algo, encontro do ser humano com uma realidade sagrada, transformação da realidade. A definição perfeita de religião não

---

9   MESLIN. *A experiência humana do divino*, p. 24.

O ser humano, um ser religioso? 97

existe; em geral qualquer definição acaba sendo mais útil do que verdadeira por causa da subjetividade que lhe é inerente. A linguagem, sempre condicionada pelo contexto onde foi e continua sendo elaborada, determina a visão de mundo e, consequentemente, os seus limites.[10]

Em geral, o ser humano compreende a religião como apelo, acontecimento, manifestação do divino, do sagrado, de Deus na sua vida e a resposta pertinente a esse apelo. Assim a religião é uma grandeza viva resultando da relação entre apelo e resposta. O acontecimento do sagrado, na sua manifestação finita, não pode ser separado do ser humano ao qual ele se revela. Esta unidade bilateral pode ser considerada um diálogo, no qual os dois lados se encontram sem conhecer de antemão o resultado. Trata-se de um diálogo misterioso e, em muitos aspectos, único, fundamento e condição de todos os outros diálogos. Ao Deus santo que fala em modos e símbolos variáveis, o ser humano responde também de muitas maneiras. Sem esta participação de ambos não se dá o fenômeno que chamamos religião.

Rudolf Otto define a experiência religiosa como um sentimento do numinoso. O numinoso é o inacessível à compreensão conceitual, é algo de indefinível, inefável. Pertence ao domínio do "irracional" e representa o elemento mais íntimo de todas as religiões. Assume, assim, dois aspectos que o caracterizam de modo inequívoco: o *mysterium tremendum* (mistério que provoca medo); e o *mysterium fascinans* (mistério fascinante). O primeiro constitui o aspecto repulsivo do numinoso, enquanto que o segundo representa o seu aspecto atrativo ou fascinante. Porém, o sagrado, além do aspecto "irracional", representado

---

10 FILORAMO, Giovanni; PRANDI, Carlo. *As Ciências das Religiões*. São Paulo: Paulus, 1999.

98 Antropologia Teológica: pensar o humano na universidade

pela categoria do numinoso, reveste-se também de um aspecto "racional"; ele se expressa, sobretudo, por meio de símbolos e dogmas. Por meio de categorias e sinais estabelecidos, o sagrado adquire estrutura que lhe confere o caráter de "doutrina".[11]

Para Roger Bastide, o ser humano, por meio de sua experiência de efervescência, torna-se uma "máquina de fazer deuses" e, à medida que se vai distanciando da experiência, o sagrado se torna "frio", seja pelo esquecimento ou pela institucionalização. São as maneiras ou formas pelas quais o sagrado se manifesta, principalmente nas instituições religiosas visíveis: templos, cultos, ritos, objetos sagrados etc. É o mundo do sagrado dominado, instituído. Esta realidade de estruturação cria condições para emergência de uma nova experiência do sagrado "quente", que ele chama de "sagrado selvagem". A irrupção do "sagrado selvagem" constitui um novo ponto de efervescência religiosa. Para Bastide, os estados de efervescência religiosa não são duráveis, pois após a experiência há uma queda do fervor religioso e é neste processo que se desenvolve a religião instituída. É só por meio da gestão do sagrado pelas igrejas que se assegura a continuidade de uma tradição. É preciso considerar que, sem o processo de normatização, a experiência desaparece com os seus protagonistas. Só sobreviverá se estruturar-se, isto é, se institucionalizar-se. Nesse processo, corre-se o risco de negar a experiência fundante ao criar estruturas que nada ou pouco têm a ver com a tradição originária.[12]

---

11 OTTO, Rudolf. *O Sagrado: um estudo do elemento não-racional na ideia do divino e a sua relação com o racional.* Trad. Prócoro Velasquez Filho. São Bernardo do Campo: Imprensa Metodista, 1985.
12 BASTIDE, Roger. *O Sagrado Selvagem e outros ensaios.* São Paulo: Companhia das Letras, 2006.

3 Multiplicidade de expressões religiosas

Vivemos num período de profundas transformações que atingem diferentes aspectos da organização da vida. As mudanças tanto nacionais quanto mundiais se dão num processo muito acelerado, o que deixa o ser humano perplexo. Os movimentos religiosos não estão alheios a esse dinamismo e buscam responder, à sua maneira, às questões centrais que atingem a vida dos seus adeptos. O desafio é que, em grande parte, as questões, quando não identificadas com profundidade, podem falsear o que efetivamente é essencial para todos. O equívoco em relação às questões levará a respostas que não resolvem ou encaminhem soluções saudáveis, podendo até intensificar o desencanto da vida.

As religiões são construção humana feita historicamente e, por isso, estão permeadas das características de cada sociedade. Elas situam o ser humano e oferecem a ele uma orientação global, significando as múltiplas interações da vida a partir de valores, normas, regras e princípios que interferem no rumo da história. A atribuição de sentido à existência, feita pelo ser humano por meio da religião, manifesta-se socialmente dentro da diversidade e originalidade de cada contexto. É difícil precisar o número exato de religiões, mas o que se pode ressaltar é que há efetivamente uma acentuada efervescência desse fenômeno.

Dada à complexidade das manifestações religiosas, nem sempre é fácil compreender as razões do fascínio criado em seus adeptos. São muitas as tentativas de explicar o que se verifica no cotidiano, onde fábricas, teatros, cinemas, garagens, galpões, restaurantes, casas e praças tornam-se espaços sagrados. Constata-se que um dos aspectos relevantes para a

100 Antropologia Teológica: pensar o humano na universidade

intensificação das manifestações religiosas tem a ver com o desencanto da vida. Vida com pouco ou nenhum encanto que resulta, na maioria das vezes, da exclusão social expressa por meio do desemprego, da falta de moradia, da saúde, da educação, da terra, do lazer etc. Estas contradições revelam, para muitos, que viver significa negar, fugir, resistir ou transformar a realidade. Quanto mais complexo e fora de controle se apresentar o cotidiano da vida, tanto mais parece indispensável uma força maior que auxilie o ser humano na superação de seus problemas.

Como as religiões surgem do *déficit* de vida, isto é, da impotência humana diante de muitos desafios que a vida apresenta, podem, em muitas circunstâncias, pela frágil identidade individual, levar seus adeptos ao fanatismo e sectarismo ao julgarem-se donos da verdade, autênticos e únicos intérpretes da vontade divina. Esse caminho é perigoso! Vale, portanto, o alerta feito por Dalai-Lama quando questionado sobre qual era a melhor religião: "A melhor religião é aquela que nos faz melhores, mais amorosos, mais abertos aos outros". Fica implícito que o maior desafio a ser enfrentado é o de promover um processo de diálogo na busca da verdade.

O ingresso num universo simbólico não significa necessariamente fidelidade a um determinado grupo, pois, como afirma Prandi: "A religião que alguém elege para si hoje, escolhida de uma pluralidade em permanente expansão, também não é necessariamente mais a que seguirá amanhã".[13] Muitos pesquisadores do campo religioso concordam que há uma complexidade nesta área, mas ainda divergem sobre o seu significado. Uns falam de descaracterização da religião, outros afirmam

---

13 PRANDI, Reginaldo. "Religião não é mais herança, mas opção". In: *Folha de São Paulo*. Caderno Especial, 26 de dezembro de 1999, p. 4.

O ser humano, um ser religioso? 101

expressar a busca de autenticidade, outros ainda o novo reencantamento do mundo. Diante disso podemos nos perguntar: Como a religião realiza estas funções? Quais são os elementos desta construção? Quais as suas possíveis representações e codificações? O que pretendem? Essas são algumas questões que surgem quando nos propomos analisar o fenômeno religioso.

As religiões não se dissociam da ambiguidade do ser humano. Por isso, no cotidiano da vida, mesclam atitudes de:

Alienação: fuga da realidade diante de fatos que abalam a ordem da vida, especialmente perdas, catástrofes e doenças; nessas circunstâncias, as expressões religiosas acabam sendo uma forma de sobreviver, como também podem legitimar estruturas vigentes;

Resistência: busca de forças fora de si mesmo, quando a sensação é de não conseguir gerir a própria vida sozinho; dessa forma, consegue-se suportar o peso das dificuldades e seguir tocando a vida;

Busca de identidade: expressões religiosas favorecem a estruturação da própria identidade e garantem a sua continuidade por meio da convivência solidária, seja no âmbito familiar ou comunitário, sobretudo em contextos de rápidas e profundas mudanças;

Busca de transformação da realidade pessoal e social: como não há religião que não crie mudanças na vida dos seus membros e do seu entorno, a participação, a conversão e o ingresso no espaço religioso possibilitam uma transformação radical de vida; muitas vezes, reforçam as aspirações dos excluídos e compromete-os na construção de uma sociedade que seja reflexo de tais aspirações.

As religiões podem desempenhar diferentes funções no mesmo contexto, seja para fortalecer a autonomia ou a dependência

102 Antropologia Teológica: pensar o humano na universidade

dos seus adeptos. Se os seres humanos durante toda a história produziram religiões e continuam a produzi-las com muita intensidade na atualidade, é porque elas têm uma razão de ser e acabam sendo extremamente úteis para a organização e o direcionamento da vida.

4 Crer também se apreende

Além das dimensões biológica, psicológica e social, o ser humano é um ser aberto à transcendência. Da mesma forma que o ser humano aprende a conhecer, aprende a ser, aprende a fazer, aprende a conviver, ele também aprende a crer. Crer resulta de um processo educativo onde são apresentados referenciais que remetem à transcendência. Transcendência é a capacidade e o desejo do ser humano de ir além dos limites, sair do estado atual em busca de algo novo, como afirma Leonardo Boff:

> Precisamos transformar essa dimensão da transcendência num estado permanente de consciência e num projeto pessoal e cultural. Devemos cultivar esse espaço e fazer que a sociedade, a cultura e a educação reservem espaços de contemplação, de interiorização e de integração da transcendência que está em nós.[14]

O problema da atualidade não é o ateísmo, mas sim a idolatria. Existe uma gritaria de deuses que ensurdece as pessoas. A questão central parece ser não tanto a existência de Deus, mas em qual "deus" acreditar. Hoje se crê demais. Mas isso não significa autêntica abertura à transcendência. Urge educar à transcendência, isto é, educar à saída de si e à relação com o outro; dimensões que põem o sujeito num dinamismo permanente de

---

14 BOFF. *Tempo de Transcendência: O ser humano como um projeto infinito*, p. 76.

O ser humano, um ser religioso?

busca de sentido e encantamento com a vida. Tem razão Paulo Freire quando afirma:

> O homem está no mundo e com o mundo. Se apenas estivesse no mundo não haveria transcendência nem se objetivaria a si mesmo. Mas como pode objetivar-se, pode também distinguir entre um eu e um não-eu. Isto o torna um ser capaz de relacionar-se; de sair de si; de projetar-se nos outros; de transcender. Pode distinguir órbitas existenciais distintas de si mesmo. Estas relações não se dão apenas com os outros, mas se dão no mundo e pelo mundo.[15]

Esse processo é tão importante que, para Mircea Eliade, "ser – ou, antes, tornar-se – ser humano, significa ser religioso".[16] Fica claro que, nessa perspectiva, as religiões nascem das interrogações humanas que são feitas dentro de um determinado contexto histórico, especialmente das inquietações e buscas ligadas à provisoriedade da vida e do desejo de ordenar o que é entendido ou experienciado como caótico. Por isso é que elas se institucionalizam, pois agregam um valor à organização da vida e dão a ela um sentido.

Segundo Edênio Valle,

> As religiões devem ser compreendidas desde suas raízes humanas existenciais. São uma "possibilidade" que nasce do próprio existir humano; tem referência à "abertura" principal do homem às interpretações últimas do mundo, interpretações que chamamos de "sagrado" (...) a dinâmica psicoexistencial humana parece jogar o ser humano, das mais variadas maneiras, em direção ao que é e possui de mais profundo e próprio: o horizonte de sentido que transcende. É como se o *homo sapiens* não pudesse deixar de ser *homo religiosus*.[17]

---

15 FREIRE, Paulo. *Educação e mudanças*. 23ª ed. São Paulo: Paz e Terra, 1999, p. 30.
16 ELIADE, Mircea. *O sagrado e o profano: a essência das religiões*. São Paulo: Martins Fontes, 1999.
17 VALLE, Edênio. *Psicologia e experiência religiosa*. São Paulo: Loyola, 1986, p. 40.

104 Antropologia Teológica: pensar o humano na universidade

A constatação de que em todos os tempos e lugares o *homo sapiens* é também um *homo religiosus,* provoca-nos a lidar com o fenômeno religioso com maior cuidado e cientificidade, dada a sua importância na organização e efetivação da vida individual e em sociedade. Só assim é possível superar os preconceitos e a ignorância que resultam em fanatismos intolerantes. Para a formação integral do ser humano como um projeto infinito, o conhecimento da dimensão religiosa não pode ser desconsiderado no processo educativo. Tem razão Freire quando afirma:

> A sua transcendência [do homem] está também, para nós, na raiz de sua finitude. Na consciência que tem dessa finitude. Do ser inacabado que é e cuja plenitude se acaba na ligação com seu Criador. Ligação que, pela sua própria essência, jamais será de dominação ou de domesticação, mas sempre de libertação[...]. Exatamente porque, ser finito e indigente, tem o homem na transcendência, pelo amor, o seu retorno à sua fonte. Que o liberta.[18]

Conclusão

A abertura à transcendência no processo educativo é uma tarefa urgente e exige mudanças significativas de todos os que consideram suas verdades como absolutas. Qualquer avanço nesse campo implica a firme decisão de compreender a complexidade do fenômeno religioso sem o intuito de formar adeptos. Somente o diálogo a partir de diferentes enfoques científicos poderá auxiliar o ser humano a lidar com projetos mais amplos, especialmente na defesa da vida de todos os seres e do planeta. Há questões essenciais que atingem a todos e, só a partir da

---

18 FREIRE, Paulo. *Educação como prática de liberdade.* 17ª ed. São Paulo: Paz e Terra, 1986, p. 40.

O ser humano, um ser religioso? 105

identificação do que efetivamente é comum, será possível estabelecer um diálogo significativo.

Somente por meio do diálogo será possível superar a lógica da identificação, do fechamento e do reducionismo e abrir-se à diversidade, à dialética, à complementaridade, à reciprocidade e à pluralidade como um modo de ser e de situar no mundo. O processo educativo tem condições de tornar efetiva essa aprendizagem; e toda pretensa neutralidade nesse campo não significará outra coisa senão uma grande falta de responsabilidade. Se, como diz Rubem Alves, "a religião continuará, até o fim, como expressão de amor e como expressão de medo", cabe à educação a tarefa de decifrar esse enigma e oferecer referenciais que contribuam para a construção da identidade e do sentido da vida.[19]

Referências

ALVES, Rubem. *O Enigma da Religião*. Campinas: Papirus, 1988.

BASTIDE, Roger. *O Sagrado Selvagem e outros ensaios*. São Paulo: Companhia das Letras, 2006.

BERGER, Peter L. *O Dossel Sagrado: elementos para uma teoria sociológica da religião*. São Paulo: Paulinas, 1985.

BOFF, Leonardo. *Tempo de Transcendência: O ser humano como um projeto infinito*. Rio de Janeiro: Sextante, 2000.

BOURDIEU, Pierre. *A economia das trocas simbólicas*. São Paulo: Perspectiva, 1974.

_____. *O poder simbólico*. Rio de Janeiro: Bertrand Brasil S.A., 2002.

ELIADE, Mircea. *O sagrado e o profano: a essência das religiões*. São Paulo: Martins Fontes, 1999.

---

19 ALVES, Rubem. *O Enigma da Religião*. Campinas: Papirus, 1988, p. 58.

106 Antropologia Teológica: pensar o humano na universidade

FILORAMO, Giovanni; PRANDI, Carlo. *As Ciências das Religiões*. São Paulo: Paulus, 1999.

FREIRE, Paulo. *Educação como prática de liberdade*. 17ª ed. São Paulo: Paz e Terra, 1986.

_____. *Educação e mudanças*. 23ª ed. São Paulo: Paz e Terra, 1999.

GEERTZ, Clifford. *A interpretação das Culturas*. Rio de Janeiro: LTC, 1989.

MESLIN, Michel. *A experiência humana do divino: fundamentos de uma antropologia religiosa*. Petrópolis: Vozes, 1992.

OTTO, Rudolf. *O Sagrado: um estudo do elemento não-racional na ideia do divino e a sua relação com o racional*. Trad. Prócoro Velasquez Filho. São Bernardo do Campo: Imprensa Metodista, 1985.

PRANDI, Reginaldo. "Religião não é mais herança, mas opção". In: *Folha de São Paulo*. Caderno Especial, 26 de dezembro de 1999.

SUESS, Paulo. *Culturas e Evangelização*. São Paulo; Loyola, 1989.

VALLE, Edênio. *Psicologia e experiência religiosa*. São Paulo: Loyola, 1986.

8

A fé confere sentido para a vida?

Luís Fabiano dos Santos Barbosa[1]

> "Não sou *nada*.
> Nunca serei *nada*.
> Não posso querer ser *nada*.
> À parte isso, tenho em mim todos os sonhos
> do mundo".
> (*Álvaro de Campos*, TABACARIA)[2]

Introdução

Fernando Pessoa nos oferece no fragmento acima uma provocação existencial de atualidade indiscutível: a inadequação do niilismo existencial.[3] O SER humano não "é", e enquanto "for", nunca será, e, "sendo" jamais poderá "ser um NADA". A vida humana é incompatível com o vazio niilista.

---

1 Luís Fabiano dos Santos Barbosa é mestre em Teologia Dogmática (Università Pontificia Salesiana – Roma), Coordenador do Curso de Teologia do Centro Universitário Salesiano de São Paulo (UNISAL - *Campus* Pio XI), Professor de Teologia e Membro do Núcleo de Estudos e Pesquisa em Antropologia Teológica (NEPAT), do UNISAL.
2 PESSOA, Fernando. *Poemas selecionados: Fernando Pessoa ele-mesmo e heterônimos.* Porto Alegre: Artes e Ofícios Editora, 2010, p. 126.
3 "Quem tem formação filosófica sabe que o niilismo heroico, iniciado por Sartre, afirma justamente que tomar aos ombros o absurdo da existência, a ausência de sentido da vida, é a nossa tarefa principal". FRANKL, Viktor. *Sede de sentido.* São Paulo: Quadrante, 1989, p. 54.

108 Antropologia Teológica: pensar o humano na universidade

Todavia, a realidade histórica e existencial de muitas pessoas parece contradizer esse poético axioma. O contexto do nosso tempo presente, considerado "líquido",[4] dá vida à "existência líquida".[5] A falta de solidez ou a fluidez no modo de existir caracteriza uma geração de seres humanos que, sem um firme "chão existencial", identifica-se como vidas marcadas pelo *nonsense*. A partir do desenvolvimento tecnológico, científico, midiático e virtual o ser humano parece depararse com o nada, com o não sentido para a própria vida, ou, como Viktor Frankl costumava chamar, com a "frustração existencial".[6] Diante desta realidade, nos perguntamos: "a fé confere sentido à vida"?

1 O ser humano e a responsabilidade do buscar

Desde que o ser humano tomou consciência da sua capacidade de reflexão, sempre foi invadido por uma série de questões acerca do seu existir. Conhecidas são as grandes perguntas que, por meio da Filosofia, o homem aprendeu a fazer: *Quem sou? De onde venho? Para onde vou?* Tais questionamentos acompanham o existir humano e nos impelem a concluir que "ser", humanamente falando, significa "buscar", procurar por algo que, brotando do nosso profundo interior, nos lança para fora de nós mesmos num desejo firme de alcançar a plenitude da experiência vital. Buscarse ou transcender-se é característica fundamental do modo humano de existir.

---

4   BAUMAN, Zygmunt. *Modernidade líquida*. Rio de Janeiro: Zahar, 2010.
5   Id. *Vida líquida*. Rio de Janeiro: Zahar, 2005.
6   FRANKL. *Sede de sentido*. p. 13.

A fé confere sentido para a vida? 109

Esse impulso natural do autoquestionar humano que o torna um verdadeiro "buscador" é chamado por Viktor Frankl de "vontade de sentido":

> A vontade de sentido constitui, em meu entender, um dos aspectos básicos de um fenômeno antropológico fundamental a que dou o nome de *transcendência de si mesmo*. Esta autotranscendência do existir humano consiste no fato essencial de o homem sempre "apontar" para além de si próprio, na direção de alguma causa a que serve ou de alguma pessoa a quem ama. E é somente na medida em que o ser humano se autotranscende que lhe é possível *realizar-se – tornar-se real –* a si próprio.[7]

As perguntas existenciais são de alguma maneira "guinchos" que levam e/ou favorecem que o ser humano dê esse passo de transcendência. Assim, como afirma Frankl, a vontade de sentido não é só o fenômeno que caracteriza o ser humano, mas sobretudo, é a possibilidade que cada pessoa tem, na história particular da sua vida, de experimentar uma autêntica realização. Os questionamentos últimos e fundamentais são, portanto, veículos para a realização última e fundamental.

> Em última análise, viver não significa outra coisa que arcar com a responsabilidade de responder adequadamente às perguntas da vida, pelo cumprimento das tarefas colocadas pela vida a cada indivíduo, pelo cumprimento da exigência do momento.[8]

A vontade de sentido que constitui o ser humano como "buscador" é um ato de responsabilidade. Em outras palavras, não basta "viver"; é necessário "saber-se vivo". A cada pergunta que a vida nos faz deparamo-nos com um convite à resposta específica a essa realidade. Seremos responsáveis na vida à

---

7 Ibid., p. 20.
8 FRANKL, Viktor E. *Em busca de sentido*. São Leopoldo: Sinodal, 2005, p. 76.

medida que aprendermos a responder a tudo aquilo que a própria história nos apresenta como inquietação. Nesse sentido, vontade e liberdade são sempre indissociáveis. A autotranscendência do ser humano acontece a partir da sua livre vontade em ser responsável na realização das tarefas vitais.

Segundo Frankl, nunca poderemos responder as perguntas fundamentais da vida com validade geral. Nenhum ser humano e nenhum destino pode ser comparado com outro; nenhuma situação se repete.[9] Assim como as respostas são particulares, o ato de responsabilidade é sempre particular, ligado à concretude de uma existência história com suas irrepetíveis perguntas. Por isso, se é característico de todos os homens o "questionar", especialmente a partir das perguntas "comuns" da existência, é igualmente natural que as respostas, cuja finalidade última é o sentido, sejam de fato específicas para cada pessoa, para cada rosto historicamente constituído. "Buscar" o sentido da vida não é necessariamente responder as perguntas que a vida "nos faz", mas é, fundamentalmente, responder as questões que a vida "me faz".

2 O sentido da vida

As perguntas existenciais que constituem o ser humano como um "buscador" têm o seu fundamento último na "busca pelo sentido da vida". Não basta estar vivo; é necessário perceber-se com vitalidade e existir de maneira intensamente vital. De modo muito geral, a busca pelo "sentido" da vida é sempre uma "orientação", um saber-se de onde *viemos*, para onde *iremos*, porque de alguma maneira procuramos descobrir o mistério de quem *somos*. Nossa origem e nosso destino, dois extremos indissociáveis, trazem em si

---

9   Ibid., p. 76.

A fé confere sentido para a vida?

o mistério do que significa "ser aqui, agora e em si mesmo". É por isso que o sentido da vida é uma resposta ao vazio existencial de uma existência concreta e particular.

> Em última análise, a pessoa não deveria perguntar qual o sentido da sua vida, mas antes deve reconhecer que é ela que está sendo indagada. Em suma, cada pessoa é questionada pela vida; e ela somente pode responder à vida respondendo por sua própria vida; à vida ela somente pode responder sendo responsável.[10]

Eis que, neste momento, salta aos nossos olhos uma aparente contradição. O ser humano "buscador", porque questionador, depara-se com o dilema de ser "sabatinado" pela vida ou por ela indagado. Aqui, de fato, só existe aparente contradição, porque na realidade o sentido da vida passa por esse processo paradoxal: a força que impele o ser humano para fora de si (perguntas) se torna autêntica à medida em que as respostas vitais são igualmente indagações pelas quais é necessário se responsabilizar. De acordo com Frankl,

> Não é possível *dar* sentido, mas somente *encontrar* o sentido. O sentido de uma pessoa, coisa ou situação, não pode ser dado. Tem que ser encontrado pela própria pessoa – mas não *dentro dela,* porque isto iria contra a lei da autotranscendência do existir humano. [...] Só se pode encontrar o sentido porque ele é objetivo; não podemos atribuí-lo ao nosso bel-prazer.[11]

Resulta, assim, cada vez mais clara a exigência da responsabilidade pessoal no que se refere ao sentido da vida. Esse nunca será a realização de um terceiro, mas será sempre a concretização de uma existência única, irrepetível. A vida com

---

10 Ibid., p. 98-99.
11 FRANKL. *Sede de sentido*, p. 27.

112 Antropologia Teológica: pensar o humano na universidade

sentido é fruto de um trabalho pessoal e peculiar. É exigente, constitui-se como um verdadeiro dever. Pois, como afirma Frankl, "se exigirmos do homem o que ele *deve ser*, faremos dele o que ele *pode ser*. Se pelo contrário, o aceitarmos *como é*, então acabaremos por torná-lo pior do que é".[12]

À luz do que até aqui foi apresentado, vale recordar que, segundo a *logoterapia*,[13] o sentido da vida possui um "órgão" próprio, a consciência.

> A consciência pessoal é, pois, o órgão do sentido. Numa época em que as tradições e valores universais que elas encerram se vão esboroando, educar significa, portanto, no fundo e em última instância – e até diria, mais do que nunca – formar a consciência pessoal.[14]

Para o cristianismo, "a consciência é o núcleo mais secreto e o sacrário do homem, no qual ele se encontra a sós[15] com Deus, cuja voz ressoa na intimidade do seu ser".[16] A partir daqui, já

---

12 Ibid., p. 14.

13 "A logoterapia se concentra mais no futuro, ou seja, nos sentidos a serem realizados pelo paciente em seu futuro. A logoterapia é, de fato, uma psicoterapia centrada no sentido. [...] Ela confronta o paciente com o sentido da sua vida e o reorienta para o mesmo". FRANKL. *Em busca de sentido*, p. 91-92.

14 Id., *Sede de sentido*, p. 30.

15 "Deus é o parceiro dos nossos mais íntimos diálogos conosco mesmos. Na prática, isso significa que sempre que estivermos totalmente a sós conosco, quando estivermos dialogando conosco na derradeira solidão e honestidade, é legítimo denominar o parceiro desses solilóquios de Deus, independentemente de nos considerarmos ateístas ou crentes em Deus. [...] Se Deus realmente existe, estou convicto de que ele não levaria a mal se alguém o confundisse com o próprio eu e o chamasse por nome errado". FRANKL, Viktor E. *A presença ignorada de Deus*. São Leopoldo: Sinodal, 2007, p. 113.

16 "Para o homem de fé, na medida em que julga cada situação e cada ato à luz da lei moral, essa busca de sentido simplifica-se. A sua consciência, bem formada, levá-lo-á a detectar na situação concreta aquele sentido que a lei moral e os valores lhe revelam como único adequado à natureza humana, criada por Deus e para Deus. Como afirma o Concílio Vaticano II, "a norma suprema da vida humana é a lei divina, eterna, objetiva e universal [...]. O homem percebe os ditames da lei divina mediante a sua própria consciência" (*Dignitatis humanae*,

A fé confere sentido para a vida? 113

podemos identificar uma profunda ligação entre o sentido da vida e a realidade da fé. Mas, antes de analisarmos esse vínculo real, reflitamos rapidamente sobre o ato de fé em si mesmo.

3 A realidade da fé

A busca pelo sentido da vida, porque envolve a inteira realidade pessoal, pressupõe tudo aquilo que na pessoa humana ressoa consciente ou inconscientemente. Por isso, não é inútil perguntar-se sobre a realidade da fé neste contexto específico.

A fé é, ao mesmo tempo, uma graça[17] e um ato humano.[18] Além de ser um dom divino, algo que recebemos gratuitamente, a fé também é uma resposta humana, ou seja, ela é conteúdo (*fides quae*) e disposição, atitude (*fides qua*).[19] Em outras palavras, a fé é uma mensagem recebida e ao mesmo tempo vivida.

Acrescente-se ainda que "a fé *procura compreender*".[20] Isso significa que o ato de fé não é um entregar-se às cegas à incompreensão, à irracionalidade; antes, está profundamente sintonizado com a natureza questionadora do ser humano.

---

n° 3). Quanto mais claro e consciente for o conhecimento da lei divina, tanto mais reto e fácil será o juízo da consciência. Daí a necessidade de formá-la bem". CATECISMO DA IGREJA CATÓLICA. 9 ed. Petrópolis: Vozes, 1998, n° 1776 (daqui em diante = CIC). FRANKL. *Sede de sentido*, p. 30.

17 CIC, 153.

18 CIC 154.

19 "'Fé' é tanto ato de crença ou de confiança quanto também o que é crido ou confessado, ou seja, *fides qua* e *fides quae*, respectivamente. Ambos os aspectos operam juntos inseparavelmente, uma vez que a confiança é a adesão a uma mensagem com um conteúdo inteligível, e a confissão não pode ser reduzida a simples palavras sem conteúdo, mas deve vir do coração". COMISSÃO TEOLÓGICA INTERNACIONAL. *Teologia hoje: perspectivas, princípios e critérios*. Brasília: Edições CNBB, 2012, n° 13.

20 CIC 158.

Crer é igualmente um ato de "livre vontade".[21] Se assim não fosse, não seria autenticamente humano. Portanto, aqui também encontramos um eixo de ligação com aquilo que a logoterapia chama de *vontade de sentido*.

E, por fim, a fé é sobretudo um "ato pessoal".[22] Isso significa que crer é realidade que se dá em primeira pessoa (*credo*). Todavia, porque a fé é sempre dom e, portanto, algo dado, ninguém pode crer sem ter recebido. Considerando que o ato de transmissão da fé se realiza sempre no contexto de uma comunidade (que recebe e transmite o dom), ele é sempre um ato eclesial. Ninguém crê sozinho.

Embora todo ser humano seja capaz de viver essa experiência (*capax Dei*),[23] na prática nem todos a vivem. Embora para Tomás de Aquino "ter fé explícita não é igualmente necessário a todos para a salvação",[24] temos de reconhecer que, implícita ou explicitamente, a realidade da fé sempre constituirá, segundo Frankl, um elemento da existência humana:

> No fundo do inconsciente todos nós temos fé, pelo menos no sentido amplo da palavra, por mais reprimida e soterrada que essa fé possa estar. E, se Freud uma vez disse que o ser humano não é apenas mais imoral do que acredita, mas também mais moral do que pensa, nós poderíamos acrescentar que, por vezes, o ser humano pode ser muito mais religioso do que quer admitir. Essa onipresença da fé, mesmo que seja apenas no inconsciente e na acepção de uma fé no sentido último, parece tornar claro porque, conforme foi provado empiricamente, os ateístas declarados não são menos capazes de encontrar um sentido na sua vida do que as pessoas que conscientemente se consideram religiosas.[25]

---

21 CIC 160.
22 CIC 166.
23 CIC 27-30.
24 TOMÁS DE AQUINO. *Suma Teológica*, II-II, q. 2, a. 5, rep.
25 FRANKL. *A presença ignorada de Deus*, p. 113-114.

A fé confere sentido para a vida? 115

Para Frankl, a realidade da fé é de alguma maneira inerente ao existir humano, seja consciente ou inconscientemente, ou, segundo a expressão tomasiana, implícita ou explicitamente. O fato é que, para a logoterapia esse elemento de graça, que se constitui também como ato humano, de maneira alguma impossibilita ao ser humano viver a própria experiência de sentido. À luz da logoterapia e da teologia, a fé não somente confere sentido à vida, mas constitui ela mesma um "sentido".

Conclusão

É justo afirmar que o próprio ato de crer (consciente ou inconscientemente) constitui, de alguma maneira, um caminho e/ou uma condição ou expressão de sentido. Portanto, no que é específico e integrante da autêntica fé, podemos sim vislumbrar aquilo que chamamos de "sentido para a vida".

Ainda que teologicamente haja uma diferença importante entre religiosidade e fé, para as finalidades deste capítulo, julgamos por bem considerá-las como sinônimos visto que assim o faz a logoterapia. Deste modo, antes de apresentar alguma justificativa em relação à defesa da fé como portadora de sentido, é importante destacar o que Frankl considera por religiosidade (fé):

> A verdadeira religiosidade não tem caráter de impulso, mas, antes, de decisão. A religiosidade se mantém pelo seu caráter de decisão, e deixa de sê-la quando predomina o caráter de impulso. A religiosidade ou é existencial ou não é nada.[26]

Aqui identificamos uma real congruência entre os conceitos "fé" e "vontade de sentido". Ambos pressupõem e exigem um ato de liberdade e decisão. Para Frankl,

---

26 Ibid., p. 61.

116   Antropologia Teológica: pensar o humano na universidade

> A religião, de fato, pode ser definida como a realização de uma "vontade de sentido último". Essa nossa definição de religiosidade coincide com aquela apresentada por Albert Einstein: "Ser religioso é ter encontrado uma resposta para a pergunta 'qual o sentido da vida?'". E há outra definição de Ludwig Wittgenstein que diz: "Crer em Deus significa ver que a vida tem um sentido".[27]

Fica claro, a partir de tais testemunhos, que a religiosidade não constitui empecilho para uma autêntica experiência de sentido. Como afirma Joseph Ratzinger: "um sentido produzido por nós mesmos, em última análise, deixa de ser sentido. O sentido, ou seja, o chão sobre o qual pode firmar-se e viver a nossa existência como um todo, não pode ser produzido, ele só pode ser recebido".[28] É neste âmbito que entra em jogo o papel da religiosidade e/ou da fé; elas constituem como que uma possibilidade real de sentido, porque, a partir daí fica claro que crer em Deus é um *firmar-se* em Deus, ato esse que dá ao homem uma base sólida para a sua vida.

> Ter fé é o ato de o ser humano firmar-se na realidade como um todo [...] é a atribuição de sentido sem a qual o ser humano como um todo ficaria fora de lugar; é um sentido que é anterior ao calcular e ao agir do ser humano e sem o qual ele nem teria condições de calcular ou de agir, ele só pode fazê-lo no lugar onde há um sentido que o sustente. Pois, com efeito, o ser humano não vive apenas do pão da factibilidade; como ser humano e na sua essência humana autêntica ele vive do amor, do sentido. O sentido é o pão de que o ser humano vive na essência de seu ser.[29]

A logoterapia não só acolhe esses pressupostos teológicos, como também os sustenta. A base de sentido para a vida

---

27   Ibid., p. 115.
28   RATZINGER, Joseph. *Introdução ao Cristianismo*. São Paulo: Loyola, 2006, p. 55.
29   Ibid., p. 54-55.

A fé confere sentido para a vida? 117

humana não é por nada um dado subjetivo ou simplesmente especulativo. Pelo contrário, concretiza-se na objetividade de uma decisão existencial. Esta é efetivamente orientada para a autotranscendência que, longe de ser fuga do "em si mesmo", é autêntico reencontro "consigo mesmo" porque o ser humano responde com responsabilidade às perguntas que a vida coloca ao "si mesmo". E esta é a possibilidade que a experiência pessoal e eclesial da fé nos oferece.

> O ser humano, ao fim e ao cabo, só pode ter fundadas esperanças de sobrevivência se, mais cedo ou mais tarde, conseguir chegar a um denominador comum axiológico, moral, isto é, se chegar a ter valores comuns, tarefas comuns e esperanças comuns; quer dizer, em resumidas contas, se se unir por uma vontade coletiva que o conduza a um sentido coletivo.[30]

A realidade pessoal do ato de fé abarca igualmente a experiência comunitária da fé. É o que Frankl considera como passagem da vontade coletiva para o sentido coletivo. As respostas existenciais serão sempre encontradas na especificidade da história pessoal. No entanto, o denominador axiológico comum é como o contexto maior onde concretamente o sentido se realiza. Isto faz compreender que também o aspecto eclesial (comunitário) intrínseco à fé favorece a busca pelo sentido da vida.

Portanto, como bem afirma Ratzinger:

> Crer segundo a maneira cristã de ter fé significa compreender a nossa existência como uma resposta à palavra, ao *logos*[31] que sustenta e conserva todas as coisas. Significa

---

30 FRANKL. *Sede de sentido*, p. 19.
31 O termo "logos" é uma palavra grega e significa "sentido"! [...] Para a logoterapia, a busca de sentido na vida da pessoa é a principal força motivadora no ser humano. Id., *Em busca de sentido*, p. 92. "O que se realiza no ato de crer não é uma entrega cega ao irracional. Pelo contrário, é um ir ao encontro do *logos*, da

118 Antropologia Teológica: pensar o humano na universidade

aceitar que o sentido [...] já nos foi dado, de modo que precisamos tão somente aceitá-lo confiando-nos a ele.[32]

Podemos concluir que "crer" e "procurar o sentido da própria vida" são realidades afins. A primeira não constitui empecilho à segunda; o sentido da vida de alguma maneira está impresso no ato de fé. Se muitas vezes a vida nos apresenta o nada como indagação, a fé nos questiona sobre o sentido. E, parafraseando Fernando Pessoa, quem crê *"traz em si todos os sonhos do mundo"*.

Referências

BAUMAN, Zygmunt. *Modernidade líquida*. Rio de Janeiro: Zahar, 2010.

_____. *Vida líquida*. Rio de Janeiro: Zahar, 2005.

CATECISMO DA IGREJA CATÓLICA. 9ª ed. Petrópolis: Vozes, 1998.

COMISSÃO TEOLÓGICA INTERNACIONAL. *Teologia hoje: perspectivas, princípios e critérios*. Brasília: Edições CNBB, 2012.

FRANKL, Viktor E. *Sede de sentido*. São Paulo: Quadrante, 1989.

_____. *Em busca de sentido*. São Leopoldo: Sinodal, 2005.

_____. *A presença ignorada de Deus*. São Leopoldo: Sinodal, 2007.

PESSOA, Fernando. *Poemas selecionados: Fernando Pessoa ele-mesmo e heterônimos*. Porto Alegre: Artes e Ofícios Editora, 2010.

RATZINGER, Joseph. *Introdução ao Cristianismo*. São Paulo: Loyola, 2006.

TOMÁS DE AQUINO. *Suma Teológica: a fé, a esperança, a caridade, a prudência*. v. 5. São Paulo: Loyola, 2004.

---

ratio, do sentido e, assim, da própria verdade, porque a razão sobre a qual o ser humano se firma no final das contas não pode nem deve ser outra que a própria verdade que se franqueia". RATZINZER. *Introdução ao Cristianismo*, p. 56.

32 Ibid., p. 55.

III
A EXISTÊNCIA HUMANA DESAFIADA

Por que o mal existe?

Valter Luiz Lara[1]

Introdução

Antes de responder à pergunta "Por que o mal existe?" é preciso reconhecer o que ela pressupõe: o mal existe!

O reconhecimento da existência do mal suscita outras questões: Como o definimos? Quais as formas da sua existência? O mal pode ser personificado ou é impessoal? Ele pode ser identificado com alguém que possui as características de uma pessoa que a princípio seria o mal em si? Existe o mal em si, fora das coisas e independente delas? Ou, na verdade, o mal é apenas um atributo, um adjetivo, ou melhor, um defeito que vemos nas coisas, nas pessoas e nas situações? Se o mal pode ser identificado com um ser maléfico cuja personalidade se identifica com uma realidade que ultrapassa nossa humanidade, qual é então a parcela de responsabilidade que cabe ao ser humano na proliferação do mal? O mal, afinal, pode ser personificado como sujeito cujo

---

[1] Valter Luiz Lara é doutor em Ciências da Religião (Universidade Metodista - São Paulo) e professor no Centro Universitário Salesiano de São Paulo (UNISAL – São Paulo: *Campus* Pio XI e Campinas: *Campus* São José).

nome varia conforme a denominação religiosa e que, em nossa língua, alguns chamam de diabo, demônio ou satanás? Essas questões indicam a complexidade e a abrangência do tema. Não pretendemos, aqui, esgotar o assunto, mas abordá-lo de forma multidisciplinar. Apresentaremos o mal como fato da experiência (1); faremos uma reflexão filosófica sobre ele (2); teceremos algumas considerações a respeito dele a partir das ciências humanas, particularmente da sociologia (3); e, finalmente, abordaremos seu significado bíblico e teológico (4).

1 A percepção do mal como fato da experiência

Cada um de nós deve ter histórias para contar sobre como já foi afetado pela "maldade humana". Trata-se do mal experienciado como resultado da ação humana. Outros devem ter histórias sobre como foram afetados por tragédias que os surpreenderam. Trata-se do mal experienciado como algo que nada tem a ver com intervenção humana. E tantos outros experienciam situações negativas que não sabem ao certo se têm ou não interferência humana. Vejamos, portanto, alguns exemplos:

a. *Males que deixam dúvidas quanto ao grau da responsabilidade humana:* (reconhecemos, contudo, que a intervenção na natureza, a omissão e a falta de ações preventivas podem intensificar os males provocados por catástrofes naturais):

> A Organização das Nações Unidas (ONU) alertou que as catástrofes naturais, cada vez mais frequentes, mataram cerca de 600 mil pessoas em 20 anos. [...] Desde 1995, "as catástrofes meteorológicas mataram 606 mil pessoas, média de 30 mil por ano, deixando mais de 4,1 bilhões de feridos, desabrigados ou necessitados de

ajuda emergencial", indicou um relatório do Gabinete da ONU para *Redução dos Riscos de Catástrofes*.[2]

b. *Males que não dependem da ação humana*: o sofrimento que advém de doenças que causam dores atrozes e morte inevitável. Há inúmeros casos de pessoas que padecem, definham e perdem a autonomia de seus próprios movimentos; aos poucos, sob a opressão de um processo de deterioração de suas forças, de seus órgãos e da própria memória, acabam morrendo sem consciência e identidade. Algumas dessas doenças são incuráveis como certos tipos de câncer; outras já sabemos são adquiridas através do contágio viral; outras pela herança genética; e há aquelas cuja procedência ainda é desconhecida. Evidentemente que o avanço da ciência e da medicina tem ajudado a diminuir o sofrimento causado por inúmeras doenças, sobretudo quando se descobre suas causas. Entretanto, o desconhecimento sobre a gênese dos processos degenerativos causadores de certas doenças, ainda é muito grande.

c. *Males provocados pelo ser humano:* qualquer dor e sofrimento provocado pelas relações entre pessoas, como injustiças, discriminação, desigualdade social, violência, tortura, escravidão e outras tantas desumanidades. Veja o que aconteceu na Unidade 731:

> A unidade 731 foi uma unidade secreta de pesquisa e desenvolvimento da guerra biológica do exército imperial japonês que utilizou seres humanos em experiências secretas

---

2 Disponível em: http://agenciabrasil.ebc.com.br/internacional/noticia/2015-11/onu-alerta-catastrofes-naturais-mataram-600-mil-pessoas-em-20-anos>. Acesso em: 14 dez. 2015.

124 Antropologia Teológica: pensar o humano na universidade

> durante a Segunda Guerra Mundial e Segunda Guerra Sino-Japonesa (1937-1945). A tal unidade foi originalmente batizada de Departamento de prevenção de epidemias e purificação de água, mas isso era só no papel, pois na prática suas atividades eram completamente diferentes. Suas principais atividades eram muito similares com os experimentos humanos nazistas. Dentre tantas atividades macabras que os cientistas, médicos e militares japoneses realizavam sob o comando da Unidade 731 destacavam-se as vivissecções, isto é, dissecações de pessoas ainda vivas, muitas vezes sem anestesia, extraindo órgão após órgão até a sua morte. Essas atrocidades eram realizadas com prisioneiros de guerra, chineses, filipinos, asiáticos e com os soldados aliados.[3]

Esse tipo de mal é produto de ações humanas deliberadas e não há como negar a responsabilidade de seres humanos que escolhem, nesses casos, impor dor, sofrimento, e injustiça a seus semelhantes.

A partir desse repertório de males é possível tentar agora compreender o fenômeno na perspectiva de algumas ideias e conceitos legados pela filosofia, para abrir o horizonte de nosso entendimento.

2 O mal na perspectiva da Filosofia

O problema do mal perpassa toda a história da Filosofia. Vamos, aqui, à luz da obra de Karl Lehmann, condensar em três grandes modelos as mais variadas formas de interpretá-lo.[4]

---

3 CARLOS, Johny. *Unidade 731:A Maldade do Homem*. Disponível em: <http://www.granjaki.com.br/colunas.php?acao=clique&coluna=educacao&artigo=54>. Acesso em: 14 dez. 2015. A unidade 731 é tema também do filme chinês: CAMPO 731: Bactérias, a Maldade Humana (em chinês "Hei tai yang 731" e em inglês "Men Behind the Sun"), dirigido por Tun Fei Mou, Roteiro escrito por Wen Yuan Mou, Mei Liu e Dun Jing Teng, Hong Kong, 1988. 105' legendado. Disponível em: <http://www.filmesdetv.com/hei-tai-yang-731.html>. Acesso em: 02 maio 2016.
4 LEHMANN, Karl et al. *Diabo: demônios - possessão. Da realidade do mal*. São Paulo: Loyola, 1992.

2.1 O mal segundo o modelo dualista da luta entre forças contrárias

O primeiro modelo de discurso filosófico sobre o mal está inscrito na chave dualista que considera o mundo constituído de forças opostas. São elas que dão origem a tudo o que existe. O mal é o oposto do bem e isso explica não só o mal em si, mas o bem em si. Platão (427-347 a.C.), por exemplo, concebe o bem como ideia absoluta e originária e o mal como matéria decaída, deformadora da ideia do bem. Pensadores como Heráclito (séc. V a.C.), Aristóteles (384-322 a.C.), Demócrito (460-360 a.C.), Agostinho (354-430 d.C.), Tomás de Aquino (1225-1274) e tantos outros seguirão esse padrão, mais ou menos dualista, ora concebendo o mal segundo a correlata e inversa definição de bem, ora propondo o mal como ausência do bem, ou ainda como espécie de conteúdo desprovido de forma e tomado pela completa determinação ou identificação com a desordem a disfunção e o caos.

De acordo com esse modelo, o mal é um problema que ultrapassa os limites da responsabilidade e da culpabilidade humana. O tratamento dado neste âmbito é de abrangência cósmica e, por vezes, mistura-se à fé religiosa tendo o Deus da concepção judaico-cristã uma enorme influência para explicar o mal, pois o bem sozinho não é suficiente para explicar a totalidade das coisas. São concepções assim que buscam harmonizar a filosofia com a visão religiosa monoteísta de um mundo criado por Deus que é sumo bem e não poderia ter criado o mal.

O mal então seria produzido pela vontade de Deus como castigo com função pedagógica, ou atributo do arbítrio dos deuses, conforme a fé politeísta, ou ainda como princípio distinto da divindade, mas com poderes cujas origens estão no mundo celestial, mas em oposição à divindade. Demônios, diabo e tantos outros nomes para designar espíritos malignos completam as mais variadas formas de representação do mal nesse primeiro modelo de abrangência cósmica e transcendente.

2.2 O mal segundo o modelo antropológico

O segundo modelo filosófico é mais antropológico, pois concentra a reflexão do mal sobre a ideia de liberdade e responsabilidade das ações e escolhas humanas. Estamos no centro do pensamento ético. O mal aqui não é mais objeto de divagações metafísicas, mas se restringem ao espaço das ações humanas. Concepções cósmicas dão lugar ao fenômeno do livre arbítrio e explicam na forma de ação e reação as mazelas do convívio humano, suas injustiças, violências e maldades. Evidentemente que concepções restritas à esfera do humano para muitos não explicam toda a abrangência do mal. Elas não esgotam as razões de ser dos males físicos e toda a sorte de doenças e falências do mecanismo biológico (referidas no primeiro item como males do tipo "a") ao qual estamos submetidos e muito menos as desgraças advindas do descontrole e catástrofes que a natureza nos impõe (referidas no primeiro item como males do tipo "b").

2.3 O mal segundo o modelo do relativismo ético

O terceiro modelo é o da completa relativização do mal assim como do bem, concebidos não como realidades em si, mas como criações valorativas atribuídas pelos sujeitos em constante disputa por impor suas vontades, interesses e poderes.

Por que o mal existe?

O filósofo Nietzsche (1844-1900) em obras como *Genealogia da moral* e *Além do bem e do mal*[5] representa esse terceiro modelo: não há bem ou mal essenciais, bem e mal são frutos de nossas atribuições de valor às coisas, aos acontecimentos e aos fenômenos em geral. E assim entramos no universo das tendências filosóficas de reduzir o problema do mal ao âmbito das práticas humanas e do discurso das ciências humanas: antropologia, sociologia e psicologia.

3 O mal na perspectiva das ciências humanas

O discurso científico possui a marca da razão lógica e prioriza o critério da prova e evidência empíricas. História, geografia, arqueologia, antropologia, sociologia, psicologia e os avanços das ciências médicas, das ciências da natureza como a física, biologia, química e astronomia, conduziram o ser humano de nosso tempo a uma nova visão do mundo. Tudo isso ofereceu, direta ou indiretamente, novas chaves para a compreensão do problema do mal. Afinal, ampliamos nosso horizonte planetário e cósmico; conhecemos melhor nossos limites e potencialidades orgânicas, biológicas, genéticas, psicológicas e ecológicas; e além de tudo, tivemos acesso às inúmeras variáveis culturais de nossas concepções sobre o mal ao longo da história. Entretanto, para não alongarmos esse capítulo, ficaremos restritos à modalidade de conhecimento sociológico, pois a sociologia representa um leque suficientemente plural e exemplar de mediações importantes na aproximação crítica ao problema do mal.

---

5 NIETZSCHE, F. *Genealogia da moral: uma polêmica.* São Paulo: Companhia das Letras, 2009.

3.1 O mal na perspectiva da sociologia

A visão sociológica sobre o mal varia conforme a tendência teórica e metodológica pressuposta na análise dos fenômenos. Vejamos como isso se aplica ao problema do mal.

3.1.1 O mal na perspectiva da sociologia funcionalista

Na sociologia funcionalista, por exemplo, de um sociólogo como Emile Durkheim (1858-1917) o mal é visto como disfunção, anomia, ruptura da ordem e a instauração de um fenômeno que precisa ser extirpado, excluído ou pelo menos tolerado no nível da representação e do sentido.

3.1.2 O mal na perspectiva da sociologia compreensiva

Na sociologia compreensiva de Max Weber (1864-1920) o mal passa a configurar parte das estruturas de valores e da totalidade do imaginário em que uma dada sociedade inscreve e concebe suas práticas e relações entre os indivíduos. As novas formas para representar o mal no mundo moderno dialogam com o instrumental das novas ciências, sobretudo as médicas, a psicologia e a psiquiatria. Elas buscam naturalizar os fenômenos que tendiam à personificação do mal nas atitudes humanas, oferecendo processos de desmascaramento do que anteriormente era chamado de possessão ou demonização de males vividos ou cometidos pelos seres humanos.

3.1.3 O mal na perspectiva da sociologia marxista

A corrente representada pela sociologia de Karl Marx (1818-1883) entende o mal não como uma entidade transcendental, existente fora das relações sociais e materiais de produção. Tudo o que se cria no horizonte do imaginário é representação e legitimação do nosso lugar no mundo. Portanto, o mal real e maior na concepção de Marx é a miséria humana produzida pelas condições de desigualdade, opressão e injustiça dos modelos de apropriação dos meios de produção econômica.

3.2 O mal como adversário social

Assim, de um modo bastante conciso e ao mesmo tempo aberto a outras possibilidades, podemos concluir à luz da sociologia que o fenômeno do mal e seus respectivos correlatos na esfera da nomeação religiosa ou dos conflitos sociais em geral são quase sempre identificados como inimigos e adversários:

> Os sistemas de acusações e o de criação de estigmas servem para delimitar fronteiras sociais, classificando alguns indivíduos como "desviantes" ou "prejudiciais" à manutenção de determinada ordem sociocultural. Tais rótulos têm, portanto, a finalidade de balizar as fronteiras simbólicas. Para isso, usam-se palavras de forte conteúdo emocional: "hereges", "drogados", "subversivos", "comunistas" ou "demonizados", formas de mapear os limites daquele universo simbólico. Há, portanto, necessidade social de ordenação de mundo. Se não há pessoas que "tenham parte com o diabo" é preciso criá-las. Graças a tal processo de separação entre o bem e o mal, os grupos sociais traçam o contorno de sua identidade.[6]

Nesse sentido, o inimigo a combater é, portanto, do ponto de vista da abordagem sociológica, o verdadeiro nome e a mais

---

6 CAMPOS, Leonildo Silveira. O demoníaco, as representações do mal, os sistemas de acusação e de inquisição no protestantismo histórico brasileiro. In: *Estudos de Religião*, Ano XXI, n° 33, jul/dez 2007, p. 69-70. Disponível em: <https://www.metodista.br/revistas/revistas-ims/index.php/ER/article/viewFile/189/199>. Acesso em: 02 fev. 2016.

130   Antropologia Teológica: pensar o humano na universidade

genuína realidade que está por detrás do processo sociocultural de personificação do mal.

4 O mal na perspectiva bíblica e teológica

Teologia é saber multiforme e de complexidade religiosa que confere a variadas confissões de fé certa racionalidade, fundamentação e legitimidade às suas crenças, doutrinas, mitos, ritos e práticas. Para a finalidade deste capítulo, consideraremos apenas as grandes correntes de pensamento teológico que demarcaram o problema do mal a partir da tradição judaico-cristã e apontar as raízes bíblicas da noção do mal que foram interpretadas de modos variados por diferentes igrejas.

4.1 O mal na tradição bíblica

Na história da tradição bíblica há diferentes concepções do mal. As noções mais antigas compreendem bem e mal num contexto de monolatria em que Deus é o único autor do bem e do mal. Na visão profética, por exemplo, Deus é senhor tanto do bem quanto do mal (Is 45, 7). Os profetas entendem o mal como a mão divina de Deus conduzindo seu povo para uma pedagogia do bem ou como prática de justiça retribuidora (Am 5, 14-15; Is 5, 8-25) que dá o bem aos bons e mal aos maus (Sl 1; Eclo 7, 1; 11, 17.22.26). Essa concepção de teologia retribuidora será questionada mais tarde na literatura sapiencial e que se vê contemplada em livros como o de Jó (9, 20-22), Eclesiastes (8, 14; 9, 2-3) e da Sabedoria (2, 1-24). O justo inocente também sofre e é afetado pelo mal incompreensível que ultrapassa as mazelas devidas às injustiças geradas pelas relações humanas (Jó 19, 1s). Deus, nesse contexto, continua sendo misteriosamente o causador insondável tanto do bem quanto do mal (Jó 1, 11-12; 2, 3-6; 16, 11s).

No período chamado de pós-exílio (após o séc. VI a.C.), como fruto do contato com a religião babilônica e o dualismo persa, a tradição bíblica desenvolveu uma visão bastante complexa da angelologia, desencadeando novas concepções do mal. O mal não é mais uma prerrogativa exclusiva e pedagógica de Deus, mas de seres celestiais decaídos (Ap. 12, 9). Estes são responsáveis em grande parte pela maldade presente no mundo. São eles os grandes sedutores das ações humanas (Gn 3, 1; Ap. 12, 7-9) que escolhem a prática do mal. É o que acontece com Judas Iscariotes ao trair Jesus (Jo 13, 2.27).

A liberdade concedida desde a criação divina como condição fundamental da humanidade (Gn 1-3) permanece como razão básica para explicar a entrada do mal no mundo. Ainda hoje essa concepção presente no livro de Gênesis é a explicação teológica predominante na tradição católica para explicar a presença do mal entre nós. O mal então não tem origem em Deus, mas nas escolhas éticas que são fruto do discernimento e da liberdade humanas.

Porém, a maldade extrema não parece esgotar-se na decisão humana. O imaginário religioso apocalíptico preenche essa lacuna. Ele estende aos anjos a liberdade concedida aos humanos. Esse processo possibilita compreender os anjos como entidades promotoras de uma guerra cósmica entre o bem e o mal, escusando Deus e diminuindo a culpabilidade humana na responsabilidade pelo mal em si.

A figura de "Satanás" é particularmente sintomática. Originalmente era uma simples designação para nomear qualquer inimigo ou adversário acusador (Jó 1-2), mas com o tempo vai se tornando personagem com status de sujeito singular. Desse modo,

132 Antropologia Teológica: pensar o humano na universidade

a tradição bíblica assume a figura de Satã como nome próprio, substantivo e não mais adjetivo. Assim está aberto o caminho para a personificação religiosa de todo o mal que possa existir.

Na literatura apocalíptica o universo dos seres celestiais se expande e se multiplica para expressar uma luta cruenta entre anjos e demônios. "Satanás" então se transforma em figura típica para designar "o príncipe deste mundo" (1Co 2, 6; Jo 12, 31), ou "Diabo" (Mt 4, 1; Jo 8, 44) na terminologia grega mais usada pelo cristianismo primitivo.

Jesus no Novo Testamento está envolto nesse mundo de batalha apocalíptica contra os espíritos demoníacos que representam o mal (Mc 3, 22s; Lc 10, 17-19; Jo 8, 44-52). A Igreja herdará essa visão apocalíptica do mal. O imaginário cultural medieval será construído com a força do ideário sobre o mal personificado na figura do Diabo e seus demônios.

A Teologia nesse contexto de personificação do mal fundamenta visões, doutrinas, ritos e práticas de perseguição contra aqueles que supostamente estariam a serviço do Diabo e de seus súditos. O alvo do combate contra o mal, na ótica do poder eclesiástico, ao longo da história, em geral e com muita frequência, foram aqueles que representavam manifestações contrárias às crenças e práticas oficiais. Processos e condenações à fogueira levadas e protagonizadas pela Inquisição são eventos que integram esse capítulo da história não só da Igreja, mas da própria Teologia como campo de fundamentação e legitimação da fé.

4.2 O mal em correntes de Teologia mais recentes

A teologia do século XIX muito influente ainda hoje, sofreu a influência da filosofia racionalista e concebeu o mal segundo uma ótica antropocêntrica e terrena. Há uma afirmação positiva do Evangelho e do Reino de Deus não apenas para a esfera do além, mas para o aqui e agora. Os grandes temas medievais ligados ao problema do mal como inferno, purgatório, julgamento, fim dos tempos, demônios e diabo tornam-se secundários e dão lugar a uma apreciação contextualizada e humana do mal. Como contraponto a essa teologia liberal de caráter racionalista, no século XX surgem as teologias de influência existencialista marcadas pela frustração com o mundo que sucumbiu aos horrores das duas grandes guerras mundiais. Karl Barth (1886-1968), Emil Brunner (1889-1966), Dietrich Bonhoeffer (1906-1945), Paul Tillich (1886-1965), Karl Rahner (1904-1984) e Hans Küng (1928) representam essa teologia que pretendeu recuperar a prioridade e autonomia da fé frente ao dado da razão. Uma visão mais negativa da sociedade humana dá lugar novamente à relevância do mal como problema vigente e fonte do sofrimento humano, sobretudo, das massas empobrecidas.

As teologias contextuais nasceram da tendência anterior de enfrentar a fé diante do dado da existência concreta com todos os seus males. Desse modo a reflexão teológica priorizou sujeitos vitimados pelo mal real que nasce e cresce como produto de relações históricas e sociais injustas: povos indígenas, populações e grupos oprimidos por desigualdades, ditaduras e violências de todo tipo. Essas teologias colocaram em primeiro plano as demandas do protagonismo feminino, jovens, negros e de outras minorias discriminadas em contextos como o da América Latina, Ásia e África. Teologias críticas como a Teologia da Libertação deram o tom dessa tendência, na segunda metade do século XX, de entender o mal em sua dimensão humana como expressão de estruturas socioeconômicas e políticas criadas e mantidas por interesses de dominação e exclusão. Exceção deve ser feita às teologias das igrejas pentecostais, incluídos nesse grupo os movimentos de renovação católica.

As teologias dos grupos pentecostais desenvolveram verdadeiras representações do mal cujo teor visou ocupar um espaço de valorização da presença do mal em todas as esferas da vida cotidiana dos sujeitos: vida familiar, escolar, profissional, relações de consumo, e tudo mais que potencialmente pode estar, na visão dessas teologias, sujeito aos ataques do maligno. A teologia mais racional que extirpara o problema do mal ou o reduzira para as esferas do meramente humano e natural não mais satisfazia o crente comum. A identificação de doenças, dores, perdas, prejuízos, desemprego, pobreza, miséria e fracassos como realidades devidas ao domínio do demônio e expressão de sua manifestação invadiu a mentalidade de muitos grupos religiosos e tem dominado o discurso de igrejas e movimentos cristãos das mais diferentes denominações.

O mal personificado nas figuras do diabo e seu séquito é reafirmado e tem gerado práticas e rituais, inclusive midiáticas de exorcismos e combates espirituais. Algumas igrejas assumiram, inclusive, uma nova versão da teologia da retribuição bíblica e, adotando uma linguagem de caráter mercadológico, proclamam o que se convencionou chamar de Teologia da Prosperidade.

A Teologia da Prosperidade impõe a batalha de Deus contra o mal no cenário de luta constante contra o diabo no intuito de legitimar a ideia de superação do fracasso de quem não consegue conquistar o seu espaço no mundo do bem, ou melhor, dos bens de consumo. Essa vertente teológica tem se pautado pela interpretação fundamentalista dos temas bíblicos e teológicos. Busca-se legitimar perspectivas doutrinais a respeito do pecado, possessão diabólica, exorcismo e presença do mal no mundo de forma a encontrar fundamentação direta e literal nos relatos bíblicos. Isso é o que se denomina de leitura fundamentalista, pois se usa o texto bíblico como indicação ou fórmula precisa para as práticas que se devem assumir hoje sem qualquer contextualização nem do texto bíblico e muito menos da realidade atual. O resultado é a total desconsideração das mediações analíticas para se aplicar o texto bíblico à realidade presente e uma cegueira acrítica em relação aos processos de injustiça historicamente provocados pelas ações de grupos, classes e interesses humanos em conflito. Tudo acaba por ser culpa do diabo e da nossa incapacidade de reconhecer o poder que ele tem sobre nós.

Conclusão

Independentemente do modo como cada um de nós possa ter sido afetado por experiências identificadas como mal e mesmo que filosoficamente ele seja entendido como fruto das ações humanas ou como elemento de fatalidades cujos sentidos desconhecemos, o fato é que do ponto de vista teológico, a fé em Deus sempre exigirá um significado para esse problema. Afinal, se Deus é bom, por que o mal existe e insiste em nos incomodar?

Para responder à pergunta "Por que o mal existe?" é comum o uso do recurso à personificação do mal concentrado em seres demoníacos. Recorrer a seres que personificam o mal como gênese e a razão de todos os males não deixa de ser uma solução que faz parte tanto do universo das mitologias mais antigas quanto do imaginário da fé não só de cristãos, mas de muitas religiões ao longo de toda a história. É uma resposta que sobrevive com muita força e popularidade dentro e fora de nossas igrejas. O relativismo ético centrado na noção de liberdade que responsabiliza o ser humano também se constitui como resposta relevante ao problema do mal. Entre uma e outra concepção há noções mais refinadas que aproveitam elementos de ambas. A liberdade como capacidade ou dom que o ser humano tem de decidir pelo bem ou pelo mal continua presente em todas as noções sobre o mal, mesmo entre aquelas que parecem contradizer o componente da responsabilidade individual.

Contudo, o mistério para quem tem fé continua, pois de fato, tudo o que Deus fez não só é bom, mas muito bom (Gn 1, 31)! Essa é a percepção que abre a fé bíblica e permanece como legado maior de nossa antropologia teológica. No entanto, essa verdade, enquanto pertencermos a este mundo, não pode cegar ou calar nossa consciência crítica diante do mal que precisa ser reconhecido, mas fundamentalmente superado e vencido: "Eu vos disse tais coisas para terdes paz em mim. No mundo tereis tribulações, mas tende coragem: eu venci o mundo!" (Jo 16, 33).

Referências

AGÊNCIA LUSA. *ONU alerta: catástrofes naturais mataram 600 mil pessoas em 20 anos*. Disponível em: <http://agenciabrasil.ebc.com.br/internacional/noticia/2015-11/onu-alerta-catastrofes-naturais-mataram-600-mil-pessoas-em-20-anos>. Acesso em 14 dez. 2015.

ARAUJO, Luiz Bernardo Leite. *O sagrado e a questão do mal*. Disponível em: <http://www.pgfil.uerj.br/pdf/publicacoes/araujo/SAGRADO.pdf>.

CAMPOS, Leonildo Silveira. Os protestantes tradicionais e seus demônios: Uma reflexão sobre o Diabo como personificação

Por que o mal existe? 137

do mal e sua influência nos mecanismos de estigmatização, acusação e intolerância presentes na retórica religiosa brasileira. In: FERRETTI, Sergio Figueiredo e SANTOS, Lyndon de Araujo (Org.). *Religiões e Religiosidades no Maranhão*. São Luiz: EDUFMA, 2011, p. 39-98. Versão Online disponível em: <https://www.metodista.br/revistas/revistas-ims/index.php/ ER/article/ viewFile/189/199>.

CARLOS, Johny. *Unidade 731: A Maldade do Homem*. Disponível em: <http://www.granjaki.com.br/colunas.php?acao=clique&coluna=educacao&artigo=54>. Acesso em 14 dez. 2015.

DATTLER, Frederico. *O mistério de Satanás: Diabo e inferno na Bíblia e na literatura universal*. São Paulo: Paulinas, 1977.

LARA, Valter Luiz. *A Bíblia o desafio da interpretação sociológica: Introdução ao primeiro testamento à luz de seus contextos históricos e sociais*. São Paulo: Paulus, 2009.

LEHMANN, Karl et al. *Diabo: demônios - possessão. Da realidade do mal*. São Paulo: Loyola, 1992.

MARIANO, Ricardo. Guerra espiritual: o protagonismo do diabo nos cultos neopentecostais. In: *Debates do NER – IFCH/ UFRGS*, Revista do Programa de Pós-Graduação em Antropologia Social. Ano 4, nº 4. 2003.

MENDONÇA, Antonio Gouvêa. *Protestantes, Pentecostais & Ecumênicos: O campo religioso e seus personagens*. São Bernardo do Campo: Universidade Metodista de São Paulo, 2008.

NIETZSCHE, F. *Além do bem e do mal*. São Paulo: Rideel, 2005.

_____. *Genealogia da moral: uma polêmica*. São Paulo: Companhia das Letras, 2009.

NOGUEIRA, Carlos Roberto F. *O diabo no imaginário cristão*. Bauru: Edusc, 2002.

OLIVA, Margarida. *O diabo no "Reino de Deus": Por que proliferam as seitas?* São Paulo: Musa, 1997.

QUEIRUGA, Andrés Torres. *Repensar o mal: Da ponerologia à teodiceia.* São Paulo: Paulinas, 2011.

RICOEUR, Paul. *O mal, um desafio à filosofia e à teologia.* Campinas: Papirus, 1988.

SOARES, Afonso M. A.; VILHENA, Maria Angela. *O mal como explicá-lo?* São Paulo: Paulus, 2003.

Existe sentido no sofrimento humano?

Alexandre Andrade Martins[1]

Introdução[2]

O ser humano é um ser finito e, como indivíduo autônomo, frágil, vulnerável, está condenado a desaparecer da criação. Essa finitude se manifesta de forma primordial na experiência de sofrimento e torna-se concreta com a morte, quando o indivíduo deixa de fazer parte da realidade terrena. O sofrimento, assim como o prazer, são partes integrantes da condição humana. Embora façam parte da vida de todas as pessoas, o modo de vivenciá-los é a questão mais intrigante. Muitos gostariam que o prazer durasse para sempre e que o sofrimento não existisse.

---

1 Alexandre Andrade Martins é doutor em Ética Teológica (Marquette University – Milwaukee, WI - USA), mestre em Ciências da Religião (Pontifícia Universidade Católica - São Paulo), especialista em Bioética e Pastoral da Saúde (Centro Universitário São Camilo) e professor na Marquette University.
2 Artigo elaborado a partir de dois textos já publicados: A Pastoral da Saúde e sua importância no mundo da saúde: da presença solidária ao transcender a dor e o sofrimento. In: *O Mundo da Saúde*, v. 34, (2010), p. 547-552; Antropologia integral e holística: cuidar do ser e a busca de sentido. In: *Bioethikós*, v. 3, (2009), p. 87-99.

140 Antropologia Teológica: pensar o humano na universidade

Mas a sabedoria popular sintetiza bem o que é a realidade: "não há prazer que seja eterno nem sofrimento que nunca se acabe".

O foco desta reflexão será o sofrimento humano e a questão-chave que procuraremos aprofundar é se existe algum sentido nele. Em si mesmo, o sofrimento não tem sentido. Caso contrário, teríamos de aceitar a premissa de que sofrer é algo bom porque o sofrimento seria repleto de significado para a vida do sujeito que sofre. Isso poderia gerar um pacifismo diante das realidades e circunstâncias responsáveis por produzir o sofrimento e, em última instância, até a injustiça e as realidades que negam a dignidade humana, como a pobreza e a fome, poderiam ser aceitas como algo passivamente tolerável. Não existe sentido para o sofrimento. Ele apenas *é* e faz parte da condição humana de ser frágil e finito. Todavia, é possível encontrar sentido para a vida mesmo em meio ao sofrimento. Sentido presente na capacidade humana de transcender-se a si mesma e à realidade que a circunda.

Numa perspectiva antropológica cristã, serão três os pontos-chave a serem abordados: o sofrimento como parte da condição humana; a transcendência como horizonte de sentido em meio à experiência de sofrimento e o cuidado como paradigma para as relações humanas e resposta ao sofrimento.

1 Sofrimento: condição humana e transcendência

Ser vulnerável, frágil e mortal é próprio da condição humana. No entanto, ao mesmo tempo que vivemos essa condição de contingência e finitude, que poderia levar-nos ao desespero de uma vida sem sentido, somos também seres abertos a um horizonte de transcendência, que possibilita uma vida com sentido.

Tudo que vivemos e fazemos se fundamenta numa determinada concepção de ser humano, mesmo que isso não seja consciente. Essa concepção é uma antropologia que parte do *ethos formativo* da nossa maneira de ser, de agir moralmente e de encontrar sentido para o viver em uma perspectiva de esperança. A cultura (e, dentro dela, as tradições e a religião, muitas vezes a principal responsável por preservar e transmitir as tradições e prover muitos costumes e valores), é a principal responsável por formar o *ethos* de um determinado grupo social e, consequentemente, a antropologia-base desse grupo.

Tomando o sofrimento e a morte como paradigmas da existência humana, realidades que se tornam latentes e muito próximas de morte quando, por exemplo, ficamos enfermos ou perdemos alguém que amamos, um dos grandes desafios para a existência humana é encontrar uma vida com sentido, sem ilusões, mas consciente da própria condição de fragilidade e finitude. Assumir esse desafio é, ao mesmo tempo, assumir uma vida aberta à transcendência e fundamentada na dimensão do cuidado, como parâmetro para as relações humanas.

Quando falamos de sofrimento humano, as ciências humanas e biológicas têm diferentes maneiras de abordá-lo e responder as questões que ele suscita. Geralmente, elas têm um foco limitado pela própria área de atuação, que divide o ser humano em dimensões, tais como: biológica, psicológica e espiritual. Dividir o ser humano em dimensões é algo complicado, pois ele não é uma soma de partes que formam um todo, mas um ser integral, no qual as partes recebem significado do todo. Contudo, a divisão em dimensões, por motivos didáticos, ajuda a entender melhor a concepção antropológica tida por base em diferentes culturas e/ou grupos sociais.

142 Antropologia Teológica: pensar o humano na universidade

Focando na perspectiva cristã, o sofrimento e a morte são reconhecidos como momentos dramáticos da existência humana, mas não são tidos como a palavra final sobe ela. Caso contrário, não teríamos um horizonte de sentido e esperança. Em uma perspectiva integral e que vislumbra a ressurreição como sentido e esperança de salvação, a antropologia cristã funda-se na teologia veterotestamentária do ser humano criado à *imagem e semelhança* de Deus, e neotestamentária, do ser humano como *filho de Deus*. Deus criou o ser humano para que ele viva como um ser livre, responsável pelo cuidado da criação e em relação íntima com o Criador.[3] O Verbo de Deus, ao fazer-se carne, fez com que todos se tornassem filhos no Filho e participassem, desse modo, da natureza divina (2Pd 1,4). Essas duas teologias se completam e apresentam as duas dimensões da vida: a natural e a sobrenatural, isto é, a humana e a divina.[4] O ser humano é completamente humano e, como tal, é frágil, mutável, limitado e finito; mas Deus vem até ele para torná-lo grande na sua fraqueza e apresentar uma dimensão (de caráter sobrenatural) muito maior do que a possibilitada pela experiência no mundo, na relação com a matéria (restrita a dimensão natural). O humano é demasiadamente humano, mas é banhado pelo divino, ou melhor, pelo transcendente, que o torna capaz de transcender a si mesmo e as limitações da contingência, tais como o sofrimento, o tempo e o espaço.

O ser humano é multidimensional, do ponto de vista da sua origem, e isso nos permite dizer que, na sua constituição

---

3 Um parêntese: não queremos entrar na polêmica criacionismo - evolucionismo. Estamos extraindo do ensino bíblico a sua sabedoria, que vai além de qualquer polêmica e nos ensina a conceber o ser humano de uma forma que a relação estabelecida ajuda a promover o humano.

4 CONGREGAÇÃO PARA A DOUTRINA DA FÉ. *Instrução Dignitas Personae: Sobre algumas questões de Bioética.* São Paulo: Loyola; Paulus, 2008, n° 8-9.

antropológica, ele tem algo, constatado fenomenologicamente pela sua incapacidade de se satisfazer simplesmente com a realidade material e igualmente finita, que lhe possibilita ter uma relação consciente, capaz de fazer transcender, no sentido primeiro do termo latino, *trans-ascendere,* isto é, *ir além de.* Isso leva, na experiência do *instante,* como diriam os místicos das grandes tradições religiosas, a ultrapassar o tempo e o espaço, num movimento espiritual de "subida", que no retorno possibilita o sentido da existência em meio a qualquer sofrimento.[5] Dito de outra maneira, esse movimento é uma experiência de encontro com *algo maior* do que a realidade material, *algo* que proporcione sentido para uma experiência natural, como o sofrimento, vivenciada por uma pessoa. Algumas realidades naturais, como a experiência de sentir-se cuidado, a amizade e a vivência da fé dentro de uma tradição religiosa, são canais para esse movimento de transcendência e encontro de sentido.

Essa reflexão antropológica permite-nos perceber o ser humano como um ser integral. Por mais que o dividamos em dimensões, essas formam um único ser e, por isso, não existem separadamente. As dimensões não são dadas ou atribuídas por outros seres humanos, mas provêm de um Ser Transcendente – Criador, responsável por constituir a integralidade própria do ser humano, dando um aspecto único para cada indivíduo, que faz ser ele mesmo e não outro ser. Essa perspectiva teológica mostra

---

5 VAZ, Henrique C. de Lima. Transcendência: experiência histórica e interpretação filosófico-teológico. In: *Síntese nova fase.* V. 19, n° 59, p. 444. Esse movimento de transcender e experienciar o sentido não está restrito a uma tradição religiosa nem o transcender é necessariamente para a transcendência em Deus, mas primeiramente um movimento existencial de encontro com "algo maior" capaz de proporcionar sentido para a existência de um indivíduo e até mesmo de uma comunidade.

144   Antropologia Teológica: pensar o humano na universidade

que o ser humano tem uma dignidade que se estende a todos os indivíduos, como parte intrínseca da natureza humana. Dessa forma, a dignidade humana mostra a integralidade de cada pessoa, contrapondo concepções que, ao apresentar o ser humano de forma fragmentada, veem a dignidade como um atributo com níveis diferentes dado a indivíduos de forma diferente.

Essa antropologia e o decorrente conceito de dignidade, que não exclui ninguém, permitem o estabelecimento de relações humanas, especialmente com aquelas pessoas que sofrem, seja esse sofrimento decorrente de algo físico, como uma enfermidade, ou de algo social, como a pobreza. Independente da condição, a dignidade da pessoa sempre será a mesma. Por meio de uma relação de solidariedade entre indivíduos humanos que participam da mesma condição de fragilidade e finitude, é possibilitado ao indivíduo que sofre resgatar sua dimensão *noética*, que o faz transcender e ressignificar a sua existência, mesmo em meio ao sofrimento, isto é, a experiência de encontro com *algo maior*, explicada anteriormente.

Uma antropologia como a apresentada valoriza a dimensão espiritual na qual se encontra com a fonte da vida, algo além da realidade material e manifesto no reconhecimento da dignidade individual, em que se encontra o equilíbrio para uma existência fortalecida, resultado do movimento de transcendência, para enfrentar as dificuldades da contingência e da fragilidade humana. Dessa forma, a experiência de fé cristã, que é enraizada na própria realidade humana, abre o horizonte da transcendência em Deus, fonte da vida, verdade e caminho de esperança. Vivendo a plenitude da experiência humana na sua intrínseca dignidade e fragilidade até a morte, Jesus oferece uma esperança que é maior do que o sofrimento e até mesmo a morte.

Portanto, como uma experiência de sentido, a ressurreição torna-se o centro da esperança em um Deus misericordioso que dá sentido para o sofrimento e uma esperança maior do que a própria morte. Essa experiência, sem negar a condição de fragilidade e finitude da pessoa, ressignifica toda a existência humana que passa a ter sentido a partir de um encontro com *algo maior*, dentro de experiência e fé cristã.

2 A abertura à transcendência na base da busca pelo sentido

Vejamos um pouco mais o que significa essa abertura à transcendência, que na tradição cristã se concretiza no encontro com Jesus, caminho, verdade e vida, e real presença de Deus entre nós como Mistério Pascal (paixão, morte e ressurreição de Jesus Cristo), no qual somos convidados a participar por meio da ação do Espírito de Deus.

Na perspectiva antropológica apresentada, a abertura à transcendência parte da busca pelo sentido da vida. Pelo intelecto, o ser humano abre-se à transcendência, por sua vez reforçada pelo espírito interior, o sopro gerador de vida, o sopro de Deus, na tradição judaico-cristã. Sendo assim não podemos limitar nossa reflexão a uma antropologia restrita ao psiquismo e ao somatismo, que nega a transcendência e se fecha à totalidade do ser humano.

Existe, de fato, na modernidade, uma recusa à transcendência e/ou à possibilidade de o ser humano transcender a realidade histórico-temporal, mas para esse recusar ser possível é preciso pensar na transcendência, pensar para recusar, então isso é uma abertura à transcendência, mesmo que negativa. Para tal recusa existir, precisa-se pensar naquilo que se recusa. Isso, mesmo inconscientemente, remete a uma abertura intencional à infinitude do *ser*, pois só tendo no horizonte a própria transcendência que ela mesma pode ser pensada para então poder ser negada ou afirmada. Portanto, talvez não seja possível a recusa da possibilidade de uma experiência de transcendência ou do encontro com algo maior que proporciona sentido à vida. Aqui não queremos entrar nesse debate, pois isso nos levaria muito longe, desviando do nosso foco principal. Pretendemos perceber que na busca de sentido está a abertura à transcendência numa superação dos limites do *ser-no-mundo* (isto é, a existência do ser humano presente no mundo concreto tal como conhecemos) e do *ser-com-os-outros* (o aspecto social do ser humano que se dá na relação entre as pessoas), que rompe com a história e oferece sentido à existência, pois lança-se na busca do fundamento último do existir no mundo de forma vulnerável.

Falar da abertura à transcendência remete imediatamente a uma intenção religiosa, sobretudo confessional, que pode levar a restringir o debate ao universo teológico de uma religião específica. Contudo, não nos situamos no universo confessional restrito e fechado ao diálogo, apesar de darmos uma atenção à tradição judaico-cristã, como ponto de partida para o diálogo. A presença marcante dessa tradição ao longo de dois mil anos de história no Ocidente mostra um caminho de abertura à transcendência que tem permitido uma experiência de sentido a todos os seres humanos, seja em grupo ou individual, e que a forma como é expressa essa experiência é muito diversa, pois aqui iremos ter o problema da limitação da capacidade da linguagem. A linguagem usada aqui é limitada, vem da tradição judaico-cristã e sua relação com a filosofia, de onde pegou emprestado conceitos do pensamento grego antigo, tais como transcendência, para expressar a experiência de sentido proporcionada pela fé. Contudo, outras tradições religiosas também proporcionam uma experiência de sentido que é expressa em uma linguagem própria.

Do ponto de vista da linguagem como uma expressão humana, a lógica da apreensão de algo e sua decorrente expressão em forma de linguagem é simples. Uma pessoa apreende a presença de um objeto, uma coisa, essa apreensão passa por uma elaboração mental e gera um saber e, para se relacionar com seu semelhante, exprime com a linguagem o saber, que não é o objeto, mas remete a ele de forma perfeita ou quase perfeita, ou seja, de forma compreensível, sem a necessidade da presença material do objeto. Tendo como exemplo a linguagem verbal, a expressão linguística de um mesmo objeto adquire diferente formas que dizem a mesma coisa em diferentes culturas. Aqui temos a formação das línguas, sendo *cadeira* e *chair* palavras diferentes para expressar a mesma realidade material. Com a experiência transcendente, acontece algo semelhante. Uma experiência da presença de algo (para muitas tradições religiosas um Ser superior, Deus, para outras uma energia, como o nirvana) passa por uma elaboração *noética*, isto é, um processo mental, gera um conhecimento, aqui tem força de transformação de vida, mas não pode ser expressa de forma tão compreensível como qualquer outra experiência porque a realidade experienciada não é material como uma cadeira mas, sim, espiritual. Quem teve uma experiência transcendente (espiritual) sabe que teve uma experiência da presença de *algo maior*, pois sentiu e percebeu a transformação existencial produzida, mas a linguagem não é capaz de explicá-la. O máximo compreendido pelo outro é a mudança de vida proporcionada pela experiência transcendente.

A experiência transcendente rompe com a ordem histórico--temporal pela relação ontológica do *ser* na participação com o *ser* transcendente. Em outras palavras, a pessoa tem essa experiência na ordem espiritual, onde a vida interior é tocada por algo não material, mas real e com um impacto na vida da pessoa. Isso não pode ser transmitido categoricamente pela linguagem porque ela é limitada pela ordem histórico-temporal. Daí nasce o simbolismo das tradições religiosas, que expressa algo além daquilo que tais tradições são concretamente; na relação das pessoas com o símbolo é possível a experiência de transcendência. Assim acontece nos ritos religiosos. Vejamos, por exemplo, a liturgia cristã, profundamente simbólica, ela permite uma experiência espiritual e de sentido para aqueles que celebram sua fé. A liturgia cristã é uma regulação e ordenação da experiência transcendente exprimida pelos símbolos, feita por uma instituição com autoridade legitimada pela comunidade para tal. A experiência transcendente, expressa por símbolos de um grupo e organizada por "instância institucional", é feita de forma regular e nela os indivíduos fazem uma experiência de sentido para suas vidas. Percebemos, mesmo exemplificando com a liturgia cristã, um movimento da experiência de transcendência dentro da ordem espiritual. Esse movimento não se limita a uma tradição religiosa, pois é um movimento de *subir-além de*, característico do ser humano consciente da insuficiência de realidade material em proporcionar sentido por si mesma.

É uma experiência de subida, de ir além da realidade conhecida e experienciada pelos órgãos dos sentidos. Essa experiência não é alheia ao corpo (isso seria afirmar o dualismo, essa experiência afirma a corporeidade porque mesmo sendo de ordem espiritual, é uma vivência que afirma a beleza da dimensão corporal e psíquica), mas todo ser humano, de modo integral, faz a experiência que rompe com os limites do tempo e do espaço. Isso repercute na vida concreta da pessoa dentro dos campos das suas experiências humanas: do conhecimento (a verdade), da ação (o agir ético) e da crença (o metafísico). São nesses campos humanos que a experiência transcendente irá se desdobrar na existência concreta histórica do *ser no mundo*, que busca a verdade e se relaciona com o outro.

A abertura à experiência transcendente é real no ser humano, como parte da sua constituição antropológica. A tradição judaico-cristã oferece um caminho de busca do *ir além* do mundo material, transcendendo-o. Essa experiência possibilita a razão de ser nesse mundo, isto é, o sentido de viver como seres pensantes que buscam a verdade, seres que agem moralmente, pois são animados e vivem em relação com o semelhante e seres que se perguntam pelo *ser no mundo*, para muitos a pergunta e a busca pelo sentido da própria existência.

Nesse *subir além de* em um movimento de busca de sentido, expresso de muitas formas pelas tradições humanas, sobretudo as religiosas, próprio da natureza ontológica do ser humano de ultrapassar a história e o *ser no mundo*, a pessoa humana encontra as suas razões existenciais para continuar sua peregrinação terrestre. Tudo isso ocorre dentro de um mistério que sustenta a existência humana diante das suas limitações temporais, da sua fragilidade e das dificuldades de um mundo injusto e desigual.

Por ser enraizada antropologicamente, a abertura à transcendência é para todos, faz parte do cuidado com o ser e da tradição judaico-cristã, presente no *ethos* do povo ocidental,

150 Antropologia Teológica: pensar o humano na universidade

mesmo que muitos dediquem sua existência a negar ou combatê-la. Em um contexto de sofrimento, se pensarmos a fundo, na instância da vida como *ser individual*, no cuidado com o *ser* pessoal e no *ser* do outro a ser cuidado, há algo misterioso sustentando a existência, com a capacidade de proporcionar sentido mesmo na dor e no sofrimento. O *ir além de,* em uma experiência de sentido, faz as pessoas suportarem os males da existência e não desistirem da vida.

3 O sofrimento e a utopia do cuidado

Nessa última parte, propomos um exercício de aplicação dessa antropologia a um contexto que é caracterizado por paradoxos, e até mesmo contradições entre prazer e sofrimento, saúde e doença, vida e morte: o contexto do mundo da saúde, onde o sofrimento é uma realidade explícita e constante. Esse exercício de aplicação intenta mostrar como uma antropologia integral, aberta à fé pela experiência de transcendência, sustenta um modo de ser no mundo de relação com o outro fundamentado numa existência com sentido e voltada para o *cuidado*. Desta forma, estamos mais preocupados com o cuidado direcionado para a pessoa em situação de sofrimento, próprio ou alheio.

A relação com o outro que sofre exige o cuidado, com base na solidariedade samaritana do Evangelho (Lc 10, 29-37), sobretudo dos que se encontram em situação de abandono e desamparo. A preocupação com o outro no seu sofrimento, uma preocupação ativa, que leva a se desprender de si para socorrer a quem precisa, ganha proporção muito maior do que qualquer definição de vida e saúde. Aliviar o sofrimento do outro é o principal norte de toda ação em prol dos enfermos no mundo

Existe sentido no sofrimento humano? 151

da saúde. O contato com o outro que sofre também desperta a nossa própria consciência de sermos frágeis e mortais.

Aliviar é uma palavra-chave no cuidado com o outro em sua dor. Não deveríamos ter a pretensão de sanar totalmente o sofrimento, pois este faz parte da contingência humana. Às vezes mais intenso, outras vezes menos. A intensão é apenas aliviar para tornar o sofrimento suportável; permitir que a vida mostre seu dom e não deixar a existência cair no desespero do viver sem sentido, o que reduz a pessoa humana apenas a um ser com funções biológicas e retira o sabor do existir. É muito complicado dizermos isso para alguém em extrema situação de sofrimento, do mesmo modo que é difícil afirmamos se nós vamos chegar a esse patamar quando estivermos sofrendo além daquilo que achamos ser nossa força e limite. Discursos e teorias não servem para aliviar as dores, por mais belos, lógicos e verdadeiros que sejam. A reflexão teórica, tal como essa que fazemos agora, é apenas para compreendermos o processo que leva a pessoa a buscar transcender de forma consciente. A presença solidária do outro ao lado de quem sofre pode aliviar o sofrimento, mas não é a sua presença que faz ressignificar a vida. Essa presença desperta, mas quem faz o caminho de *ir além de* é a própria pessoa que sofre.

O alívio do sofrimento não vem pela teoria ou pelo uso da mediação ou técnicas corretas, mas pelo cuidado, que ocorre na simplicidade do amor. Vivemos em uma era de muita tecnologia e de profundos avanços no tratamento de doenças. Temos muitas drogas capazes de extirpar a dor, mas em relação ao sofrimento, a tecnologia e a ciência não têm muito que fazer. Dor tem um sentido objetivo, geralmente ligado a algo que feriu o corpo; sofrimento é algo subjetivo, está relacionado ao modo

152 Antropologia Teológica: pensar o humano na universidade

como a pessoa lida com suas dores, é algo existencial, pois afeta as bases sobre as quais a pessoa edificou sua vida, afeta o sentido do viver e os valores. A ciência, algo bem objetivo, fica imóvel diante do sofrimento, pois uma existência despedaçada não é reconstituída simplesmente com a aplicação de técnicas perfeitas. O cuidado, exercido nas coisas simples da relação com o outro, pode fazer o sofrimento se tornar suportável. "O sofrimento somente é intolerável quando ninguém cuida".[6]

Conclusão

Se por um lado, vivemos um tempo de forte apelo à cultura material como a única que importa, por outro, buscamos hoje ansiosamente uma espiritualidade simples e sólida, baseada na percepção do mistério do universo e do ser humano, na ética da responsabilidade, da solidariedade e da compaixão, fundada no cuidado, no valor intrínseco de cada coisa, no trabalho bem feito, na competência, na honestidade e na transparência das intenções.[7]

O cuidado não está em primeiro lugar no discurso eloquente que mostra para o outro que seu sofrimento tem algum sentido ou que é possível encontrar sentido mesmo na dor. O cuidado está na relação com o outro, na atenção e na solidariedade capazes de perceber as pequenas necessidades, que ao serem contempladas fazem toda a diferença. De acordo com um antigo mito latino, na essência da constituição do ser humano está o cuidado. O mito diz que o deus Cuidado moldou do barro uma forma e pediu para Júpiter soprar o espírito para animar aquela

---

6 SAUNDERS, C. *Caring to the end.* Londres: Nursing Mirror, 1980, p. 43.
7 BOFF, Leonardo. *Saber cuidar: ética do humano, compaixão pela terra.* 11ª ed. Petrópolis: Vozes, 2004, p. 25.

forma. Na hora de colocar um nome nessa forma, Júpiter e Cuidado começaram a brigar, pois queriam colocar os seus nomes. Para esquentar ainda mais a discussão, Terra entrou no meio, pois ela tinha fornecido o material, então era justo que se chamasse Terra. Saturno, chefe do panteão, interveio na confusão para resolver o conflito e decidiu: Júpiter receberia o espírito, quando morresse, e a Terra o corpo. Durante a vida, Cuidado, o primeiro a moldar, ficaria responsável por ele, que iria se chamar homem, de húmus, terra fértil.[8]

Esse mito ensina-nos que a nossa vida é regida pelo cuidado. Aprendemos como esse é fundamental para a nossa existência, algo manifesto no detalhe, na gentileza, que faz mudar todo o gosto de viver. Algo semelhante a dois apaixonados quando veem o singelo sorriso da pessoa amada: tudo muda, tudo faz sentido. Dá sabor à vida, pois integra toda a pessoa num instante *kairotico* da existência.

Jesus, quando conta a parábola do bom samaritano (Lc 10, 29-37), não fala de outra coisa senão da compaixão que faz desprender de si para ir ao socorro do próximo. Ele não despreza a técnica, pois o samaritano leva o enfermo para uma hospedaria a fim de ser tratado das suas feridas com os medicamentos existentes na época. Porém, vai além da técnica e, movido pela compaixão, acolhe o enfermo na sua fragilidade e o ama. O cuidado é esse movimento da compaixão que se desprende de si para estar ao lado do outro que sofre. A ternura pode aliviar o sofrimento e torná-lo suportável. O ensino do Evangelho mostra a importância de se curvar diante dos sofredores sendo solidário e amando gratuitamente.

---

8 Veja esse mito na versão original em latim e com mais detalhes em: BOFF, *op. cit.*, p. 45-46.

154 Antropologia Teológica: pensar o humano na universidade

Essa antropologia do cuidado e todo o resgate da espiritualidade humana não são para fazer milagres no mundo da saúde nem com todos que sofrem, seja lá por qual razão, mas para proporcionar sentido para quem sofre, sentido que a pessoa vai encontrar ao transcender, que a faz reunir os cacos de uma existência despedaçada pelo sofrimento e encontrar forças, conforto e esperança. Um sentido que pode ser descoberto na experiência de fé no encontro com Jesus: "Eu sou a ressurreição e a vida. Quem crê em mim, ainda que mora, viverá. E quem vive e crê em mim jamais morrerá" (Jo 11, 25-26).

Referências

BÍBLIA DE JERUSALÉM. São Paulo: Paulus, 2004.

BOFF, Leonardo. *Saber cuidar: Ética do humano, compaixão pela terra.* 11ª ed. Petrópolis: Vozes, 2004.

CONGREGAÇÃO PARA A DOUTRINA DA FÉ. *Instrução Dignitas Personae: Sobre algumas questões de Bioética.* São Paulo: Loyola; Paulus, 2008.

MARTINS, Alexandre A. *É importante a espiritualidade no mundo da saúde?* São Paulo: Paulus; Centro Universitário São Camilo, 2009.

LELOUP, Jean-Yves. *Cuidar do ser: Filón e os Terapeutas do deserto.* 4ª ed. Petrópolis: Vozes, 1998.

LEPARGNEUR, Hubert. *Consciência, corpo e mente.* Campinas: Papirus, 1994.

KIERKEGAARD, Soren. *Temor e tremor.* 3ª ed. São Paulo: Nova Cultural, 1988.

PESSINI, L.; BARCHIFONTAINE, C. (Orgs). *Buscar sentido e plenitude de vida: Bioética, saúde e espiritualidade.* São Paulo: Paulinas; Centro Universitário São Camilo, 2008.

SAUNDERS, C. *Caring to the end.* Londres: Nursing Mirror, 1980.

TITTANEGRO, Glaúcia Rita. O tempo da espiritualidade. In: *O mundo da Saúde.* V. 31, n 2. abr/jun 2007.

VAZ, Henrique C. de Lima. Transcendência: experiência histórica e interpretação filosófico-teológico. In: *Síntese nova fase.* v. 19, nº 59, 1992.

11

Existe algo para além da morte?

Renold J. Blank[1]

Introdução

O ser humano é um ser contingente; isso significa que não deve existir necessariamente; poderia também não existir. E um dia, pode deixar de existir.

Aceitar tal fato inegável, evoca inevitavelmente várias indagações: Será que com a morte do ser humano, acaba tudo aquilo que tinha consistido este ser, ou será que, em contrapartida, a pessoa humana, após a sua morte, continuará existindo, vivendo em novas dimensões ainda desconhecidas por nós? Quem têm razão: aqueles que defendem a tese de que a morte aniquila tudo aquilo que existiu da pessoa humana ou aqueles que propagam a ideia de uma sobrevivência deste ser para além da morte? Será que para a afirmação desses últimos, existe alguma base científica? E como se pode imaginar tal sobrevivência? As pessoas, numa possível outra vida, se encontrarão umas com as outras, de tal maneira que a vítima se encontrará

---

[1] Renold J. Blank é doutor em Teologia (Pontifícia Faculdade de Teologia Nossa Senhora da Assunção - São Paulo) e professor emérito da Pontifícia Universidade Católica de São Paulo e do Instituto Teológico Pio XI (São Paulo).

com o seu assassino, o amado com a sua bem-amada, a mãe com seu filho? E como será esse encontro? Os que já morreram se depararão com uma instância superior, que podemos chamar de Deus? Pagarão pelos seus atos, sendo punidos ou gratificados?

As indagações a respeito são inúmeras, em todos os contextos e em todas as idades. As reflexões que seguem pretendem aprofundar o tema e fazer-nos interessar por ele, visto que todos e cada um de nós somos seres contingentes.

1 O que acontece na morte do ser humano?

Diante das várias indagações mencionadas acima, torna-se urgente buscar respostas satisfatórias e convincentes. As facetas da finitude humana são muitas e, à primeira vista, apresentam-se como destino inegável e aparentemente definitivo de toda pessoa.

No entanto, é exatamente diante desta aparente fatalidade definitiva da morte que a fé cristã tem a ousadia de declarar contra todas as evidências empíricas e científicas que tal fim não será definitivo. Ela sustenta a convicção de que a morte biológica e empiricamente constatável é, na realidade, uma passagem por dentro de dimensões que ultrapassam tudo aquilo que se deixa detectar por métodos empíricos.

Tal passagem tradicionalmente foi descrita como "sobrevivência da alma". Hoje, diante dos atuais conhecimentos antropológicos e neurobiológicos, prefere-se falar em "ressurreição na morte". Com tal fórmula se deseja expressar a convicção de que, uma pessoa que morreu, independentemente do seu estado natural de contingência, não se perde no nada. Pelo contrário, ela é ressuscitada por Deus para uma nova maneira de ser em novas dimensões, inacessíveis aos nossos sentidos.

Existe algo para além da morte? 159

A ressurreição também poderia ser contingente, isto é, não necessária. Mas, exatamente pelo fato de ser efetuada unicamente por causa da livre vontade de Deus, ela revela de maneira explícita como esse Deus se comporta frente aos seres humanos: Ele quer o bem deles, porque ama a todos. Deus ama esses seres contingentes e, por causa disso, ampara-os no seu amor. O amor em hipótese alguma admite que a pessoa amada seja aniquilada.

2 Como imaginar a "ressurreição"?

A convicção religiosa de que Deus ressuscita os seres humanos na morte recorreu por séculos a um modelo antropológico dualista. Baseada na antiga filosofia grega, e passando por Agostinho e Descartes, se estabeleceu a ideia de que o ser humano fosse composto de uma parte material mortal, o corpo, e de outra parte espiritual imortal, a alma. Essa, na morte, se separaria do corpo e continuaria existindo nas dimensões espirituais de uma existência pós-morte.

Baseadas nesta mesma perspectiva dualista, as várias doutrinas reencarnacionistas, por sua vez, desenvolveram uma concepção diversa, cujo elemento chave consiste na ideia de que, após um tempo mais ou menos prolongado de existência espiritual, a alma, por um indeterminado número de vezes, pudesse encarnar-se em novos corpos materiais para, sucessivamente, viver novas experiências terrenas.

Nas últimas décadas do século XX, porém, este assim chamado "modelo antropológico dualista" foi progressivamente superado pelas novas descobertas no campo da Antropologia, da Psicologia e da Neurobiologia.[2] A Teologia, além de mais,

---

2 DAMÁSIO, António R. *O erro de Descartes*. Emoção, razão e o cérebro hu-

160 Antropologia Teológica: pensar o humano na universidade

se reconscientizou pelo fato de a antropologia dualista em nada corresponder ao modelo antropológico presente na tradição bíblica. Nela, aliás, o ser humano sempre foi compreendido como unidade indivisível, na vida, na morte e após a morte.[3]

Assumindo esse novo enfoque, também a Teologia se baseia hoje majoritariamente numa nova concepção antropológica. Essa é sintetizada pelo professor de Dogmática, Franz Gruber, da seguinte forma: "Também a moderna Antropologia e Fenomenologia rejeitam o dualismo metafísico corpo-alma. Alma e corpo não são duas substâncias separadas, mas formam uma unidade".[4]

O bem conhecido teólogo Wolfgang Beinert, resume a hoje dominante concepção sobre a relação entre corpo e alma da seguinte forma: "Uma compreensão mais aprofundada da estrutura da Escatologia bíblica e a consonância com certos conhecimentos das pesquisas neurobiológicas incentivam hoje a maioria dos teólogos cristãos a defender a tese de uma ressurreição dos mortos na morte mesma".[5]

Mas, o que acontece então com o ser humano por ocasião desta ressurreição na morte?

Se em termos psicológicos e antropológicos devemos compreender a pessoa humana como unidade material-espiritual

---

mano. São Paulo: Companhia das Letras, 2001. "É esse o erro de Descartes: a separação abissal entre o corpo e a mente [...] (p. 280)". Ver também: p. 257-271; 281-282.

3 Para mais informações sobre este processo: BLANK, Renold. *Escatologia da Pessoa.* São Paulo: Paulus, 2010, p. 75-108. Id. *Creio na Ressurreição dos Mortos.* São Paulo: Paulus, 2007, p. 7-15. Ver também: RATZINGER, Joseph. *Introdução ao Cristianismo.* São Paulo: Loyola, 2005, p. 255, 258, 299-309.

4 GRUBER, Franz. Personale Auferstehung in theologisch-systematischer Sicht. In: HERKERT, Thomas; REMENYI, Matthias. *Zu den letzten Dingen.* Darmstadt, 2009, p. 64-65.

5 BEINERT, Wolfgang. Unsterblichkeit der Seele versus Auferweckung der Toten. In: KESSLER, Hans. *Auferstehung der Toten.* Darmstadt, 2004, p. 107.

Existe algo para além da morte?   161

indivisível, é de suma importância que também as respostas teológicas se mantenham em sintonia com os fatos científicos. Caso as pessoas, na sua morte, simplesmente deixem de existir, toda reflexão suplementar é desnecessária. Mas, se a vida delas após a morte continua em outras dimensões, podemos formular inúmeras questões inquietantes, mas, ao mesmo tempo, muito interessantes. Dentre todas elas, queremos tratar, em seguida, de algumas.

3 Caso a vida da pessoa continue para além da morte, que personalidade ela terá?

Tomando a sério os pressupostos antropológicos atuais, podemos dizer que tudo o que acontece ao ser humano, seja na vida, seja na morte, seja após a morte, sempre se refere à totalidade da pessoa inteira e integral. A pessoa, na sua integralidade, é marcada e formada pelas experiências feitas na vida, de tal maneira que também na morte e depois da morte não poderá simplesmente ser reduzida a um espírito sem estrutura. Pelo contrário, ela permanece personalidade complexa, marcada por tudo aquilo que na vida vivida tinha experimentado. Como ressuscitado na morte, o ser humano, consequentemente, é primeiro exatamente aquela personalidade, aquele caráter que construiu no decorrer da vida vivida. O orgulhoso, também no estado de ressuscitado, num primeiro "momento" permanece orgulhoso; o generoso continua generoso, e o frustrado e revoltado também no primeiro momento da sua ressurreição é assim.

O prestigiado Compêndio Teológico *Sacramentum Mundi*, vol. III, diz com respeito a isso o seguinte:

162 Antropologia Teológica: pensar o humano na universidade

> Nenhuma pessoa entra na Eternidade sem a sua história. O homem, que na morte entra na Eternidade, é marcado por toda a sua história de vida. A história inteira, que aqui na terra se apresenta como separada numa justaposição de momentos, entra junto com ele na Eternidade, na qual tal justaposição não existe mais.[6]

Isso significa, concretamente, que as pessoas também na morte e depois da morte têm consciência de tudo aquilo que na sua vida aconteceu. Elas, num primeiro momento, permanecem as mesmas pessoas que eram na vida. E, considerando que depois da morte o fluxo de tempo não existe mais, elas também se encontrarão mutuamente, reconhecerão umas às outras e saberão o que fizeram e o que lhes aconteceu.

Mas, depois desse primeiro momento atemporal de autocognição, o que acontecerá? A resposta a esta indagação também está contida na mensagem sobre a assim chamada "ressurreição dos mortos".

4 Existe alguma prova de que a ressurreição da pessoa humana realmente acontece?

As pessoas de hoje exigem provas e muitas vezes com razão. Consequentemente, é legítimo perguntar também se, para a ressurreição dos mortos, existe alguma evidência empiricamente averiguável.

A maioria das pessoas ignora que tal evidência, de fato, existe. É a assim chamada "prova sociológica indireta" da ressurreição de Jesus. Julgamos valer a pena mencioná-la pelo menos nas suas argumentações básicas.[7]

---

6 *Sacramentum Mundi.* Freiburg, Basel, Wien: Herder Verlag, 1969, p. 883.
7 Uma apresentação mais aprofundada da prova sociológica da ressurreição se encontra em: BLANK, Renold. *Reencarnação ou Ressurreição.* São Paulo: Paulus,

Na época de Jesus, alguém que fosse crucificado era considerado amaldiçoado por Deus (Dt 21, 23), a ponto de nem o seu nome poder mais ser pronunciado. O crucificado era considerado não mais existente, erradicado da memória, porque "amaldiçoado por Deus".

De Jesus, porém, se voltou a falar logo após a sua crucificação. Isso, porém, só foi possível porque depois da crucifixão aconteceu algo tão chocante, tão novo, tão absolutamente impressionante, que permitiu voltar a falar dele. E todas as testemunhas, unanimamente, confirmam que um tal evento de fato ocorreu: aquele morto reapareceu vivo, ressuscitado da morte. Disso, um inteiro grupo de pessoas deu testemunho, e esse testemunho não era mentira, porque todos, sem exceção, o mantinham mesmo quando, por isso, eram submetidas à morte.

Assim, a história do crucificado continuou, porque depois da cruz ocorreu aquele fenômeno totalmente novo e surpreendente que chamamos de "ressurreição"! Por causa dela, a narração da história do crucificado pôde ser retomada e continua até hoje. O fato de a história de Jesus ter continuado apesar do veredicto de Dt 21, 23, é a prova indireta e inegável de que a ressurreição realmente aconteceu, porque sem ela, nunca ninguém teria sido capaz de continuar a falar daquele crucificado. De um ressuscitado, porém, era possível falar. Além disso, havia também o testemunho de Paulo: "Ora, Deus, que também ressuscitou o Senhor, nos ressuscitará a nós pelo seu poder (1Cor 6, 14; Rom 8, 11)".

Deriva, desta afirmação de Paulo, uma nova indagação: Qual será o estado existencial do ser humano ressuscitado, sendo que

2010, p. 89-93.

a pessoa, pelo menos no primeiro momento da sua ressurreição, mantém a mesma personalidade que tinha antes de morrer?

Considerando que para a pessoa que morreu o tempo não existe mais,[8] podemos admitir que um assassino, no momento da sua ressurreição, se encontrará também com a pessoa que assassinou; e a pessoa assassinada, por sua vez, vai saber quem a matou. Como reagirão? O que farão? São indagações intrigantes!

Tentaremos, a seguir, responder a elas a partir daquilo que são as assim chamadas "concepções escatológicas da fé cristã".

5 Como imaginar a assim chamada "ressurreição dos mortos"?

A convicção de que Deus ressuscitará os seres humanos depois da morte para uma nova maneira de existir se baseia na fé de Paulo: Deus ressuscitou Jesus! Em Jesus, a fé cristã reconhece o verdadeiro Deus que se tinha tornado verdadeiro homem. Em torno do ano 33 da nossa era, Jesus foi crucificado em Jerusalém; mas, depois da sua morte na cruz, reapareceu vivo perante os seus seguidores. Esta experiência se tornou a base para a fé cristã: Deus, de fato, ressuscita os mortos! E tal ressurreição significa, em primeiro lugar, que a pessoa humana, na morte, se encontra pessoalmente com Deus. À luz daquilo que sabemos sobre Deus, podemos afirmar que tal encontro, "apesar de tudo", será basicamente um encontro de amor. A pessoa humana encontra na morte um Deus que desde sempre a amou. E, "confrontado com a ternura e a delicadeza deste Deus que ama, quem poderia resistir

---

8   Devido ao fato de o pensamento humano sempre ser ligado ao fluxo do tempo, as experiências na situação de pós-morte devem ser apresentadas em termos de sucessão temporal, apesar de elas, na realidade, acontecerem num único "momento" atemporal.

Existe algo para além da morte? 165

ao seu convite de deixar todos os obstáculos e todas as falsas seguranças, para jogar-se nos seus braços?"[9]

Todavia, já vimos que Deus não ressuscita só uma parte espiritual da pessoa humana, mas a pessoa inteira, com todas as suas dimensões e com toda a sua história. O ser humano, por sua vez, fica consciente dessa história e de tudo aquilo que tinha realizado no decorrer dela, no bem e no mal. Assim se abrem dimensões totalmente novas de autocognição. Nela, a pessoa se conscientiza, junto com Deus e na presença de Deus, sobre o "valor" ou o "desvalor" da vida vivida, quando se aplicam a ela os critérios de Deus. Na linguagem tradicional, tal experiência é chamada de "juízo particular". Essa expressão, porém, em nada significa que Deus submeterá a pessoa a um tipo de juízo. A própria pessoa humana, junto com Deus e a partir dos parâmetros de Deus, julgará a sua vida vivida, percebendo em que medida essa vida correspondeu ou não aos parâmetros de Deus. Voltando às personagens mencionadas no exemplo introdutório do presente texto, isso significa que também cada uma delas perceberá, em que medida, as suas ações correspondiam aos parâmetros de Deus e em que medida não correspondiam. Também compreenderá os motivos do seu agir, assim como os impulsos e as determinações inconscientes que conduziam aos seus atos. Essa conscientização, por um lado, pode ser dolorosa, caso a pessoa se dê conta de quão pouco, talvez, as suas ações tinham correspondido aos parâmetros de Deus. Mas, é exatamente em base a esta percepção que, apesar de todas as eventuais resistências, se abre a possibilidade de uma última e definitiva conversão.

---

9 BLANK, Renold. *Consolo para quem está de luto*. São Paulo: Paulinas, 2002, p. 38.

Em contrapartida, porém, a pessoa perceberá igualmente as dimensões positivas da sua vida vivida e se tornará consciente de que, apesar de todos os fracassos, edificou uma obra, a obra da sua vida. Esta obra é muito maior do que aquilo que a própria pessoa na vida conseguiu enxergar. Ela abrange inúmeras dimensões que a pessoa, enquanto viveu, nem podia imaginar. Algumas positivas, outras negativas. Tudo isso, agora, se torna definitivo.

Assim, a vida se ergue diante da pessoa, obra sua, inacabada em tantos aspectos, mas também com bons elementos, apesar de tudo. Todo olhar carinhoso valeu, e todo copo de água, servido a algum irmão, não será esquecido. A partir de tal ângulo, também Deus enxergará a vida da pessoa que morreu e que foi ressuscitada. E diante deste Deus, e com a ajuda dele, se abrirá para cada indivíduo a possibilidade de corrigir aquilo que ainda pode ser corrigido. Deus oferece a oportunidade para que cada um, num profundo e último ato de conversão, possa superar todos aqueles traços da sua personalidade que ficaram opostos aos parâmetros divinos. Todo orgulho, todo ódio e toda revolta pode ser transformada e eliminada. A pessoa que matou alguém, poderá pedir perdão à sua vítima e a vítima, por sua vez, será convidada a perdoar. Para os dois, tal agir talvez será difícil, doloroso até, porque exige a superação de muitas resistências e a substituição de traços negativos da personalidade por elementos positivos. Assim se desenvolve uma imensa dinâmica de conversão a ser realizada no momento atemporal do primeiro encontro da pessoa com Deus.

Através dessa conversão, cada ser humano poderá tornar-se pessoa plena conforme os critérios de Deus. E, assim, será capaz de encontrar a plenitude da vida, que é plenitude de amor, junto com Deus e em comunhão com todos os irmãos e todas as irmãs.

Existe algo para além da morte? 167

A essa imensa possibilidade de conversão existencial, oferecida a toda pessoa na sua morte e ressurreição, deu-se no passado o nome de purgatório. Noção muitas vezes mal compreendida que, apesar de implicar talvez experiências dolorosas de conversão, no fundo descreve uma vivência renovadora e muito consolante. Nela, a pessoa, superando todas as eventuais resistências, outra vez poderá optar por aquilo que Deus oferece a todo ser humano contingente e limitado: a vida ilimitada em plenitude e felicidade total. Essa nova maneira de ser das pessoas ressuscitadas é denominada "Céu", outro nome tradicional muitas vezes mal compreendido, mas que, na realidade, implica dimensões fascinantes e inimagináveis.

6 Pela ressurreição, Deus pretende realizar vida plena para a pessoa humana

Um dos textos bíblicos muito expressivos sobre a questão do último destino da pessoa humana diz o seguinte: *"Deus... quer que todos os homens sejam salvos"* (1Tim 2, 4).[10] A expressão "ser salvo" significa que a pessoa humana consiga alcançar a vida pós-morte em plenitude, que nunca mais terminará. É exatamente isso que Deus pretende para todos os seres humanos: é essa situação de "vida em plenitude" que, na linguagem tradicional, se chama "Céu".

Tal experiência de "Céu" significa, em primeiro lugar, comunhão plena e irrestrita com Deus. A pessoa humana fica para sempre amparada no amor dele, numa felicidade plena e total. Além disso, vive também a comunhão e participação plena com

---

10 Afirmações similares se encontram também em: Rm 5, 18; 11, 32; 1Tm 4, 10; 2Cor 5, 14-15.

168   Antropologia Teológica: pensar o humano na universidade

todos os seres humanos que, por sua vez, participam desta vida plena. Cada pessoa, neste estado existencial, se tornou ela mesma pessoa plenamente evoluída e, como tal, capaz de descobrir, junto com todos os seus pares, dimensões das quais nós, agora, temos tão pouca ideia, assim como o feto, que ainda se encontra no útero da mãe, tem do mundo fora desse útero.

No estado de vida denominado "Céu" não haverá mais nenhuma dimensão de negatividade. Será vida em plenitude, felicidade plena e total realização daquilo que Deus, no seu amor pelos seres humanos, pretende para eles. Nos textos bíblicos, encontramos de tudo isso uma descrição alegórica muito significativa e repleta de poesia:

> Eis a tenda de Deus entre os homens! Habitará com eles, serão o seu povo e o próprio Deus estará com eles. Ele enxugará as lágrimas dos seus olhos; não haverá mais morte, nem pranto, nem gritos, nem dor, porque tudo isso já passou (Ap 21, 3-4).

7 A nova maneira de ser na dimensão de céu significa também a supressão da contingência pelo agir de Deus

Já vimos que o ser humano é, por essência, um ser contingente. Permanece contingente na vida, na morte e também depois da morte. Neste sentido, também a pessoa ressuscitada continua a ser um ente que não necessariamente deve existir, que poderia não ser ou parar de ser. O fato de que Deus, por causa do seu amor, ressuscitou a pessoa humana na morte para uma nova vida, muda tudo: o amor nunca quer que a pessoa amada seja aniquilada. Em vez disso, pretende que ela exista para sempre. Consequentemente, podemos concluir que a ressurreição inclui

Existe algo para além da morte? 169

também o "sim" de Deus para a vida eterna da pessoa humana. A sua contingência é, por assim dizer, suprimida pela vontade do amor divino. Deus, como todo amante, quer a existência eterna da pessoa amada. Para que isso aconteça, garante a vida da pessoa ressuscitada para toda a eternidade.

8 Mas, o que acontece, caso a pessoa humana rejeite explicitamente a oferta de Deus?

Na vida do ser humano insere-se também a liberdade da decisão. Isso significa que a pessoa, no seu primeiro encontro com Deus na morte, também poderá rejeitar tudo aquilo que lhe for oferecido. Poderá negar-se a aceitar os parâmetros de Deus. Poderá rejeitar a conversão da sua personalidade conforme os critérios divinos. Poderá rejeitar até a oferta de uma vida eterna.

Tudo isso faz parte das possibilidades da liberdade de decisão, da qual também o ser humano ressuscitado usufrui. Fixando-se, porém, em caráter definitivo dentro de uma tal atitude de rejeição, a pessoa humana ressuscitada se fecharia dentro de si-mesma num isolamento total, revoltada contra Deus e revoltada contra tudo aquilo que vem dele. A vida em plenitude oferecida por Deus acaba sendo rejeitada pela pessoa.

Põe-se, aqui, uma questão teológica: Deus, que tanto respeita a liberdade humana, respeitaria também essa decisão, aceitando até a consequência inevitável de a pessoa, por vontade própria, se separar de tudo aquilo que Ele quis lhe oferecer, isto é, vida plena, felicidade plena, comunhão eterna com ele? A resposta só pode ser afirmativa. Na linguagem tradicional se diz que com uma tal decisão, a pessoa, ela mesma, cria para si uma situação de "inferno". Ao mesmo tempo, não podemos desconsiderar que existe sempre a esperança de que Deus consiga convencer até o último daqueles que querem fechar-se ao seu amor, para que eles também, finalmente, se abram e aceitem o dom da vida que lhes é oferecida. E, se isso não for possível, podemos pensar na hipótese de que Deus retiraria a sua supressão da contingência humana para esta pessoa, de tal maneira que ela, sendo contingente, simplesmente deixaria de existir e se perderia no nada. Em vista do abismo de solidão e egocentrismo, no qual uma pessoa na situação de inferno eterno se jogaria, tal ato de aniquilação poderia até ser interpretado como último gesto de clemência por parte de Deus.

Conclusão

A indagação sobre a questão da contingência do homem revelou a implícita complexidade daquilo que chamamos de "existência humana". A partir do momento em que admitimos a possibilidade da existência não se limitar às dimensões puramente biológicas, mas que essa inclusive inclui dimensões além das empiricamente detectáveis, as questões se multiplicam. Ao mesmo tempo, porém, abrem-se perspectivas fascinantes acerca de um ser, cujo destino não se restringe à finitude de um organismo determinado unicamente pelas leis da entropia. O fato de esse ser tornar-se capaz de refletir a partir da sua condição contingente sobre tais perspectivas e as suas consequências e o fato de conseguir detectar os vestígios de algo que ultrapassa contingência e entropia, por si só já é fascinante. Além disso, torna-se um indicador do fato de a pessoa humana, apesar de limitada e contingente, aproximar-se de dimensões para além daquilo que denominamos de "contingentes". Sobre alguns aspectos destas dimensões, o presente capítulo tentou dar impulsos para mais reflexões. É através delas que a compreensão daquilo que chamamos de "condição humana" finalmente pode ser aclarada.

Referências

BEINERT, Wolfgang. Unsterblichkeit der Seele versus Auferweckung der Toten. In: KESSLER, Hans. *Auferstehung der Toten*. Darmstadt, 2004.

BLANK, Renold. *Consolo para quem está de luto*. São Paulo: Paulinas, 2002.

_____. *Escatologia da Pessoa*. São Paulo: Paulus, 2010.

DAMÁSIO, António R. *O erro de Descartes*. Emoção, razão e o cérebro humano. São Paulo: Companhia das Letras, 2001.

GRUBER, Franz. Personale Auferstehung in theologisch-systematischer Sicht. In: HERKERT, Thomas; REMENYI, Matthias. *Zu den letzten Dingen*. Darmstadt, 2009.

12

Por que a injustiça compromete a realização humana?

Cézar Teixeira[1]

Introdução

Muita gente viu pela internet o vídeo sobre um operário que foi chamado para ir até a sala do patrão.[2] Ao chegar lá foi bem elogiado pela boa produção que havia realizado. O operário agradece dizendo ser muito grato por estar trabalhando ali. O patrão diz que o chamou porque estava procurando um operário que cuidasse do transporte e do estoque e, como isso exigia mais responsabilidade, poderia pagar mais, caso ele aceitasse a proposta. O operário respondeu prontamente que aceitava. O patrão diz que ele deve começar o novo trabalho na semana seguinte e passa-lhe uma folha dizendo que ele iria receber 17 engradados para serem colocados em um galpão reservado e que deveria registrar apenas 16 engradados, pois

---

1 Cézar Teixeira é doutor em Teologia Bíblica (Pontifícia Universidade Santo Tomás de Aquino - Angelicum - Roma) e professor no Instituto de Teologia da Arquidiocese de Aracaju/SE.
2 Disponível em: <http://www.facebook.com/PadreAntonioRibeiro>. Acesso em: 15 mar. 2016.

ele já tinha destino para o engradado 17. O operário questiona o patrão, para ver se tinha entendido bem, e esse pergunta ao operário se poderia contar com ele no seu time, caso contrário, seria impossível trabalharem juntos. O operário não responde e o patrão pede que pense até o dia seguinte. O vídeo mostra uma outra cena do operário conversando com sua esposa, explicando o acontecido, e as tentativas dela de convencê-lo a aceitar a proposta. No dia seguinte, o operário procura o patrão e o agradece pelo convite, mas diz que não poderia fazer o que patrão tinha pedido e, portanto, recusava a promoção. O patrão quis saber o motivo, ao que o operário respondeu simplesmente "porque é errado... e seria uma desonra para Deus e para sua família ter de mentir". O patrão se levantou, estendeu a mão para o operário e disse que o contratou, pois era alguém de confiança que procurava.

A cena acima descrita, por mais patética que possa parecer, nos deixa perplexos quanto a alguns aspectos importantes, a saber: é questionando o que estava errado que leva o funcionário a dar a resposta acertada, subvertendo a lógica esperada, pautada pela injustiça, e postulando outra lógica, pautada pela ética da justiça. O primeiro ponto deste estudo, à luz da atitude do operário, terá como pressuposto a liberdade do homem para o bem. Em seguida, serão apresentados alguns pressupostos éticos para a escolha do bem, como autêntica forma de viver. E, por fim, será apresentado o arquétipo da injustiça, o mal, que pode estar lado a lado com o bem, pois sua fonte é o mesmo coração. Concluiremos que a busca pela justiça, na perspectiva da transcendência e da esperança, pode oferecer um sentido mais profundo para uma ética do bem-comum.

1 A escolha

Mediante a problemática justiça/injustiça, depara-se com uma escolha colocada no centro de um conflito ético. Faz-se necessário entender que uma ação individual pode influenciar a convivência humana e, por isso, devo escolher, devo optar por um caminho ou por outro. Acima de tudo, devo ter a capacidade de julgar, decidir e avaliar com autonomia as minhas escolhas. O homem é um ser inteligente, integral e, por isso, é bom. A bondade do ser humano se esclarece, sobretudo, na deliberação e decisão, na escolha e na vontade. Como diz Lonergan: o nosso objeto de desejo, o bem, quando se consegue alcançar, o homem faz a experiência do prazer, da alegria e da satisfação de tê-lo alcançado. Entretanto, o homem pode experimentar tanto a aversão como o desejo, a dor como o prazer pelo bem, o qual quase sempre está unido ao seu oposto, o mal.[3]

O homem pode escolher ou optar por um caminho e desprezar outros, pela injustiça e não pela justiça. Pode fazer com toda força, seguindo a ética do tudo quero, do tudo devo e do tudo posso. Contudo, isso se define através de normatizações e de princípios da sociedade. Princípios esses que podem ser religiosos ou não. Nesta perspectiva, tem muita coisa que você quer, mas não pode, muita coisa que você deve, mas não quer. O campo das escolhas de nossas ações passa pela ética, pois é ela que dá razão às ações humanas e torna nossa liberdade de escolha mais consciente, mais aberta e profundamente crítica. Como diz Sanches: "saber-se capaz e ter autonomia para agir

---

3 LONERGAN, Bernard. *Insight: Um Estudo do Conhecimento Humano*. Trad. Mendo Castro Henriques e Artur Morão. São Paulo: Realizações, 2010, p. 550.

176 Antropologia Teológica: pensar o humano na universidade

de acordo com as próprias convicções são elementos relevantes na realização humana".[4]

Quando falamos ou escutamos sobre a ética é preciso entender também sobre a moral, isto é, sobre valores e costumes de uma pessoa ou de uma cultura específica. A moral influencia na edificação, na realização dos princípios e nos valores particulares que conceituam as preferências ou escolhas (consciência) que levam à atitude como postura da pessoa. A ética determina os princípios do ser (dignidade, respeito e justiça) e tem por finalidade promover uma experiência reflexiva sobre esses princípios. A moral, por sua vez, normatiza os princípios, isto é, se eles são bons ou maus. A moral é compreendida como prática de virtudes. Em suma, a ética é a normatividade dos princípios para o bem (em especial o bem comum) e, sendo assim, é uma necessidade da natureza humana desejar a escolha do bem e não do mal, da justiça e não da injustiça.[5]

2 Pressupostos éticos

Segundo o filósofo Maritain, o próprio homem tem plena condições de viver de forma autêntica alguns princípios, como a liberdade, a fraternidade e a justiça, ou seja, de agir de forma responsável e livre. Mas, com o passar do tempo, em meios a males e tribulações, percebe-se frágil. O homem sente a falta de igualdade, de fraternidade, de liberdade e, principalmente, de justiça. Aqueles que detêm o poder temporariamente nem sempre estão preocupados com o bem da população como um todo, mas em um bem individual, ou seja, em interesses particulares

---

4 FIGUEIREDO, Eulálio; SERGIO Junqueira. *Teologia e Educação: Educar para a caridade e solidariedade.* São Paulo: Paulinas, 2012, p. 282.
5 LONERGAN. *Insight*, p. 550-551.

Por que a injustiça compromete a realização humana? 177

e que muitas vezes ferem profundamente a dignidade humana. É por causa desses acontecimentos que povos e nações sofrem intensamente, pois não há nada pior do que sentir e perceber o pouco caso que fazem da vida humana: uma profunda desvalorização do homem e, consequentemente, dos seus direitos à igualdade, à liberdade, à solidariedade, à caridade e à justiça.[6]

A justiça é um dentre outros modos essenciais ao bem comum, de tal modo que esse exige o alargamento das virtudes na massa dos cidadãos; isso significa que qualquer ato político desonesto, imoral e injusto, é por natureza um insulto ao bem comum e politicamente malfazejo.[7]

O homem justo necessita ser hoje criterioso no falar, pensar, sentir e agir. Visto que o ser justo se alude ao que se necessita fazer cuidadosamente. A verdadeira justiça constitui em dar o que é justo tanto para os amigos, quanto para os inimigos.[8]

3 Arquétipo da injustiça

Ao longo da história do povo de Deus, nas Sagradas Escrituras, toda prática geradora de vida é registrada na consciência do povo, como prática de justiça e não de injustiça, seja no âmbito individual ou social. No caso da injustiça, além de ser uma prática do mal e de morte, o povo tende a não aceitá-la, mas rechaçá-la. Mesmo quando há aceitação, nem sempre há convicção ou consenso, pois o mal brota do coração do homem, de sua finitude e imperfeição. Não se pode ignorar a repercussão da injustiça no âmbito social, pois essa é

---

6 MARITAIN, Jacques. *O Homem e o Estado*. Trad. Alceu Amoroso Lima. 4ª ed. Rio de Janeiro: Agir Editora, 1966, p. 21-22.
7 Ibid., p. 22.
8 Ibid., p. 54.

178 Antropologia Teológica: pensar o humano na universidade

absolvida até mesmo por instituições. Dessa forma, faz-se necessário compreender o arquétipo da injustiça e não refugiar-se em sentimentos piegas individualistas que só conduzem à exaltação de ações vazias e distantes da realidade.[9]

Outra força que está na raiz da injustiça é a cobiça e o domínio do dinheiro.[10] A busca desesperada pelo lucro corrompe os detentores do poder, invertendo o bem pelo mal, a justiça pela injustiça. Para o bem/justiça, ódio; para o mal/injustiça, amor. Eis a lógica perversa que corrompe pessoas, um espírito que empurra os homens de todos os níveis a vender a "própria alma", numa corrupção desenfreada ao ponto de perder a fé nas próprias fontes sagradas que um dia regaram de sentido maior as suas vidas.[11]

4 A busca da justiça

A busca da justiça implica na relação do homem com o transcendente e com o imperativo da esperança. Pela transcendência a justiça se abre para um significado maior; pela esperança, se renova, como mudança de ordem que se revigora.

---

9 SICRE, José Luís. *Com os pobres da terra: a justiça social nos profetas de Israel.* Trad. Carlos Felício da Silveira. São Paulo: Paulus, 2011, p.196-200. O autor ao falar do livro do profeta Amós sobre "Onde a injustiça finca raízes", faz uma reflexão profunda sobre o que no presente artigo entendemos sobre "o arquétipo" da injustiça.

10 Ibid., p. 314. "Esse dinheiro, esse desejo de acumular 'ouro, prata e tesouros' (2.7) promove todas as desgraças: as autoridades associam-se aos ladrões porque 'são amigos de subornos e vão em busca de presentes' (1.23); elas próprias estão dispostas a roubar os pobres (3.14), e os juízes 'por suborno absolvem o culpado e negam justiça ao inocente'. A cobiça leva a acumular as mais diversas joias (3.18-21), a aumentar o número de propriedades (5.8-10), a modificar as leis ou redigi-las de novo para se apoderarem inclusive dos bens dos órfãos e das viúvas (10.1-4a). O afã de lucro corrompe os valores e as e as pessoas, até se esquecer de Deus e do próximo. E isso não tem solução fácil. Poder-se-ia converter alguns exploradores, mas é impossível modificar o coração de todos os poderosos".

11 Op. cit., p. 401. Para o autor as raízes da injustiça no profeta Amós são: cobiça, dinheiro e esquecimento de Deus.

Por que a injustiça compromete a realização humana? 179

Esses dois elementos apresentam-se como critérios necessários para a verdadeira busca da justiça.

4.1 Justiça e Transcendência

Na relação com o transcendente, a experiência do homem é de abertura para o ilimitado e o infinito, o que lhe permite atuar com justiça, seja consigo mesmo, seja na relação com os outros. A busca de justiça não consiste, nesse sentido, na busca pela legalidade da justiça dos homens, que muitas vezes não é justiça real. Na verdade, o que se busca é a justiça como um elemento próprio da realidade, como o "verdadeiro rosto da vida humana, para o qual o verdadeiro homem é o homem justo e bom e nada há mais importante e mais belo do que ser justo e bom"[12] do que alimentar dentro e fora de si, relações harmoniosas, um "radical *inter-esse*" pela abertura do ser em busca de uma justiça sempre maior.[13]

Todos os homens estão imersos num imperativo ético, ainda que ele não se efetue na vida de todos. Esse imperativo é sublime e particular, pois o ser humano não existe para viver encarcerado no seu próprio "eu" e, com isso, obter um sentido de justiça pequeno. A justiça é algo sempre mais e mais, algo que transcende o sentido de justiça desse "eu". Logo, faz-se necessário buscar o sentido último de justiça, onde "o ser humano se sente como um sistema aberto".[14] Esse sentido somente "se completa pela existência de outro sistema, no mínimo diferente dele e, por isso, transcendente".[15]

---

12 MANCUSO, Vito. *Eu e Deus: um guia para os perplexos.* São Paulo: Paulinas, 2014, p. 365.
13 Ibid., p. 365.
14 FIGUEIREDO; JUNQUEIRA, *Teologia e Educação*, p. 278.
15 Ibid., p. 278.

O sentido transcendente da justiça, entretanto, não é necessariamente entendido como algo que existe fora do ser humano, exterior a ele. O sentido de justiça pode ser maior quando reencontrado com o sentido de justiça do próprio "eu", ou seja, é o reencontro do ser humano consigo mesmo, o que também constitui uma transcendência, "um mergulho na sua própria interioridade, reafirmando a sua própria identidade".[16] Nessa perspectiva, a transcendência da justiça é compreendida não como fuga, além do mundo real, mas "como abertura para conectar-se"[17] com uma justiça mais ampla. A transcendência da justiça é o ser humano em seu universo, pensado a partir da abertura para uma justiça maior.[18]

É constitutivo da existência humana vencer as barreiras da limitação e da finitude. A injustiça é uma dessas barreiras, quando não é compreendida como algo que transcende a nossa condição social. Por isso, faz-se necessário buscá-la no comprometimento com os que mais necessitam dela, os injustiçados desse mundo, renunciando aos esquemas de poder fechados aos prestígios e honrarias. O sentido dessa transcendência exige rever os reais elementos do nosso cotidiano, isto é, bens materiais, economia, estilo de vida, acesso aos bens de consumo, entre outros. Podemos encontrar o sentido de justiça de diferentes formas, em outras culturas, em outras religiões, mas é na dimensão social que ela apresenta sua face mais desafiadora. Essa é a chamada "questão social", que precisa ser abordada se si quer falar de uma justiça que não exclua a maioria das pessoas que habita o planeta.[19]

---

16 Ibid., p. 278.
17 Ibid., p. 278.
18 Ibid., p. 278.
19 Ibid., p. 287.

4.2 Justiça e esperança

O homem que adere ao transcendente é um ser de esperança. A esperança do homem é, fundamentalmente, o desejo de um sentido maior da justiça. A esperança não consiste necessariamente em "ir aos céus", mas é realizada tanto no céu quanto também na terra.[20]

A esperança não se limita à dimensão espiritual, ela abrange a realidade como um todo, na sua imanência e na sua transcendência. A esperança do homem consiste na vinda de um mundo melhor, repleto de justiça e, por isso, de esperança de uma nova ordem em que predomine uma vida mais feliz e cheia de realizações.[21]

A esperança está além de uma mudança de espaço ou de juízo final, pois ela representa uma nova ordem individual, social, celestial etc. A perda do encanto pela vida, o pessimismo, o lamentar-se sobre a própria existência e a falta de fé nos outros, passam a ser denunciados como falta de fé em algo que transcende (sobretudo em uma divindade que se expressa por meio do fenômeno religioso, como por exemplo: Deus),[22] e isso significa um agir sem esperança. Toda ação que nasce da desesperança aponta para a falta de ética, de uma vida sem transcendência,[23] marcada pelo poder, pela ganância, pelo interesse e pela injustiça. A vida pautada na esperança da justiça é, sem dúvida, uma característica fundamental para o homem e, portanto, para a sua capacidade de abraçar a paz.[24]

---

20 CEZAR, Teixeira; SILVA, Antonio W. C. Silva. Superando desafios: a simbiose da fé. In: *Revista de Cultura Teológica*. Ano XXII, n° 84. São Paulo: PUCSP/Paulina, jul/dez, 2014, p. 185-186.
21 FIGUEIREDO; JUNQUEIRA. *Teologia e Educação*, p. 282.
22 Ibid., p. 282.
23 FIGUEIREDO; JUNQUEIRA. *Teologia e Educação*, p. 282.
24 CEZAR; SILVA, Antonio. Superando desafios: a simbiose da fé, p. 185-186.

Conclusão

Na introdução do presente estudo, coloca-se a cena do operário e do patrão, sob a égide do título: "Por que a injustiça compromete a realização humana? Busque em primeiro lugar a justiça!". Tal título, contém uma pergunta e uma afirmação que o tempo quer fragilizar. O que passa entre o operário e o patrão são escolhas feitas, mas que nem sempre tem um final feliz. Ora, se faço um questionamento é porque há inquietude e se há a necessidade de afirmação é porque há insegurança. A cena do operário e do patrão traz novos questionamentos e novas escolhas para valores aos quais o homem se fecha nas fontes de sentidos já ressecadas. São valores clássicos como justiça e injustiça que escapam às novas circunstâncias do homem pós-moderno. Se apelarmos para as fontes sagradas, com suas fórmulas rígidas e carcomidas pela letra, parece que aqueles sentidos que tanto empurraram o homem para as ações do bem, tem cheiro de mofo e podem ser do mal.

As escolhas parecem relativas quando se tem a impressão da falta do ideal de um mundo melhor, de instituições produtoras de sentido, do desejo de ser homens e mulheres novos, de criar uma nova sociedade fundada na ética da justiça. Tudo isso resulta em um descompasso entre o que se vê e o que se quer. Muitos vão desejar apenas um lugar ao sol, nutrindo o seu "eu" de ações sentimentalistas e individualistas, sem se dar conta das espessas sombras que lhes fecham os horizontes de possibilidades. Certamente, não fomos criados para ser carneiros em um imenso rebanho retido no curral das injustiças sociais, sejam em âmbito econômico, político, ideológico, religioso e cultural. A busca da justiça nos lança para aquilo que realmente o homem foi criado, isto é, ser protagonistas, inventores, criadores, revolucionários.[25] É na transcendência e na esperança da justiça que voltamos a sonhar de novo, a injetar em nossas veias a utopia de uma justiça sempre maior.

O mundo atual clama por uma verdadeira valorização no que se refere ao respeito do homem e sua escolha pela justiça. A sociedade está cansada de muito falar sobre justiça e pouco fazer para a concretude dos sonhos. O mundo está danificado pela falta de moradia, de segurança, de educação, de melhorias de boa vivência e, principalmente, de igualdade, de liberdade e de justiça. Portanto, uma verdadeira opção na escolha da justiça representa uma maneira digna e verdadeira de viver. Nessa perspectiva, todo cidadão tem a necessidade de viver e buscar, em primeiro lugar, a concretude da justiça. Eis aqui o fundamento real e verdadeiro da realização humana.

Referências

CÉZAR, Teixeira; ANTONIO, W. C. Silva. Superando desafios: a simbiose da fé. In: *Revista de Cultura Teológica*. Ano XXII, nº 84. São Paulo: PUCSP/Paulinas, jul/dez, 2014.

BETTO, Frei. *Produção de Sentido*. Disponível em: <http://amaivos.uol.com.br/amaivos2015/?pg=noticias&cod_canal=53&cod_noticia=23376>. Acesso em: 23 abr. 2013.

FIGUEIREDO, Eulálio; JUNQUEIRA, Sérgio. *Teologia e Educação: Educar para a caridade e solidariedade*. São Paulo: Paulinas, 2012.

---

25 BETTO, Frei. *Produção de Sentido*. Disponível em: <http://amaivos.uol.com.br/amaivos2015/?pg=noticias&cod_canal=53&cod_noticia=23376>. Acesso em: 23 abr. 2013.

LONERGAN, Bernard. *Insight: Um Estudo do Conhecimento Humano*. Trad. Mendo Castro Henriques e Artur Morão. São Paulo: Realizações, 2010.

MANCUSO, Vito. *Eu e Deus: um guia para os perplexos*. São Paulo: Paulinas, 2014.

MARITAIN, Jacques. *O Homem e o Estado*. Trad. Alceu Amoroso Lima. 4ª ed. Rio de Janeiro: Agir Editora, 1966.

SICRE, José Luís. *Com os pobres da terra: a justiça social nos profetas de Israel*. Trad. Carlos Felício da Silveira. São Paulo: Paulus, 2011.

IV
O RELACIONAMENTO HUMANO

III
O RELACIONAMENTO HUMANO

13

Qual o valor da alteridade?

Nilo Ribeiro Junior[1]

Introdução

Em princípio, há de se ter presente que ao pensar a condição humana desde a Revelação cristã, urge associá-la imediatamente à intriga entre Teologia e Antropologia, tomando esta seja como um "movimento teológico" seja como a uma "disciplina teológica".[2] De saída, põe-se em evidência dois dados antropológicos fundamentais da teologia cristã lidos à luz do mistério do Deus trinitário. Primeiro, a teologia é uma antropologia por identificar-se a um discurso "de" Deus que fala do homem que fala de Deus.[3] Desse modo, o cristianismo não se autocompreende fora do horizonte de certo "humanismo crístico" mais do que cristão, uma vez que toda humanidade e a humanidade toda está assinalada pelo dom de Deus. Isso significa afirmar

---

1 Nilo Ribeiro Junior é doutor em Teologia Moral (Faculdade Jesuíta de Filosofia e Teologia – FAJE, Belo Horizonte) e em Filosofia (Universidade Católica de Portugal) e professor da FAJE.

2 LADARIA, F. Luis. *Introdução à Antropologia Teológica*. São Paulo: Loyola, 2007, p. 11.

3 RAHNER, Karl. *Curso fundamental da fé: Introdução ao conceito de cristianismo*. São Paulo: Paulus, 1997.

188 Antropologia Teológica: pensar o humano na universidade

que o "dizer de Deus" no cristianismo é sempre um dizer trinitário.[4] E este, por sua vez, não se desvincula do dizer humano no Filho: o Cristo. Por isso compreende-se que o discurso de Deus no cristianismo está perpassado, do início ao fim, pela antropologia porque a Revelação é desde sempre atravessada pela humanidade de Deus que se encontra com a nossa.[5]

Nesse caso, a experiência humana de Deus evoca uma antropologia viva e atual, experimentada desde a maneira como o Deus cristão continua a se autorrevelar na criação, na salvação e na santificação. Nesse sentido, é impossível separar a revelação cristã da experiência e da linguagem da humanização, uma vez que essa humanidade se configura nos meandros da história marcada pelo incansável encontro entre Deus e o homem. Trata-se, pois, de uma relação dinâmica e inesgotável que se diz como evento criador e criativo, como salvação e redenção, enfim, como santificação pelo derramamento do Espírito (vida) de Deus. Desse modo, a humanidade do homem acontece como evento crítico e se diz nessa "divina comédia humana" sem que os protagonistas desse drama possam se eximir da relação íntima que os põe em contato e os torna próximos: Deus se aproxima da humanidade que se aproxima de Deus que afeta Deus desde a carne humana a ponto de Deus não se autocompreender sem a encarnação, na humanidade.

Por isso a antropologia é um "movimento teológico" que se expressa de diversas formas e em diversas circunstâncias com diferentes matizes, tendo como pressuposto fundamental esse encontro encarnado e amoroso – inescusável – entre Deus e homem. Enquanto "movimento", a antropologia depende dessa

---

4   LADARIA. *Introdução à Antropologia Teológica*, p. 23.
5   GISEL, Pierre. Verdade e tradição histórica. In: LAURET, Bernard; REFOULÉ, François. *Iniciação à prática da teologia*. São Paulo: Loyola, 1992, p. 111-125.

Qual o valor da alteridade?   189

maneira ininterrupta de como Deus fala ou se cala e de como o homem indaga e perscruta o mistério de Deus nas situações mais banais e/ou mais densas de sua existência.

Segundo, a experiência da humanização de nossa humanidade em Cristo encontra sua formulação nesse campo da teologia que tem como objeto o caráter eminentemente "antropológico" da Revelação. E isso se justifica porque a teologia se enraíza nessa "economia do dom", isto é, nessa verdade amorosa de que o homem é "capaz de Deus" porque Deus se tornou "capaz do homem" em Cristo.[6] Sem essa cumplicidade a humanidade de Deus não saberia dizer-se em linguagem humana, e sem Deus o homem não se autocompreenderia como homem destinado à divinização na filiação divina.

Daí que a Antropologia Teológica erige-se como "disciplina teológica" enquanto debruça sobre o caráter cristo-pneumático da Revelação tendo como centralidade o evento Cristo. Por isso formula-se segundo a maneira de como as várias correntes da teologia se deixam interpelar pela filosofia, pelas ciências humanas etc., em função de sua indagação sobre o sentido e a compreensão do fenômeno humano à luz da Revelação. Disso decorre a configuração e a existência de tantas antropologias graças às diversas maneiras de como abordam esses polos antropo-teológicos da humanidade de Deus e da santidade do homem.

1 A viragem antropológica da Teologia pós-conciliar

No contexto da reflexão teológica da humanidade, embora se reconheça a diversidade de formas de antropologia teológica,

---

6   GESCHÉ, Adolphe. A invenção cristã do corpo. In: GESCHÉ, Adolphe; SCOLAS, Paul. *O corpo, caminho de Deus*. São Paulo, Loyola, 2009, p. 35-64.

190   Antropologia Teológica: pensar o humano na universidade

há que se ressaltar a novidade que o Concílio Vaticano II introduziu no bojo da teologia cristã moderna pelo fato de apresentar-se como nova fonte de inspiração para se repensar o caráter eminentemente "dialógico" da Revelação, bem como as consequências antropológicas de tal interlocução para a compreensão da existência humano-cristã.[7] Ainda que só de passagem, poderse-ia evocar as intuições fundamentais do Concílio presentes, respectivamente, na Constituição Dogmática *Dei Verbum* e na Constituição Pastoral *Gaudium et Spes*. Nesse sentido, elas são paradigmáticas, seja porque a primeira reformula radicalmente a maneira de conceber a face do Deus cristão, seja porque a segunda ocupa-se da nova perspectiva de ser humano destinatário da revelação. Assim, a primeira reposiciona a questão da revelação centrada na autocomunicação de Deus.[8] Ocupa-se, pois, de referir-se a Deus como comunicação de si mesmo de sorte que não revela senão quem é Deus, tanto em sua imanência absoluta, no seu *páthos,* quanto na economia da revelação em função desse amor trinitário que se extravasa na relação com a humanidade.[9] Isso supõe da parte daquele que o escuta abertura e acolhida, uma vez que não há qualquer imposição de Deus ao homem. Deus pressupõe a liberdade humana a ponto de ela poder acolher o dom, o amor daquele que não se revela por uma vontade legiferante. Diferente da visão do Nominalismo do século XIII, o Concílio Vaticano II insiste em que a razão humana não se adequa à revelação pelo convencimento da inerrância de

---

7   SESBOÜÉ, Bernard. A comunicação da palavra de Deus: Dei Verbum. In: SES-BOÜÉ Bernard; THEOBALD, Christoph, *A Palavra da Salvação: História dos Dogmas* (séculos XVIII – XX). Tomo 4. São Paulo: Loyola, 2006, p. 419-456.
8   COMPÊNDIO DO VATICANO II. Constituição Dogmática "Dei Verbum". Petrópolis: Vozes, 2000, n° 6. "Pela revelação divina quis Deus manifestar-se e comunicar-se a Si mesmo e os decretos eternos de Sua vontade acerca da salvação dos homens".
9   LADÁRIA, F. Luis. *O Deus vivo e verdadeiro*. São Paulo: Loyola, 2005, p. 45.

um Deus diante do qual só resta ao homem obedecer-lhe pelo fato de sua vontade não nos enganar.[10]

Em contraposição a essa visão, a autocomunicação de Deus trama-se em torno da "pericorese" das pessoas trinitárias e da "comunicação de idiomas" entre Deus e o homem.[11] Estas, por sua vez, são mediadas pelo Cristo enquanto ele mesmo se revela como *Logos*, Palavra/comunicação de Deus feito carne. Percebe-se, portanto, que ao tratar da Revelação em termo de adonação, comunicação e de comunhão, ressalta-se sobremaneira a não imposição no modo de Deus se autorrevelar. Subjaz a essa concepção teológica do dinamismo do amor intratrinitário uma concepção antropológica em que o ser humano emerge como aquele que livremente pode entrar em relação com Deus por deliberação e adesão, sem constrangimento ou subserviência.

Por outro lado, a Constituição Pastoral *Gaudium et Spes* insiste no deslocamento do perfil do interlocutor da autocomunicação de Deus. Trata-se de privilegiar a condição do ser humano moderno, com suas vicissitudes e descobertas, uma vez que o Concílio leva em conta as características muito peculiares da modernidade. O foco está em salientar que o homem a quem se destina a revelação de Deus mudou porque mudaram as condições existenciais, históricas, sociais, políticas, religiosas e econômicas de modo que a própria identidade pessoal e cultural das subjetividades também sofreu uma mutação radical se se leva em consideração o avanço das ciências, da técnica e da autonomia humana nos dois últimos séculos da história

---

10 GROSSI, Vitorino; SESBOÜÉ, Bernard. Criação, salvação, glorificação. In: *O homem e sua Salvação: História dos dogmas (séc. V-XVII)*. Tomo 2. São Paulo: Loyola, 2003, p. 73-74.

11 LADARIA, *O Deus vivo e verdadeiro*, p. 27.

192 Antropologia Teológica: pensar o humano na universidade

do Ocidente. Nesse caso, o Concílio reconhece que ao ter-se de pensar Deus no contexto da vida moderna, urge levar em conta as novas condições do homem moderno com todos os desafios que isso implica. Se ele não é estático, imutável, e sua "natureza"[12] não é dada ou preestabelecida, então, Deus torna-se cúmplice do homem nesse mesmo dinamismo que o envolve e o impulsiona. Nesse sentido, a revelação de Deus é viva e inacabada, uma vez que está destinada a aprender, a ouvir e a acolher o homem naquilo que ele apresenta de novidade para Deus. Só assim a sua autocomunicação poderá atingir o coração de seu destinatário da mesma forma que o ser humano só poderá perceber a gravidade do mistério de Deus se o tocar na experiência que faz de seu próprio enigma como homem.

Em outras palavras, a Revelação não é mais pensada desde cima, de um Deus longínquo, aprioristicamente constituído, mas a partir de um Deus que se revela, fala e se fala desde o seio da história, desde a condição do homem moderno, do âmago de suas buscas, inquietações, alegrias e tristezas. Desde então, a revelação de Deus vai *pari passo* com o homem moderno, de modo que escutar a Deus nessas novas condições significa escutar os "sinais dos tempos" que se manifestam aqui embaixo, isto é, no seio da cultura moderna na qual habita o homem e pela qual o homem é habitado por Deus.[13]

É, pois, na escuta e no contato com os eventos históricos da revelação que se pode perceber como Deus fala e salva (dom). Estes "sinais dos tempos" enraizados na cultura moderna e na

---

12 THEVENOT, Xavier. *Contar com Deus: Estudos de Teologia Moral.* São Paulo: Loyola, 2008, p. 23.
13 PAPISCA, Alan. As necessidades do mundo e os sinais dos tempos. In: KEENAN, James (Org.). *Ética Teológica Católica no contexto mundial.* Aparecida: Santuário, 2010, p. 25.

Qual o valor da alteridade?

vida do homem hodierno apontam para o caráter escatológico da Revelação. A salvação já está presente e atuante no seio da história e, concretamente, Deus está a revelar-se desde dentro da história na qual se insere o homem moderno. Não há, portanto, concorrência, competição ou oposição entre Deus e homem, entre revelação e cultura, entre amor e liberdade.

Por isso a Teologia pós-conciliar sentiu-se instigada a mudar, não apenas o método, mas, sobretudo, a migrar para outro lugar social a partir de onde se faz teologia "com" Deus que se diz no contato com o homem. Com isso, a antropologia se vê interpelada a valorizar sobremaneira a autonomia das "realidades terrestres"[14] porque percebe nelas o próprio acesso à autocomunicação de Deus. Em outras palavras, a teologia com forte caráter antropológico se faz atenta à escuta do Deus encarnado que instiga a afirmar e/ou refazer o percurso seja no que diz respeito à compreensão da revelação seja no que concerne às próprias formulações e conteúdos doutrinais, em sua práxis, na ética cristã, graças à centralidade do mistério do homem no qual Deus se revela.

Nessa perspectiva, o Concílio se erige como novo paradigma para se pensar a Antropologia, seja como "movimento teológico" ou como "disciplina teológica", porque está convencido que já não se pode prescindir da nova configuração da intercomunicação entre Deus e homem moderno para ter-se acesso aos "novos sinais" (GS 205) da Revelação. De qualquer forma, embora se tenha que admitir a existência

---

14 COMPÊNDIO DO VATICANO II. *Constituição Pastoral Gaudium et Spes*. Petrópolis: Vozes, 2000, n° 203. "Em nossos dias, arrebatado pela admiração das próprias descobertas e do próprio poder, o gênero humano frequentemente debate os problemas angustiantes sobre a evolução moderna do mundo, sobre o lugar e função do homem no universo inteiro, sobre o sentido de seu esforço individual e coletivo e, em conclusão, sobre o fim último das coisas e do homem".

de inúmeras antropologias teológicas tanto quanto as diferentes culturas, talvez a grande inspiração do Concílio esteja em ter reabilitado a percepção para a fecundidade da Antropologia Teológica enquanto ela se debruça sobre as questões concernentes à mútua alteração que se processa tanto no interior do homem quanto no coração de Deus no contexto da modernidade ao considerá-los parceiros da Revelação. Uma relação que não deixa os interlocutores indiferentes e apáticos, uma vez que Deus se move e se co-move no amor com a moção e co-moção humana. Da mesma forma, o homem se toca e se compadece com o sofrimento, o silêncio e a alegria de Deus. Afinal, Deus deixou de ser visto como onipotência intangível inacessível e insensível. Isso graças ao fato de o Deus do cristianismo ser um Deus feito de carne, de humanidade, porque indissociável da história de Jesus e das narrativas do Cristo e dos cristãos de todas as épocas que encarnam seu modo de existência.

É verdade, porém, que no contexto do Concílio a preocupação da teologia era fazer as pazes com a modernidade. Com isso o vetor mais forte da antropologia subjacente à teologia era a liberdade, a autonomia, o diálogo e a comunicação como condição primeva do ser humano aberto à transcendência de Deus.

Porém, apesar do inegável avanço da teologia no contexto do Concílio, tem-se a impressão de que a "alteridade do outro" tenha sido, de alguma forma, obnubilada não tanto de maneira premeditada, mas talvez embalada pela "novidade" da modernidade. Em parte, isso se justificaria pelo fato de a teologia e a antropologia terem sido polarizadas em torno das indagações candentes que o homem moderno punha para a Revelação, sobretudo no que concerne à autonomia da criação e da criatura com relação ao Criador. Contrasta com essa postura a quase ausência de um discurso antropo-teológico que, de fato, tenha abraçado a alteridade como objeto de preocupação como se esperaria que se tivesse praticado em fidelidade aos "sinais dos tempos" que apontavam para o "esquecimento" do outro.[15]

Eis, no entanto, que o "movimento antropológico", por meio de outros desafios históricos e existenciais, jamais deixou de indagar a condição humana moderna e, consequentemente, deveria ter despertado a Antropologia Teológica para tomá-los como objeto de sua reflexão. Nesse caso, tratava-se exatamente de perguntar sobre a maneira como a alteridade de outrem, do Rosto do outro homem e do Rosto de Deus como alteridade poderiam provocar um reposicionamento da Antropologia Teológica com relação ao seu método e aos conteúdos programáticos para além da valorização da liberdade, da autonomia, da razão centradas no indivíduo.

2 A antropologia do outro homem e a teologia do rosto de Deus

De qualquer modo, o fato é que não faltam motivos teológicos para que a Antropologia tenha de perfazer uma "nova viragem" em seu próprio percurso, a fim de dar primazia à alteridade de outrem. Tais motivos são de ordem humano-teológicos e não meramente de ordem cultural, filosófica ou sociológica. Primeiro porque não se pode deixar de indagar-se sobre o fracasso da liberdade, da consciência, da vontade etc. em meio aos fatos históricos que trouxeram à tona grandes questões a respeito de quem é Deus e quem é o ser humano, sobretudo, diante das atrocidades do holocausto, da injustiça social

---

15 RIBEIRO, Nilo. A Teologia Moral diante da dor do outro. In: PESSINI, Leo; ZACHARIAS, Ronaldo (Orgs.). *Ser e Fazer. Teologia Moral: do pluralismo à pluralidade, da indiferença à compaixão.* Aparecida: Santuário, 2012, p. 186.

196 Antropologia Teológica: pensar o humano na universidade

global, do sofrimento inútil dos seres humanos, da destruição dos ecossistemas, enfim, do problema da violência e do fratricídio em meio ao bem-estar alcançado pela civilização ocidental e que contrastam com níveis alarmantes de desumanidade.

Segundo, porque para além do caráter negativo da modernidade, a emergência do outro sugere uma nova configuração da antropologia teológica enquanto toca no âmago de um "humanismo do outro homem".[16]

A saber, como disciplina teológica, a antropologia poderá levar a sério a revelação de Deus que parta dessa in-condição da alteridade conquanto Deus, como outro, advém e retira-se continuamente do horizonte de "compreensão" daquele que pretenda discursar sobre ele, descrevê-lo e defini-lo na indiferença ou à margem da alteridade do rosto humano. Isso se deve ao fato de que no contexto da genuína teo-lógica patética do cristianismo Deus se identifica especialmente com o Rosto do pobre, da viúva, do órfão, do rejeitado, do excluído, isto é, com o rosto do outro homem que em sua nudez originária se mostra indefeso, vulnerável, dolente, susceptível à morte. Esse mesmo rosto foi identificado com o Rosto de Jesus, o Cristo, de modo que encontrar-se com o rosto de Deus é ser encontrado pelo apelo ético do Rosto que diz: não matarás!

Por isso, só uma antropologia cuja antropogênese brote do corpo a corpo, do face a face, do embate de um encontro ético com o Rosto do outro vulnerável em sua pobreza e santo na sua ausência, pelo qual a palavra Deus se significa no Rosto de Cristo, emergirá o caráter eminentemente *phatico*, afetivo, sensível como aquilo que há de mais *proprium* na humanidade do ser humano.

---

16 LÉVINAS, Emmanuel. *Humanismo do outro homem*. Petrópolis: Vozes, 2009. p. 72.

Nessa perspectiva da relação com outrem, a Antropologia Teológica aparece em sua originalidade marcada pela valorização da sensibilidade, da proximidade, da vulnerabilidade etc. Nela sobressai uma antropologia heteronômica de outrem – heteroafecção do outro – em contraste com uma antropologia teológica (moderna) que privilegia a razão, o diálogo e a autonomia. Assim, a condição humana marcada pela "imediação ética" da relação com outro humano, permite reescrever a história do humanismo que se oriente em torno do cuidado da diferença, da diversidade, da unicidade de outrem focada na promoção e na proteção da compaixão, da solidariedade e da "justiça" como equidade.[17]

Evidente que o Rosto do outro anuncia igualmente o caminho de adeus à compreensão do homem todo-poderoso, dominador, transformador, calcado na visão de "uma liberdade arbitrária e injusta"[18] que, em certo sentido, retroalimentou a modernidade. Da mesma forma, quando o outro ocupa o centro da revelação, assiste-se ao esvaziamento de uma visão de Deus pensado à semelhança da liberdade humana. Certamente que uma Antropologia Teológica focada na figura da alteridade aponta para uma liberdade investida, eleita para cuidar de outrem.[19] Portanto, a antropologia terá motivos suficientes para pensar o humano a partir de um Deus que sendo outro deseja ser encontrado no rosto do outro, o que sugere que a condição humana seja totalmente esvaziada de seu inter-*esse* graças à anterioridade da visitação de outrem que surpreende a liberdade.

---

17 LÉVINAS, Emmanuel. *Totalidade e Infinito*. Lisboa: Edições 70, 1988, p. 76.
18 LÉVINAS, Emmanuel. *Entre nós: Ensaios sobre a alteridade*. Petrópolis: Vozes, 1997, p. 31.
19 RIBEIRO, Nilo. O rosto do outro: passagem de Deus. Ética e transcendência no contexto da teo-lógica contemporânea. In: SOTER (Org.). *Deus e Vida. Desafios, alternativas e o futuro da América Latina e do Caribe*. São Paulo: Paulinas, 2008, p. 415-447.

Em outras palavras, a antropologia na qual se privilegia o encontro com outrem antes de se pensar a subjetividade como indivíduo, leva em conta o fato de que, no contato, outrem anuncie um interdito de possui-lo, adestrá-lo e matá-lo ao mesmo tempo em que suscita o desejo de colocar-nos "na via do infinito"[20] a que seu Rosto nos remete, isto é, de entrar no caminho do acolhimento e no cuidado de sua vulnerabilidade. Nesse contexto, Deus não se dirá como palavra com sentido, senão na significância de nossa responsabilidade. A linguagem com que Deus fala passa pelo "testemunho" de nosso corpo entregue a outrem, a serviço de outrem.[21]

Por outro lado, como a relação com outrem, o encontro com sua face, jamais pode ser reduzido a um encontro inter-subjetivo entre eu-tu, entre duas liberdades, porque se trata da relação eu-outrem, essa relação evoca o caráter eminentemente social do encontro que anuncia o fim da vida privativa. Jamais estamos a sós com o outro uma vez que seu Rosto remete-nos imediatamente ao rosto de todos os outros rostos humanos a quem se está à procura; porquanto, eles fazem advento no rosto único.[22] Isso significa dizer que a condição antropológica na perspectiva da relação com a alteridade aparece marcada indelevelmente por essa dimensão social, pública, política. Desta sorte, o encontro com o Deus que se passa nessa relação ética com outrem assume também ele um caráter público e social. Não apenas eclesial-comunitário, mas político, cosmopolita e porque não dizer um caráter (bio)teo-político na medida em que

---

20 LÉVINAS. *Entre nós*, p. 32-33.
21 LÉVINAS, Emmanuel. *De outro modo que ser ou para lá da essência*. Lisboa: Centro de Filosofia da Universidade de Lisboa, 2011, p. 161.
22 LÉVINAS. *Totalidade e Infinito*, p. 30.

Qual o valor da alteridade? 199

se trata de cuidar da vida (Espírito) de Deus que inabita nosso corpo destinado a ser um-para-o-outro.

Dito de outro modo, dizer-se como "hospitalidade"[23] ao Rosto significa ir a Deus pela mesma via antropológica da ética e da política porquanto no paradigma da alteridade, o outro é sempre alguém que evoca a vida social a ser cuidada, promovida e plasmada pelo ser humano. Nesse sentido, o encontro com outrem assegura a autenticidade do evento da revelação do Deus trinitário enquanto atesta seu estatuto comunitário e público uma vez que a passagem de Deus pelo rosto/terceiro evoca a concretude ou a encarnação da justiça, da solidariedade e do amor vividos e expressos no mundo e na vida da cidade (*Pólis*).

Conclusão

À guisa de conclusão nos é permitido dizer que no horizonte de uma Antropologia Teológica, cujo centro desloca-se da preocupação com o sujeito para o cuidado de outrem, as questões em torno da identidade e da liberdade em diálogo/ confronto com Deus tornam-se secundárias. Agora, o problema de como o outro constitui a unicidade da subjetividade como responsabilidade é que confere o sentido do discurso de Deus.

É evidente nessa perspectiva que, enquanto não houver um ser humano que se torne cuidador e responsável do outro, a palavra Deus não pode reverberar no mundo porque não haveria humanidade capaz de encarná-la ou conferir-lhe sentido. Só nesse viés antropológico inaugurado pela proximidade de outrem é que se pode perceber que o problema do mal, do sofrimento, da dolência e da morte provoca uma indagação

---

23 LÉVINAS. *Totalidade e Infinito*, p. 183.

200 Antropologia Teológica: pensar o humano na universidade

fundamental sobre quem é o ser humano que responde pelo outro. E somente na perspectiva de uma antropologia marcada pela ética há sentido perguntar pela "morte de Deus" ou a afirmação da necessidade de certo "ateísmo" para falar de Deus com sentido. Ora, Deus de fato estará morto onde o homem não tenha nascido (despertado) para o outro, isto é, onde se tenha vencido a indiferença ao rosto do outro homem.

Do mesmo modo, numa antropologia da relação com outrem há sentido referir-se à "glória" do nome de Deus, a "glória do infinito",[24] sem cair numa teologia apofântica, porque lá onde o Rosto esvazia a liberdade e a autonomia de sua injustiça, resta aí um tempo e um lugar para a responsabilidade de outrem pela qual Deus vem à ideia.[25] E onde, positivamente, a antropologia se erige como hospitalidade, compaixão, solidariedade pelo outro, Deus pode se significar na significância da responsabilidade. Nesse caso, a antropologia é uma espécie de "lugar sem lugar" da própria teologia do Deus passível por nosso padecimento e por nossa alegria graças ao Rosto de outrem que nos investe e nos escolhe para cuidar dele e cuidar do mundo destinado a ser "de" outrem e para outrem.

Referências

COMPÊNDIO DO VATICANO II. Petrópolis: Vozes, 2000.

GESCHÉ, Adolphe. A invenção cristã do corpo. In: GESCHÉ, Adolphe; SCOLAS, Paul. *O corpo, caminho de Deus*. São Paulo, Loyola, 2009.

---

24 LÉVINAS, *De outro modo que ser ou para lá da essência*, p. 159.
25 LÉVINAS, Emmanuel. *De Deus que vem à ideia*. Petrópolis: Vozes, 2002, p. 94.

GISEL, Pierre. Verdade e tradição histórica. In: LAURET, Bernard; REFOULÉ, François. *Iniciação à prática da teologia*. São Paulo: Loyola, 1992.

GROSSI, Vitorino; SESBOÜÉ, Bernard. Criação, salvação, glorificação. In: *O homem e sua Salvação: História dos dogmas (séc. V-XVII)*. Tomo 2. São Paulo: Loyola, 2003.

LADÁRIA, F. Luis. *O Deus vivo e verdadeiro*. São Paulo: Loyola, 2005.

_____. *Introdução à Antropologia teológica*. São Paulo: Loyola, 2007.

LÉVINAS, Emmanuel. *Totalidade e Infinito*. Lisboa: Edições 70, 1988.

_____. *Entre nós: Ensaios sobre a alteridade*. Petrópolis: Vozes, 1997.

_____. *De Deus que vem à ideia*. Petrópolis: Vozes, 2002

_____. *Humanismo do outro homem*. Petrópolis: Vozes, 2009.

_____. *De outro modo que ser ou para lá da essência*. Lisboa: Centro de Filosofia da Universidade de Lisboa, 2011.

PAPISCA, Alan. As necessidades do mundo e os sinais dos tempos. In: KEENAN, James (Org.). *Ética Teológica Católica no contexto mundial*. Aparecida: Santuário, 2010.

RAHNER, Karl. *Curso fundamental da fé: Introdução ao conceito de cristianismo*. São Paulo: Paulus Editora, 1997.

RIBEIRO, Nilo. O rosto do outro: passagem de Deus. Ética e transcendência no contexto da teo-lógica contemporânea. In: SOTER (Org.). *Deus e Vida. Desafios, alternativas e o futuro da América Latina e do Caribe*. São Paulo: Paulinas, 2008, p. 415-447.

_____. A Teologia Moral diante da dor do outro. In: PESSINI, Leo; ZACHARIAS, Ronaldo (Orgs.). *Ser e Fazer. Teologia Moral: do pluralismo à pluralidade, da indiferença à compaixão*. Aparecida: Santuário, 2012.

SESBOÜÉ, Bernard. A comunicação da palavra de Deus: Dei Verbum. In: SESBOÜÉ Bernard; THEOBALD, Christoph, *A Palavra da Salvação: História dos Dogmas (séculos XVIII – XX)*, Tomo 4. São Paulo: Loyola, 2006.

THEVENOT, Xavier. *Contar com Deus: Estudos de Teologia Moral*. São Paulo: Loyola, 2008.

14

O perdão reconstrói as relações humanas?

Domingos Zamagna[1]

Introdução

É na condição humana que sofremos a discórdia, e é nesta mesma condição que somos capazes de experimentar a reconciliação. Nesse sentido, um Deus que se fez verdadeiramente homem (Jo 1, 1-18), poderia nos ensinar (testemunhar) algo sobre o perdão? Não é este mesmo Deus a imagem da *perfeição humana* (Ef 4, 9-16)? A experiência religiosa pode dizer algo às tragédias e violências que provocam discórdias? O perdão é o valor religioso que mais responde às reconstruções das relações humanas?

O cotidiano da vida nos impele a fazer perguntas e buscar respostas. O texto a seguir quer nos colocar diante de fatos da vida nos quais o desespero ou a dramaticidade são espaços onde Deus "desabrocha" e se manifesta como vida. Portanto, as próximas páginas tentarão responder à pergunta que intitula

---

1 Domingos Zamagna é mestre em Ciências Bíblicas (Pontifício Instituto Bíblico - Roma) e professor de Teologia do Centro Universitário Salesiano de São Paulo (UNISAL - *Campus* Pio XI).

204 Antropologia Teológica: pensar o humano na universidade

este capítulo não por meio de teorias, porque o cristianismo não é teoria. É acontecimento. É o Amor que entra na história para fazer a sua história: história de salvação, de reconciliação.

1 O perdão sem retórica

Há muitos anos, época da ditadura militar no Brasil, um jovem foi preso em São Paulo e, dias depois, encontrado morto em Recife, com sinais de tortura. Os pais do jovem residentes em Belo Horizonte eram católicos, pessoas que faziam parte do meu círculo de relacionamento. Eu estudava no exterior e lhes escrevi, com os cuidados que a situação requeria, pensando que minhas pobres palavras lhes pudessem servir de conforto espiritual. A resposta de Yedda e Edgard Godoy da Mata Machado chegou-me como a de um arauto evangelizador. Relataram a dor imensa que sentiam, que apenas Deus sabia com que força a estavam superando e concluíram citando o também sofrido Léon Bloy: "Tudo o que acontece é adorável".[2]

Que paixão extraordinária é esta que faz um casal católico ver – até no assassinato do próprio filho – uma ocasião de adoração a Deus? De que misteriosa fonte puderam buscar tamanha energia? A Teologia nos ensina que esse dinamismo se chama "graça".[3] É como se fosse o sangue de Deus injetado nas veias humanas, oxigenando nossas vidas com um vigor que nos faz – mais que tudo – querer Deus, viver da própria vida de Deus.

Um prisioneiro recebe, na penitenciária, a visita de um pai de família cujo filho mais velho fora por ele assassinado. O motivo da morte foi torpe. Por todas as razões, por todas as lógicas

---

2 Escritor francês de novelas e ensaios. Suas obras refletem um aprofundamento da devoção à Igreja Católica.
3 AGOSTINHO. A graça. São Paulo: Paulus, 1999.

O perdão reconstrói as relações humanas? 205

do mundo, a inimizade entre os dois deveria ser perene. Ninguém poderia esperar que esse pai quisesse, até mesmo por um átimo, ver o rosto do criminoso. A sua simples presença no cárcere era criticada até por alguns da sua família e por amigos. Se houvesse uma cena de vingança era possível que vários a entendessem como aceitável. E, no entanto, a cena era de arrependimento e de perdão! Sem fotos, sem colunismo social, sem exibicionismo.

O encontro foi preparado durante dois anos pela Pastoral Carcerária[4] da Igreja Católica. Houve a paciente atuação de dois sacerdotes, com a colaboração de uma experiente psicóloga. E deve ter havido, além de muitas entrevistas, muita oração. Os caminhos foram aplainados; a cólera, aplacada. Do terreno do coração, ao lado da justiça, germinou a semente do amor. Num local onde certamente existia centenas de apenados arrependidos do mal que cometeram, mas cuja esperança de vida nova ainda não se convertera em gestos concretos, duas pessoas se encontraram e começaram a reconstituir um tecido dilacerado. Ficaram as cicatrizes, mas continuou o fluxo da vida. Por ali passou o sopro do "amante da vida" (Sb 11, 26).

Convivi vários anos com Frei Tito de Alencar Lima, OP, jovem religioso preso em 1968, barbaramente torturado pelas forças da repressão da ditadura militar brasileira. Banido do Brasil em 1971, viveu alguns meses no Chile e alguns anos na França, onde veio a falecer tragicamente em 10.08.1974, vítima das sequelas da tortura. Acompanhei-o, como amigo e tradutor, durante sua passagem por Roma, a três entrevistas: a D. Joseph Gremillon, secretário da Pontifícia Comissão Justiça e Paz, da Santa Sé; a D. Mario Pio Gaspari, substituto da Secretaria de Estado do Vaticano, e

---

4 CONFERÊNCIA NACIONAL DOS BISPOS DO BRASIL. *Pastoral Carcerária.* São Paulo: Paulinas, 1974.

206 Antropologia Teológica: pensar o humano na universidade

ao Cardeal Joseph Marie Villot, Secretário de Estado do Papa Paulo VI. Os três colaboradores do Papa, bons conhecedores das agruras da Igreja no Brasil durante a ditadura, estavam preocupados com a situação pessoal, física e espiritual de Fr. Tito. Com delicadeza, advertiram-no para que recomeçasse sua vida sem se deixar contaminar pelo sentimento de ódio. Sendo religiosos, os diálogos tiveram uma conotação de espiritualidade bíblica, praticamente resumida pela palavra de Paulo: "É preciso vencer o mal com o bem" (Rom 12, 2). Quem conhece a radicalidade evangélica sabe até onde deve chegar o amor cristão:[5] até aos inimigos (Mt 5, 21-26; sobretudo 5, 43: "Amai os vossos inimigos, e rezai por aqueles que vos perseguem"). Evidentemente não se poderia imaginar que a Santa Sé não recordasse a Fr. Tito senão o que ensinava o próprio Jesus Cristo: o amor sem limites. É nessa hora que se vê se o cristianismo é uma realidade ou uma fantasia!

Um último exemplo. Com certeza muitos ainda se recordarão que, em 1983 e em 2000, o Papa João Paulo II visitou no cárcere o jovem turco Mehmet Ali Agca, que em 13.05.1981 lhe desferiu três tiros na Praça de São Pedro, tiros que não mataram o Pontífice, mas deixaram-lhe a saúde frágil para o resto da vida. Tais visitas são gestos que valem por mil palavras! Aliás, logo após o atentado o Papa falou: "Eu já o perdoei, já me esqueci". Meses antes, João Paulo II publicara a primeira encíclica de seu pontificado: "*Dives in misericordia*" (*Deus, rico em misericórdia*).[6] E isso não é indiferente!

---

5 Para o aprofundamento dos principais aspectos do amor cristão, ver: KIERKEGAARD, S. Aabye. *As obras do amor: algumas considerações cristas em formas de discursos.* 4ª ed. Petrópolis: Vozes, 2005.
6 JOÃO PAULO II, Papa. *Carta Encíclica* Dives in Misericordia. *Sobre a misericórdia divina.* São Paulo: Paulinas, 1980.

Não devemos exigir heroísmo de ninguém. Mas não devemos ignorar que a força do Evangelho, do amor de Deus e da pessoa Jesus Cristo são capazes de operar transformações radicais. Até os Apóstolos ficaram atônitos quando Jesus lhes fez perceber que é possível uma justiça que ultrapassa a dos fariseus e publicanos. Houve quem subscreveu, de bom grado, essa impressionante sentença de Jesus: "Haverá mais alegria no céu por um só pecador que se arrepende, do que por noventa e nove justos que não precisam de arrependimento" (Lc 15, 7).

Gestos como os descritos acima, atos de serena grandeza, merecem reflexão, introduzem-nos no horizonte luminoso do perdão, da misericórdia.

2 Jesus e o perdão

A sociedade humana na qual viveu Jesus era caracterizada por praticar uma forte exclusão. Caíam sob a espada da exclusão todos os que ignorassem ou negligenciassem a lei: enfermos, publicanos, prostitutas, ignorantes etc. Não obstante, Jesus convivia com pecadores, tomava refeição com eles, como se lê em Mc 2, 15-17. Certamente essa atitude de Jesus punha em discussão as regras pelas quais se classificavam os que se consideravam justos e os que eram considerados pecadores.

Qual a origem dessa estrutura de exclusão? Era a organização da vida baseada na distinção entre pureza e impureza. Ora, o que era considerado impuro devia ser banido da vida social e religiosa, pois a impureza era vista como uma ameaça, tanto física (como no caso dos leprosos) quanto moral, espiritual (como no caso dos pecadores). Os excluídos não podiam frequentar a sinagoga e, muito menos, o templo.

208   Antropologia Teológica: pensar o humano na universidade

Impressiona, portanto, ao leitor do Evangelho, que Jesus se envolva com esses gangrenados sociais, os quais, por causa de uma concepção de impureza e de pecado, eram votados à exclusão. Aproximar-se deles não era visto como ato virtuoso; pelo contrário, era prova de perversão.

Jesus não só se aproximou, mas também conviveu com os excluídos. Manifestou uma predileção por quem estava longe da comunidade. Em vez de legitimar ou reforçar a exclusão, ofereceu o perdão aos que viviam à margem dos caixilhos da santidade legal.

A conhecida filósofa Hannah Arendt (1906-1975), escrevendo sobre a condição do homem moderno, chegou a afirmar que foi Jesus quem abriu o entendimento para o papel do perdão no domínio das relações humanas.[7] Em que sentido?

Por sua arguta inteligência e qualificada observação dos trágicos acontecimentos do século XX, especialmente a *Shoah*, é notável o testemunho de Arendt. Ela quis demonstrar que a ação humana, às vezes ambígua, às vezes francamente irracional e violenta, produz resultados extremamente nocivos às pessoas e às comunidades. O perdão pode ser o corretivo necessário dos inevitáveis prejuízos resultantes de tal ação. E não devemos nos ater unicamente aos grandes crimes, mas também aos fatos menores, à minudência da história que também pode envenenar o relacionamento pessoal e social. O fato é que as feridas provocadas pela ação (até mesmo involuntária) dos seres humanos interrompe o relacionamento harmonioso que deve presidir as trocas interpessoais e sociais.

---

7   ARENDT, Hannah. *A condição humana*. Rio de Janeiro: Forense Universitária, 2010.

O perdão reconstrói as relações humanas? 209

Perdoar, nesses casos, é restabelecer a relação entre dois seres, rompida por causa de uma ofensa. O que nos leva a perguntar: quem perdoa, quem pode perdoar?

O perdão tem um lastro, um estofo, um elemento fundador. O Novo Testamento nos ensina que o fundamento de tudo é o perdão de Deus (Mt 6, 12; 18, 21-35; Lc 17, 3s; Mc 11, 25). Ensina ainda que o perdão que vem de Deus deve tornar-se uma dimensão da existência dos filhos de Deus. Como? Através da pessoa e da missão de Jesus Cristo.

Jesus é o ápice do relacionamento entre Deus e o ser humano. Conhecemos a história desse relacionamento: sempre sólido, da parte de Deus; frágil, da parte humana. Mas chega o momento (*kairós*) em que o perdão de Deus alcança o ponto culminante: o perdão de Deus atinge a existência humana no destino de um homem, Jesus de Nazaré. A realidade "perdoante" de Deus se encarna na palavra profética, na prática libertadora e na morte por inexcedível amor de Jesus.

O relacionamento sempre frágil do ser humano poderia levá-lo à vicissitude da irreversibilidade de suas ações, *à incapacidade de se desfazer o que se fez,* segundo Arendt. A libertação das consequências do que fizemos, e a chance de superarmos este destino irremediável, vem-nos do perdão.

O que poderia ser só de Jesus, seu galardão intransferível, ele o comunica ao ser humano e ordena que seja vivido comunitariamente, eclesialmente. A Igreja é a comunidade dos que foram perdoados[8] e dos que perdoam em nome de Jesus. Até sete vezes? Até

---

8 O Concílio Vaticano II nos recorda essa verdade quando afirma: "*a Igreja, contendo pecadores no seu próprio seio, simultaneamente santa e sempre necessitada de purificação, exercita continuamente a penitência e a renovação.*" Lumen Gentium. Constituição Dogmática sobre a Igreja, n° 08. In: DOCUMENTOS DO CONCÍLIO ECUMÊNICO VATICANO II (1962-1965). 2. ed. São Paulo: Paulus, 2002.

210 Antropologia Teológica: pensar o humano na universidade

setenta vezes sete! Não há limites para o perdão (Mt 18, 21-22). O perdão de Deus é contagiante, transformador (Mt 6, 12). Por isso, ai do mundo se a Igreja perdesse a sua força de perdão, sua capacidade de testemunhar o amor misericordioso de Deus (Mt 18, 18).

Poderia haver maior alegria do que reconhecer-se retornado ao coração de Deus e do próximo? Jesus responde a esta pergunta com a parábola do pai que se deixa comover, o pai-mãe misericordioso, que abraça o filho e o restaura na comunhão familiar (Lc 15, 11-32). Perdoar, portanto, é um sinal identificador, não do rótulo, mas do verdadeiro espírito cristão.

3 Realismo e pedagogia diante das sequelas da ofensa

Dependendo do nosso grau de resistência ou fragilidade, é certo que dure algum tempo o rancor direcionado ao ofensor. Em vez de sopitar tal sentimento, exprimi-lo, verbalizá-lo com a ajuda de quem nos queira bem, pode ser o primeiro passo para a realização de outras etapas. Não se pode requerer de um ofendido nem a indiferença nem o esquecimento.

Evitar a perspectiva mágica: para perdoar não é suficiente pronunciar certas palavras. Mesmo que seja a nossa intenção, o perdão pode não ser um ato totalmente acabado. Ele precisa ser permanentemente assumido, aperfeiçoado. Podemos ser tentados a retroceder. Há culturas que sacralizam a vingança, achando que ela restaura a honra perdida. Isso não passa de um abuso de poder e conduz à perda da credibilidade.

Perdão e esquecimento são atos diferentes: o primeiro é voluntário; o segundo, involuntário. A proibição da memória pode favorecer a insurgência dos fatos. Mesmo porque um episódio totalmente esquecido nem precisaria de perdão, razão pela qual o esquecimento não é absolutamente indispensável para o perdão. Na saída de um museu de crimes da segunda guerra mundial, lê-se numa parede: "Perdoe, mas não esqueça". Recordar pode ser uma forma de resistir.

O sentimento de vingança é um equívoco. O espírito de vingança torna o ser humano fragilizado. É uma ilusão achar que a vingança alivia, abranda o sofrimento. A mera punição não torna os culpados infelizes e felizes os aplicadores de penalidades. A vingança ou as penalidades cruéis podem coenvolver personagens inocentes, tais como crianças, parentes, parceiros, amigos. O acerto de contas, além de não assegurar a justiça, dá prosseguimento ao envenenamento das relações, destrói o sentido da justa medida, acarretando mais injustiça.

O perdão é sempre uma força. O perdão jamais pode ser visto como uma fraqueza. Perdoar é sempre um gesto de nobreza. Somente quem é forte é capaz de perdoar. O perdão é índice de liberdade interior e somente ele interrompe o círculo vicioso do *estímulo-resposta* próprio das reações emocionalmente primitivas.

Conclusão

Normalmente o ser humano é concebido como uma teia de relacionamentos: relações com a natureza, consigo mesmo, com seus irmãos e com Deus. Na história concreta de cada ser e de cada comunidade são feitas opções e tomadas decisões, algumas boas, que conduzem ao amadurecimento; outras más, que conduzem a menos dignidade humana, e até a opor-se à humanidade e fraternidade. É quando se rompem as relações de solidariedade e instaura-se o conflito, a ofensa, o pecado pessoal e

212 Antropologia Teológica: pensar o humano na universidade

social. É neste momento que o *ser humano esvaziado* pelo mal, muitas vezes tão banalizado, pode encontrar o caminho da restauração, da solidariedade, pedindo e obtendo o perdão. O perdão é a chance que temos de restaurar os relacionamentos desfeitos e, quem sabe, até solidificar mais ainda o compromisso com a vida, a vida com seu semelhante e com a fonte da vida, o "amante da vida" (Sb 11,26), que é Deus encarnado em Jesus, revelador do Pai que perdoa, a ponto de dar a vida para perdoar os pecadores.

Referências

AGOSTINHO. *A graça*. São Paulo: Paulus, 1999.

ARENDT, Hannah. *A condição humana*. Rio de Janeiro: Forense Universitária, 2010.

GUILLET, J; MARTY, F. Pardon. In: *Dictionnaire de Spiritualité XII/I*. Paris: Beauchesne, 1984.

JOÃO PAULO II, Papa. *Carta Encíclica* Dives in Misericórdia. *Sobre a misericórdia divina*. São Paulo: Paulinas, 1980.

KIERKEGAARD, S. Aabye. *As obras do amor: algumas considerações cristãs em formas de discursos*. 4ª ed. Petrópolis: Vozes, 2005.

MCKENZIE, John. Perdão dos pecados. In: *Dicionário Bíblico*. São Paulo: Paulus, 1983.

RADCLIFFE, Thimothy. *Le pardon, la force des chrétiens* (Homilia no VII Domingo de Páscoa. Disponível em: <www.lejourduseigneur/com/recherche>. Acesso em: 02 fev. 2016.

VORLAENDER, H. Perdão. In: COENEN, Lothar; BROWN, Colin (Org.). *Dicionário Internacional de Teologia do Novo Testamento (II)*. São Paulo: Vida Nova, 2000.

15

O amor como projeto de vida?

Ronaldo Zacharias[1]

Introdução

De todos os direitos reivindicados, há um do qual ninguém abre mão: o direito de ser feliz. E, justamente pelo fato de a felicidade estar intimamente associada à experiência que temos do amor, é que se torna impossível ser feliz sem amar e se sentir amado. Amamos a partir da nossa condição sexuada, como homens ou mulheres que, quanto à própria orientação afetivo-sexual, sentem-se atraídos pelo outro ou pelo mesmo sexo. Felicidade, amor e sexualidade são realidades intrinsecamente unidas. O significado de uma está em profunda relação com a outra. Se, por um lado, podemos dissociá-las, por outro temos de reconhecer que, ao fazer isso, comprometemos a realização do humano. Na prática, isso significa: ninguém pode ser feliz sozinho; realizamo-nos como pessoas na abertura ao

---

1 Ronaldo Zacharias é doutor em Teologia Moral (Weston Jesuit School of Theology – Cambridge/USA), coordenador do curso de Pós-Graduação em Educação em Sexualidade do Centro Unrsitário Salesiano de São Paulo (UNISAL - *Campus* Pio XI), Reitor do UNISAL e secretário da Sociedade Brasileira de Teologia Moral (SBTM).

214 Antropologia Teológica: pensar o humano na universidade

outro; é impossível realizar-se como humano abstraindo da própria condição sexuada; a sexualidade é um componente fundamental da nossa personalidade, constitutiva da nossa humanidade;[2] o amor é a única realidade que humaniza a sexualidade;[3] para amar, é preciso uma firme decisão da vontade de afirmar-se a si mesmo e ao outro.

A reflexão que segue pretende evidenciar a importância da dimensão ética da sexualidade e da integração da sexualidade no próprio projeto de vida cristã. Faremos isso em quatro momentos: começaremos mostrando que, por mais que todos desejem ser felizes na vivência do amor e da sexualidade, nem sempre conseguem e isso levanta uma série de interrogativas éticas; num segundo momento, caracterizaremos a ética cristã, destacando o chamado ao amor como parte da sua essência; num terceiro momento, abordaremos o significado cristão da sexualidade e do prazer sexual e, por fim, indicaremos quais os requisitos mínimos para a efetiva integração da sexualidade no próprio projeto de vida e para assumir o amor como significado último desse projeto.

1 A urgência da integração entre ética e sexualidade

O acesso à mídia escrita, televisiva e virtual é suficiente para confirmar a urgência de ressignificar a sexualidade, o amor e a felicidade. Se por um lado vivemos numa época privilegiada no que se refere ao acesso irrestrito à informação, por outro não temos a devida formação de base para lidar com todos os dados.

---

2 CONGREGAÇÃO PARA A EDUCAÇÃO CATÓLICA. *Orientações educativas sobre o amor humano: Linhas gerais para uma educação sexual* (1°.11.1983). São Paulo: Salesiana Dom Bosco, 1984, n° 4 (daqui em diante = OEAH); CONGREGAÇÃO PARA A DOUTRINA DA FÉ. *Persona Humana: Declaração sobre alguns pontos de ética sexual* (29.12.1975), n° 1. São Paulo: Paulinas, 1976 (A Voz do Papa 86).
3 OEAH 6.

A consequência é que temos alguma noção sobre muitas coisas e sabemos, de fato, poucas. Mais ainda, reivindicamos o direito de expressão para pontificarmos sobre o que não entendemos, não estudamos e não sabemos. Se isso não fosse suficiente, apelamos para o fato de que a nossa consciência, mesmo malformada, torne-se critério exclusivo de juízo ético-moral. Tudo acaba sendo relegado à discricionariedade pessoal, o que é um grande perigo para a humanidade.

Eis alguns fenômenos do nosso tempo que indicam urgência educativa, necessidade de formação ética, conversão pessoal e social: em nenhum período histórico dispusemos de tantos estudos sobre o amor e a sexualidade e, ainda assim, reduzimos o amor a um mero sentimento romântico e a sexualidade à genitalidade; as ciências comprovam que a complexidade da sexualidade requer um estudo interdisciplinar, mas facilmente ela é reduzida a apenas uma das suas dimensões quando não interessa considerá-la na sua totalidade; o amor é a razão pela qual as pessoas fazem opções definitivas de vida, mas nem sempre ele é considerado na sua multiplicidade de significados; por amor, as pessoas se doam umas às outras e, "por amor", matam umas às outras; a felicidade é o anseio mais profundo de todas as pessoas, mas pode carecer de conteúdo e significado; ser feliz torna-se o critério exclusivo de decisão, mesmo que os direitos e os sentimentos dos outros sejam desconsiderados; o prazer sexual, que deveria ser o coroamento de toda relação, acaba sendo o ponto de partida de muitas delas; as pessoas, que deveriam ser o fim de toda e qualquer ação, acabam convertidas em meios para a obtenção do prazer; embora os meios de prevenção sejam acessíveis a todos, cresce o número de adolescentes, jovens, adultos e idosos infectados

216   Antropologia Teológica: pensar o humano na universidade

pelo HIV; a fidelidade na relação cede espaço à lealdade, como se ambas não fossem complementares; mesmo havendo maior consciência sobre os direitos humanos, o tráfico de pessoas para fins de exploração sexual continua sendo uma das maiores fontes de renda no mundo; embora as sociedades se oponham a práticas machistas, mulheres e crianças continuam tendo a própria autonomia negada e sendo punidas de forma abusiva nos mais variados contextos; embora a relação sexual seja chamada a expressar a intimidade entre as pessoas, o sexo ainda é usado como meio de punição, humilhação e terrorismo; por mais que tenhamos crescido na compreensão do significado da orientação sexual, pessoas continuam sendo assassinadas por causa da própria atração involuntária que sentem e/ou as caracterizam; se ontem assistimos às conquistas positivas advindas da reflexão feminista, hoje assistimos a retrocessos provocados por ideologias religiosas inconsequentes e por ideologias capitalistas que mercantilizam e despolitizam as demandas sociais; ao mesmo tempo em que se idealiza a família formada a partir do matrimônio heterossexual, pululam novas configurações e novos arranjos familiares sem parentesco e sem matrimônio; enquanto o amor monogâmico é socialmente reconhecido como a expressão mais autêntica do amor, os casais e as famílias poliamorosas começam a reivindicar reconhecimento jurídico; se a concepção de uma nova vida era resultado de uma relação sexual entre pessoas que se amavam e, por isso, constituíam família, hoje ela pode ser resultado de técnicas artificiais, de produção independente por parte tanto de hétero quanto de homossexuais; enquanto muitos pais se preocupam com a prevenção dos próprios filhos, cresce o número de jovens adeptos do sexo sem camisinha, até mesmo dispostos a contrair o HIV para

O amor como projeto de vida? 217

diminuir a ansiedade da proteção em cada relação sexual; se num passado não muito distante a ressignificação e readequação sexual eram casos isolados, hoje são passíveis de proteção legal e reivindicadas como condição para a felicidade; por mais que tenhamos crescido na formação sobre os direitos das crianças e dos adolescentes, ainda persiste o abuso sexual infantil como prática intrafamiliar; mesmo reconhecendo que o corpo expressa a pessoa, ele ainda é objeto comercializado, prostituído, abusado, desrespeitado; nos contextos heteronormativos e até mesmo heterossexistas custa reconhecer que o respeito à diversidade impõe-se como condição para a construção de uma sociedade justa e solidária; se questões de gênero impõem-se como fundamentais para a edificação de uma nova sociedade, gênero passou a ser palavra demonizada em vários contextos a ponto de não poder ser pronunciada; embora a prática sexual seja acessível a qualquer um em qualquer lugar, cresce assustadoramente o número de estupros individuais e coletivos; ao mesmo tempo em que as redes sociais proporcionam novas e enriquecedoras experiências, elas também se converteram em instrumento para a exibição punitiva e vingativa do sexo, do corpo, da pessoa; se até ontem a gravidez deveria ser, preferencialmente, resultado do amor entre os cônjuges, hoje ela pode até ser planejada para fins econômicos, terapêuticos e eugênicos; se em muitos contextos cristãos o prazer sexual foi sempre visto como porta para a perdição, hoje há produções teológicas resgatando o significado positivo do prazer, até mesmo para a experiência de Deus; se por muito tempo o celibato sacerdotal e o voto de castidade eram uma questão de "querer", hoje se compreende que são questões intimamente vinculadas ao "poder" viver sem sexo, questões que vão além da mera boa intenção ou boa vontade de quem opta por esses estados de vida; se até ontem ninguém imaginava haver instituições religiosas envolvidas em escândalos sexuais, hoje assistimos não apenas à denúncia de tais escândalos, mas, inclusive, ao comprometimento moral e ao abalo financeiro que prejudicam a missão religiosa de tais instituições.

Enfim, embora não exaustivo, o elenco desses fenômenos, por si mesmo, reclama uma dimensão ética da sexualidade. Se, por ética, podemos entender o convite à autonomia responsável, o chamado à autorrealização como pessoa, o processo de humanização do sujeito, não podemos não reconhecer que ela tem tudo que ver com a sexualidade. A vivência da sexualidade pode humanizar ou desumanizar a pessoa, pode ser mais ou menos respeitosa com seus direitos fundamentais. As relações interpessoais, mesmo as que envolvem a intimidade sexual, podem ter maior ou menor qualidade, realizar ou machucar os envolvidos, ser expressão de fidelidade, reciprocidade, dom de si ou de infidelidade, poder, violência. Em outras palavras, justamente porque podemos dar à sexualidade o sentido que quisermos, é importante que nos deixemos interrogar pelos apelos éticos inerentes a cada relação que deve considerar o outro como fim e não como meio, à postura mais humana e humanizadora diante do outro, às exigências que derivam da verdade, da honestidade, da fidelidade consigo e com o outro, ao respeito incondicional do respeito de si mesmo e do outro em qualquer situação, à autêntica experiência do amor enquanto afirmação de si e do outro. Se, no contexto em que vivemos, tudo parece ser possível na busca da felicidade, na vivência do amor e da sexualidade, a ética chama a atenção para o fato de que nem tudo é conveniente. O discernimento entre o que pode ser feito e o que deve ser feito, entre o que convém e o que não convém

O amor como projeto de vida?

219

passa pela resposta à mais profunda das questões éticas: o que humaniza e o que desumaniza a pessoa. E, para esse discernimento, a ética, como ciência dos valores que promovem a humanização do sujeito, tem muito a dizer.[4] Concordo plenamente com Genovesi quando afirma que: "é o incentivo de nossa humanidade verdadeira ou autêntica que serve de ponto de referência ou critério na tentativa de determinar o que é certo ou errado do ponto de vista da moralidade", pois (...) "o esforço para ser moral é simplesmente a tentativa de ser fiel a nossa natureza autêntica como seres humanos, enquanto a decisão de viver de modo imoral equivale a uma traição de nossa natureza humana autêntica e a uma rejeição das pessoas verdadeiras que somos chamados a ser".[5] Seríamos ingênuos, inconsequentes e até mesmo irresponsáveis se pensássemos o contrário!

2 A ética cristã e o chamado ao amor

À primeira vista pode parecer contraditório ter acabado de afirmar que a ética nos orienta à realização da nossa própria natureza humana e reconhecer, agora, que tal afirmação é desprovida de conteúdo. Pois é isso mesmo: tal afirmação não nos diz, praticamente, qual o sentido mais profundo da humanidade e qual é a vocação à qual somos chamados; ela não nos diz o que fazer para nos tornamos mais humanos, para crescermos como gente, para nos realizarmos como pessoas. Longe de serem contraditórias, as afirmações acima nos abrem as portas

---

4 Para aprofundar o sentido da ética como processo de humanização: ZACHARIAS, Ronaldo. Direitos Humanos: Para além da mera retórica ingênua e estéril. In: TRASFERETTI, José Antonio; MILLEN, Maria Inês de Castro; ZACHARIAS, Ronaldo. *Introdução à Ética Teológica*. São Paulo: Paulus, 2015, p. 130-136.
5 GENOVESI, Vincent J. *Em busca do amor: moralidade católica e sexualidade humana*. São Paulo: Loyola, 2008, p. 21.

220 Antropologia Teológica: pensar o humano na universidade

para abordarmos o sentido da ética cristã e propô-lo como o conteúdo que parece faltar para compreendermos o que significa buscarmos a realização da nossa própria natureza.

Para compreendermos o sentido da ética cristã, precisamos voltar nosso olhar para a pessoa de Jesus Cristo. Ele é a novidade do Pai, Ele é proposto como caminho, verdade e vida (Jo 14, 6), Ele é a plenitude do humano, Ele nos revela que só compreendemos quem somos quando nos abrimos aos desígnios do Pai a nosso respeito, Ele nos ensina que veio para servir e não ser servido (Mc 10, 45), Ele nos garante a vida em abundância (Jo 10,10), Ele foi verdadeiro Deus e verdadeiro homem (Gl 4, 4). Pelo fato de Jesus ter sido verdadeiramente Deus, Ele pôde compreender profundamente a nossa humanidade. E o fato de ter sido verdadeiramente homem, permitiu a Ele compreender as dificuldades para sermos plenamente humanos. Nisso reside a validade de termos Jesus como modelo: mesmo sendo difícil, podemos viver o que Ele nos ensinou.

Se considerarmos, portanto, a vida de Jesus, descobriremos que a sua presença entre nós foi expressão de amor, do seu amor e do amor do Pai por nós. O amor do Pai por nós chegou a entregar o próprio Filho para nossa redenção e a confirmar, assim, a existência do seu Filho para os outros. O amor de Jesus por nós se revelou, na acolhida obediente da vontade amorosa do Pai, como serviço, entrega e doação de si mesmo. Confirma-se, assim, a sua completa existência para os outros como expressão máxima de amor e do Amor. Contemplando a vida de Jesus, descobrimos para que somos chamados e, portanto, o que devemos ser e como devemos viver para realizar plenamente esse chamado. Portanto "não somos nós que determinamos o que é ou significa ser verdadeiramente humano.

O amor como projeto de vida? 221

Mais exatamente, Deus determina, e é Deus quem estabelece nosso destino, inscrevendo em nossos corações a única lei que revela o verdadeiro significado e propósito da humanidade e nos atrai para a satisfação de nossa natureza. Essa lei é a lei do amor, a lei mais fundamental de nossa natureza humana".[6] Fica evidente, nesse sentido, que recusar-se a amar significa, antes de tudo, negar um apelo da própria natureza e, somente depois, negar-se a realizar a vontade de Deus a nosso respeito. Fica evidente também que, por mais que nos afastemos do amor, ele continua sendo a razão de nossa existência, pois pelo Amor fomos criados e para o amor somos continuamente chamados. Esse é o sentido profundo de sermos vocacionados ao amor: "Ele [Deus] nos amou primeiro, e continua a ser o primeiro a amar-nos; por isso, também nós podemos responder com o amor. Deus não nos ordena um sentimento que não possamos suscitar em nós próprios. Ele nos ama, faz-nos ver e experimentar o seu amor, e dessa ´antecipação` de Deus pode, como resposta, despontar, também em nós, o amor".[7]

Vale aqui o que foi dito há pouco. Tais afirmações não nos dizem como amar, o que fazer para manifestar e expressar o amor. Por isso, mais uma vez, precisamos voltar nosso olhar para a vida concreta de Jesus de Nazaré e, à luz do que foi dito, procurar entender o significado das opções dele para a sua vida ter sido manifestação e expressão do seu amor e do amor do Pai. Nesse sentido, é muito importante considerar o debate entre

---

6 GENOVESI. *Em busca do amor*, p. 25. Para João Paulo II,"o amor é (..) a fundamental e originária vocação do ser humano". JOÃO PAULO II, Papa. *Exortação Apostólica Familiaris Consortio. Sobre a função da família cristã no mundo de hoje* (22.11.1981). 15ª ed. São Paulo: Paulinas, 2001, n° 11.
7 BENTO XVI, Papa. *Carta Encíclica Deus Caritas Est. Sobre e amor cristão* (25.12.2005). São Paulo: Paulinas, 2006, n° 17 (A Voz do Papa 189). Daqui em diante = DCE.

222 Antropologia Teológica: pensar o humano na universidade

Jesus e o fariseu, perito na Lei (Mt 22, 34-40). Ao aproximar-se de Jesus para pô-lo à prova com a pergunta sobre qual o maior dos mandamentos da Lei, a intenção do fariseu era maliciosa: se Jesus respondesse que, dos 613 mandamentos existentes, este ou aquele era mais importante, estaria indo contra o ensinamento religioso da época, para o qual todos os mandamentos tinham a mesma importância.[8] Ora, Jesus, sábio como era, responde de forma surpreendente: "O primeiro é: *Ouve, ó Israel, o Senhor nosso Deus é o único Senhor, e amarás o Senhor teu Deus de todo o coração, de toda a alma, de todo o entendimento, e com todas as tuas forças*. O segundo é: *Amarás o teu próximo como a ti mesmo*. Não existe outro mandamento maior do que estes" (Mc 12, 29-31). Jesus não cai na armadilha do seu interlocutor. Pelo contrário, mostra o laço indissolúvel entre o amor a si mesmo, a Deus e ao próximo. Para se salvar, não era mais necessária a prática dos 613 mandamentos, aliás, conhecidos apenas pelos letrados. Para se salvar, bastaria praticar o mandamento do amor. Dois são os significados do ensinamento de Jesus: um teológico e outro político. Teologicamente, o "amor de Deus e o amor ao próximo são inseparáveis, constituem um único mandamento. Mas ambos vivem do amor preveniente com que Deus nos amou primeiro. Desse modo, já não se trata de um ʻmandamentoʻ que do exterior nos impõe o impossível, mas de uma experiência do amor proporcionada do interior, um amor

---

8   De acordo com a tradição judaica, os 613 mandamentos constam na Torá e são chamados de "a lei de Moisés". São divididos em mandamentos positivos (248) e negativos (365). Há várias listas com os 613 mandamentos. Elas diferem pelo fato de como as passagens da Torá são interpretadas, ora lidando com diversos casos sob uma única lei, ora com diversas leis separadas. São várias as tradições e vários os rabinos aos quais se atribui a lista dos 613 mandamentos. Ver: TEMPLO ISRAELITA OHEL YAACOV. *Torá: A Lei de Moisés*. São Paulo: Séfer, 2001; MAIMÔNIDES, Moses. *Os 613 Mandamentos: tariag há-mitzvoth*. São Paulo: Nova Stella, 1990.

O amor como projeto de vida? 223

que, por sua natureza, deve ser ulteriormente comunicado aos outros. O amor cresce através do amor".[9] Politicamente, longe de uma resposta romântica ou espiritualista, a resposta de Jesus derruba uma das colunas que sustentavam a exploração do povo no Templo (como a maioria não sabia ler e, portanto, não tinha acesso aos 613 mandamentos, essa maioria só conseguiria a salvação oferecendo sacrifícios a Deus no Templo; se considerarmos que o material dos sacrifícios custava e, na época das grandes celebrações, os preços inflacionavam, fica claro que se tratava de um sistema exploratório). Jesus unifica a Lei e os Profetas num único mandamento e, ao fazer isso, abre o acesso à salvação a todos os que decidirem amar da forma proposta por ele. Isso é tão verdade que o amor, na perspectiva evangélica, será o critério definitivo para a vida eterna (Mt 25, 31-46).

A confirmação de que o amor para Jesus vai muito além de um mero sentimento romântico está no fato de que ele nos convida a "amar nossos inimigos" e isso independe dos nossos sentimentos.[10] Em outras palavras, se o amor é uma decisão da vontade – o que podemos inferir da proposta feita por Jesus – o conceito de próximo alcança proporção universal e, justamente por isso, ninguém pode ser excluso desse amor. Podemos ainda ir mais longe e considerarmos a parábola do bom samaritano (Lc 10, 25-37). O doutor da lei, que interroga Jesus sobre quem

---

9 DCE 18.

10 Considerar a belíssima reflexão proposta por Bento XVI sobre a unidade entre sentimento, vontade e intelecto na vivência do amor. DCE 17-18. Erich Fromm, um estudioso do amor humano, acredita que "amar alguém não é apenas um sentimento forte: é uma decisão, um julgamento, uma promessa. Se o amor apenas fosse um sentimento, não haveria base para a promessa de amar-se um ao outro para sempre. O sentimento vem e pode ir-se. Como posso julgar que ficará para sempre, se meu ato não envolve julgamento e decisão?" FROMM, Erich. A arte de amar. Belo Horizonte: Itatiaia, 1991, p. 72.

é o seu próximo, é conduzido pelo próprio Jesus a encontrar a resposta e a reconhecer que o seu próximo não é aquele que se coloca no seu caminho, mas aquele em cujo caminho ele decide colocar-se (ao decidir parar e socorrer o homem espancado pelos ladrões, o samaritano diferencia-se do sacerdote e do levita, pois ele toma a decisão de pôr-se no caminho daquele homem, que sequer lhe pediu ajuda). A parábola do bom samaritano revela-nos, ainda, que o amor não é uma questão de mérito. É expressão da decisão pessoal de fazer-se significativo na vida de alguém. A vida toda de Jesus, no constante contato com publicanos e pecadores, deixa isso muito claro: se fosse por merecimento, a maioria não seria amada por Ele. O seu amor antecipa-se, é gratuito, encontra a pessoa onde ela está, resgata o humano na situação na qual se encontra. O amor de Jesus e o jeito de amar de Jesus evidenciam que quanto mais o outro for necessitado e vulnerável, mais será objeto de amor. É a necessidade e a vulnerabilidade do outro que me faz decidir colocar-me no seu caminho e tornar-me significativo na sua vida.[11]

3 Significado cristão da sexualidade e do prazer sexual

Considerando o que foi dito, não é difícil reconhecer que "existe uma riqueza válida no amor que nos possibilita relacionarmo-nos amorosamente de muitas maneiras diferentes com

---

11 Tanto o amor de Deus quanto o amor de Jesus são um amor de eleição. Deus escolhe Israel entre todos os povos. Jesus, dentre todos, escolhe os pequenos e pecadores. Tanto o amor de um quanto do outro podem ser classificados como *eros*. No entanto, tanto Deus quanto Jesus amam gratuitamente, sem mérito algum dos seus amados. E essa é a dimensão do amor *ágape*. "O *eros* de Deus pelo ser humano (...) é, ao mesmo tempo, totalmente *ágape*". DCE 10. Vale a pena considerar, aqui, a reflexão de Bento XVI na íntegra: DCE 2-11.

O amor como projeto de vida? 225

muitas pessoas diferentes".[12] O amor pode ser maternal, paternal, conjugal, filial, romântico, platônico, erótico, de amizade, de doação desinteressada etc. Justamente por ter infinitas faces, é que precisamos identificar o que melhor corresponde à nossa vocação cristã. Se não nos voltarmos para a última ceia de Jesus com seus discípulos, a nossa compreensão cristã do amor resulta incompleta. (Jo 13-17).

Dois aspectos merecem ser postos em relevo. Primeiro: para os que se põem no seu seguimento, Jesus propõe, como medida do amor ao próximo, não mais o amor a si mesmo, mas o amor que, antes, recebemos de Deus: "Dou-vos um mandamento novo: que vos ameis uns aos outros. Como eu vos amei, amai-vos também uns aos outros" (Jo 13, 34). Segundo: a expressão mais concreta do amor é a atitude de serviço e a doação da própria vida. O lava-pés e a morte de Jesus na cruz conferem o conteúdo concreto ao amor cristão. Ama quem serve. Ama quem dá a vida. Portanto o amor cristão pressupõe autodescentramento, renúncia consciente à autorreferência e à autocontemplação. Ama quem sai de si mesmo, quem se volta para fora de si e, nesse movimento, decide tocar o outro com o amor com o qual foi tocado. "Todo amor origina-se da experiência na qual tomamos consciência de sermos atraídos para fora de nós mesmos, em direção aos outros de uma forma que diz claramente: quero viver e existir *para* você".[13] O amor cristão requer e, ao mesmo tempo, conduz à autotranscendência. No esforço de saída de si, o outro é encontrado não apenas para que o bem seja feito a ele. Na perspectiva cristã, o chamado de Deus em relação ao outro me precede e condiciona a minha forma de

12 GENOVESI. *Em busca do amor*, p. 29.
13 Ibid., p. 29.

226 Antropologia Teológica: pensar o humano na universidade

responder a seus apelos. Como afirma Bento XVI, "o 'mandamento' do amor só se torna possível porque não é mera exigência: o amor pode ser 'mandado' porque, antes, nos é dado".[14] O meu amor pelo outro está a serviço do que Deus pensa e quis para ele e, portanto, esquiva-se de toda conivência com práticas que fecham ou distanciam o outro de responder ao chamado de Deus. Se, por um lado, isso pode parecer pretensioso demais, por outro é simples: Deus quer que todos se realizem no amor, existindo para alguém, pondo-se a serviço de quem mais precisa, dando a vida se preciso for para que o outro seja respeitado em sua dignidade e liberdade e na afirmação dos seus direitos.

Não é à toa que Lewis nos recorda que quem ama se torna vulnerável: "Amar é sempre ser vulnerável. Ame qualquer coisa, e seu coração certamente vai doer e talvez partir (...) O único lugar além do Céu onde se pode estar perfeitamente a salvo de todos os riscos e perturbações do amor é o Inferno".[15] Portanto amar implica aceitar o sofrimento como intrínseco a ele. Ao mesmo tempo em que o amor exige disposição constante para morrermos para nosso egoísmo e comodismo, ele revela nossa mais profunda humanidade, isto é, o fato de sermos vulneráveis e, portanto, também nós, necessitados de amor. Mais ainda, o amor torna-nos vulneráveis, pois, ao demonstrarmos que amamos, tornamo-nos sujeitos a sermos mal interpretados, caluniados, acusados, justamente porque a interpretação dos nossos gestos de amor não depende de nós, mas de quem os recebe.[16]

---

14 DCE 14.
15 LEWIS, C. S. *Os quatro amores*. 2ª ed. São Paulo: WMF Martins Fontes, 2009, p. 169. Ver também: LEWIS, C. S. *A anatomia de uma dor: um luto em observação*. São Paulo: Vida, 2006.
16 ZACHARIAS, Ronaldo. Abuso sexual: aspectos ético-morais. In: *Revista de Catequese* 113 (2006): 13.

O amor como projeto de vida? 227

Se essa convicção nos pode levar a decidir não amar para não sofrer, ela pode ser, também, a oportunidade mais maravilhosa para nos tornarmos verdadeiramente livres, porque transformados pelo poder do amor que, se preciso for, abraça a cruz como seu trono.

O que tudo isso tem que ver com a sexualidade? Se a sexualidade expressa quem somos, na nossa mais profunda riqueza e vulnerabilidade, o amor cristão pode não somente humanizá-la, mas também torná-la o lugar da experiência da saída de si e da abertura ao outro, o lugar de relações de qualidade, o lugar da reciprocidade, o lugar de afirmação do outro na sua singularidade e diversidade, o lugar da partilha respeitosa da fraqueza humana, o lugar da experiência do amor na sua pluralidade de significados, o lugar da doação e do acolhimento, o lugar da vivência do paradoxo evangélico – o de que é morrendo que se vive (Jo 12, 24).[17]

É tudo isso em conjunto que permite uma renovada experiência do prazer, inclusive sexual. A experiência do prazer sexual é tão mais satisfatória e gozosa quanto mais partilhada com quem se ama. Porém nunca será plena, pois ele promete a felicidade, o que, na realidade, pode favorecer, mas não ser o único responsável por ela. Reconhecer que, por mais que o amor seja recíproco, ninguém pode preencher completamente e sempre a infinita capacidade de ser amada que uma outra pessoa tem, abre as portas à transcendência. Portanto o prazer sexual pode ser, sim, a porta de abertura para uma profunda experiência de Deus, quando as pessoas envolvidas compreendem

---

17 "Enquanto modalidade de se relacionar e se abrir aos outros, a sexualidade tem como fim intrínseco o amor, mais precisamente o amor como doação e acolhimento, como dar e receber". CONSELHO PONTIFÍCIO PARA A FAMÍLIA. *Sexualidade humana: verdade e significado. Orientações educativas em família* (08.12.1995). 3ª ed. São Paulo: Paulinas, 2002, nº 11 (daqui em diante = SHVS). Vale a pena considerar o que diz Marciano Vidal sobre a dimensão existencial da sexualidade: VIDAL, Marciano. *Ética da sexualidade*. São Paulo: Loyola, 2017, p. 107-116.

228 Antropologia Teológica: pensar o humano na universidade

que apenas a abertura ao totalmente Outro pode dar a elas a verdadeira felicidade. Nesse sentido, o prazer, prometendo o que não pode dar, abre as portas para uma realidade misteriosa que o transcende: a do desejo de comunhão plena, como poder ser a comunhão com Deus.[18]

Se somos vocacionados ao amor, o prazer, mesmo sexual, não pode ser reduzido a uma mera satisfação de necessidades. Ele é muito mais do que isso: "é a sensação de bem-estar, de integridade assegurada"[19] (...) "que tem origem no *amor*".[20] Quando amamos e/ou nos sentimos amados é que sentimos a sensação de prazer. Assim como a sexualidade, o prazer também abre a pessoa à relação e à doação de si. Por isso, como dizem Jesus e Oliveira, "ele é sempre *comunicação* e gerador de comunicabilidade".[21] Quando buscado em si mesmo, não apenas despersonaliza, mas desumaniza a pessoa, pois, em vez de contribuir para a satisfação e a felicidade, fecha a pessoa em si mesma ou torna-a indiferente e insensível à outra; quando isso acontece, o respeito à dignidade, à liberdade e aos direitos fundamentais do outro tornam-se secundários ou até mesmo inexistentes.[22] Ser vocacionado amor significa viver a vida com prazer, encontrar realização e satisfação naquilo que se faz. É evidente que essa experiência depende da fase na qual se encontra a pessoa, do seu grau de maturidade afetivo-sexual, da

---

18 VALSECCHI, Ambrogio. *Nuove vie dell'etica sessuale: Discorso ai cristiani*. 4ª ed. Brescia: Queriniana, 1989, p. 74-87 (Giornale di Teologia 62).

19 JESUS, Ana Márcia Guilhermina de; OLIVEIRA, José Lisboa Moreira de. *Teologia do prazer*. São Paulo: Paulus, 2014, p. 28.

20 Ibid., p. 30.

21 Ibid., p. 33.

22 O mesmo vale em relação aos desejos sexuais. Ver: ZACHARIAS, Ronaldo. Educação sexual: entre o direito à intimidade e o dever da abstinência. In: PESSINI, Leo; ZACHARIAS, Ronaldo (Orgs.). *Ética Teológica e Juventudes II: interpelações recíprocas*. Aparecida: Santuário, 2014, p. 163.

qualidade das suas relações interpessoais, da fé mais ou menos apaixonada que professa. No entanto, quando não encontramos prazer no que vivemos, é na atividade sexual que o buscamos, pois ela proporciona compensações e satisfações imediatas. Sem amor, o prazer reveste-se das mais variadas formas de poder, de violência, de abuso, de posse, de exploração de si mesmo e do outro.[23] A dimensão amorosa do prazer implica integração da sexualidade na personalidade – significado mais profundo da castidade – integração que requer integridade da pessoa e integralidade da doação.[24] Concretamente, por integralidade da doação entende-se, sobretudo, a decisão livre e autônoma de abrir-se ao outro e, ao mesmo tempo, a aceitação da independência e da liberdade do outro. A doação não seria integral sem esse duplo movimento. A integridade da pessoa, porém, exige que ela seja capaz de controlar seus instintos e impulsos, superar a dependência afetiva e renunciar a determinadas formas de prazer que se oponham à sua vocação ao amor. A pessoa não estaria totalmente inteira numa relação, se tivesse de abrir mão do que é e daquilo em que acredita.

4 Sexualidade, amor e projeto de vida

A sexualidade é um grande mistério. Assim como ela pode ser o lugar das mais belas e profundas experiências humanas, pode também ser o lugar dos mais terríveis atentados contra

---

23 Vale a pena considerar o que dizem Jesus e Oliveira sobre o narcisismo patológico, facilmente confundido com prazer quando não há um amor maduro. JESUS; OLIVEIRA. *Teologia do prazer*, p. 52-53.
24 CATECISMO DA IGREJA CATÓLICA. Edição Típica Vaticana. São Paulo: Loyola, 2000, n° 2337-2347. Ver também: SALZMAN, Todd A.; LAWLER, Michael G. *A pessoa sexual: Por uma antropologia católica renovada*. São Leopoldo: UNISINOS, 2012, p. 197-198.

230 Antropologia Teológica: pensar o humano na universidade

o humano. Concordo com Moser quando afirma que: "Ela [a sexualidade] é uma força paradoxal que movimenta toda a vida e a vida toda, ora sob o prisma do amor, ora sob o prisma do ódio. Ela não é a única força e, no entanto, ela se esgueira em meio a tantas outras forças, sejam materiais, sejam espirituais. Lá no fundo, ela encarna o paradoxo humano: meio humano, meio divino, meio material, meio espiritual, meio anjo, meio demônio. Daí a necessidade de proceder com cautela: através da sexualidade, a felicidade encontra-se ao alcance de todos, só que, ao mesmo tempo, qualquer erro pode ser fatal".[25]

Mas ouso ir mais além do que Moser: essa força paradoxal que movimenta toda a vida só contribuirá para a realização do humano se for integrada num projeto de vida que tenha o amor como seu significado mais profundo. Se a sexualidade só é humanizada pelo amor, se o prazer tem origem no amor e se o amor é o significado mais profundo da vida cristã, não é difícil entender as implicações concretas de tal integração.[26]

---

25 MOSER, Antônio. *Casado ou solteiro, você pode ser feliz.* Petrópolis: Vozes, 2006, p. 63-64. Mário Marcelo Coelho corrobora a visão de Moser quando afirma que a sexualidade "é uma energia propulsora para a vida ou para a morte e pode ajudar a construir ou destruir os indivíduos, humanizando ou desumanizando-os". Tudo depende do fato de ser ou não bem "integrada", isto é, "bem conduzida", harmonizada com o todo da existência. COELHO, Mário Marcelo. *Sexualidade: O que os jovens sabem e pensam.* São Paulo: Canção Nova, 2010, p. 49-50. Edward Guimarães vai na mesma direção de ambos: "Se a sexualidade, por um lado, revela-se fonte de prazer e realização, por outro, sem contradição, mostra-se igualmente fonte de frustração e sofrimento". GUIMARÃES, Edward Neves M. B. Relações afetivas, sexualidade (gênero) e família no horizonte da ética cristã. In: BEOZZO, José Oscar; FRANCO, Cecília Bernadete (Orgs.). *Juventude e relações afetivas.* São Paulo: Paulus, 2014 (Curso de Verão CESEEP– Ano XXVIII), p. 61.

26 Marcelo Barros oferece uma excelente reflexão sobre a integração da sexualidade no próprio projeto de vida e mostra como o projeto de vida ou a ausência dele influencia, e muito, na vivência da sexualidade. BARROS, Marcelo. Integrar a sexualidade no nosso projeto de vida. In: BEOZZO; FRANCO. *Juventude e relações afetivas,* p. 97-141 (especialmente p. 129-140).

O amor como projeto de vida? 231

Precisamos conceber a ética cristã como empenho para discernir em cada situação as exigências que derivam do amor. Isso implica, concretamente, esforçar-se para olhar e sentir a realidade com os olhos e o coração de Deus, concebendo a vida cristã como um chamado ao amor que exige uma resposta de fé. Ao reconhecermos o amor de Deus por nós, respondemos com amor, tanto a Ele quanto ao próximo. Responder a Deus com amor significa colocá-lo no centro da própria existência, considerá-lo como único amor incondicional e empenhar-se para amá-lo com todo o coração, toda a alma e toda a força (Dt 6, 5). Isso requer considerar todos os demais amores e todas as demais experiências amorosas como relativos. Relativizar não quer dizer negar a dignidade e a importância de tais amores e experiências, mas apenas dar prioridade a Deus e à vontade Dele a nosso respeito até mesmo quando se trata de discernir e, se for o caso, renunciar, ao que se estima e deseja, mas que contradiz essa opção fundamental.[27] Praticamente, trata-se de se perguntar o que o Amor – já que Deus é Amor – pede de nós numa determinada situação concreta e como servir mais e melhor os que mais precisam ou aqueles dos quais nos tornamos próximos - já que o amor, evangelicamente, é sinônimo de serviço e de doação de si. Pôr-se nessa dinâmica implica viver como reconciliados, isto é, deixar-se continuamente converter pelas necessidades do outro, abraçar a cruz do sofrimento causado pela decisão de sair do centro, confiar na ação da graça que fortifica e sustenta, perseverar no amor mesmo quando se impuserem as razões para se desistir dele.

---

27 Ver o excelente capítulo de Lewis sobre a caridade, sobretudo o que ele diz a respeito da importância de ordenar os amores. LEWIS. *Os quatro amores*, p. 161-195.

232 Antropologia Teológica: pensar o humano na universidade

Embora o matrimônio e a vida familiar sejam o contexto ideal para a vivência da própria sexualidade segundo a doutrina católica,[28] não podemos ignorar que a sexualidade é constitutiva de todo ser humano e, muito antes de as pessoas optarem pelo matrimônio, têm de lidar com ela e com tudo o que ela significa em termos de descoberta do próprio corpo, entendimento dos próprios impulsos e desejos, início das experiências de intimidade sexual, aprendizagem das várias etapas do compromisso. Todos nós levamos muito tempo para aprender a linguagem da sexualidade e para termos condições de optar conscientemente pela realização dos seus significados positivos. Levamos muito tempo também para entendermos na prática o significado fundamental dessa linguagem, mesmo que, teoricamente, saibamos ser ele o amor.[29] Mas o fato de considerarmos a sexualidade como dom de Deus a ser abraçado e integrado na própria vida, é suficiente para nos motivar a não fazermos escolhas que comprometam a realização humana ou atentem contra os direitos fundamentais das pessoas envolvidas. Não podemos, também, desconsiderar o fato de que amamos como pessoas vulneráveis e, exatamente por isso, não podemos iludir-nos, achando que temos total controle sobre nós mesmos e sobre os outros. Praticamente, isso significa que ninguém pode considerar-se completamente maduro e integrado nesse campo. Essa convicção seria suficiente para motivar o respeito pela vulnerabilidade pessoal e alheia e, portanto, a cuidar para não se machucar nem machucar o outro, para não mentir nem a si

---

28 OEAH 95; SHVS 8.
29 SALZMAN e LAWLER, ao proporem uma opção para o processo de união conjugal na Igreja Católica, oferecem uma ideia prática do que significa a progressiva compreensão da linguagem da sexualidade. SALZMAN; LAWLER. *A pessoa sexual*, p. 292-294. Ver também: ZACHARIAS. Educação sexual, p. 163-164.

O amor como projeto de vida? 233

mesmo, nem ao outro, para respeitar a própria dignidade e liberdade quanto à dignidade e liberdade do outro.[30]

Se a sexualidade humana é, de fato, o lugar da experiência da relação e da reciprocidade e se nós só nos realizamos na medida em que nos abrimos aos outros para vivermos com eles relações de reciprocidade, Nelson parece ter razão quando afirma ser "intenção de Deus que encontremos nossa autêntica humanidade no relacionamento".[31] Não é esse o sentido mais profundo da solidão originária narrada no livro do Gênesis (Gn 2, 7-25)? Ao constatar que não era bom que o homem vivesse sozinho, Deus cria e apresenta a ele os animais. Mas o homem continua só. Então, Deus faz com que ele durma e, da sua costela, faz a mulher. Ao despertar, o homem redescobre-se na plenitude da sua humanidade, pois com a mulher ele pode entrar em relação, visto serem da mesma natureza. É a relação que tira o humano da solidão. O relato da criação deixa claro que a vontade de Deus é que o ser humano se realize com alguém e para alguém, pois sozinho ninguém pode ser feliz. Por mais que pareça o contrário, não é o sexo em si que responde às exigências mais profundas do humano, mas os relacionamentos, a reciprocidade, a mutualidade. E isso independe do fato de as relações serem entre pessoas do mesmo ou do outro sexo. O que realmente importa é a qualidade de tais relações na vida das

---

30 Ver: GONÇALVES, Ana Cristina Canosa; RIBEIRO, Marcos; ZACHARIAS, Ronaldo. Olhando para o futuro: educação e prevenção em saúde sexual. In: DIEHL, Alessandra; VIEIRA, Denise Leite (Orgs.). *Sexualidade: do prazer ao sofrer.* São Paulo: Roca, 2013, p. 674-689. Os autores oferecem elementos bastante concretos a serem considerados em todo o processo de educação sexual quanto à concepção de sexualidade, integração sexual, qualidade das relações e maturidade afetiva.
31 NELSON, James B. *Embodiment: An Approach to Sexuality and Christian Theology.* Mineápolis: Augsburg, 1978, p. 18. Ver também OEA, n° 24: "O corpo enquanto sexuado, exprime a vocação do homem à reciprocidade, isto é, ao amor e ao mútuo dom de si".

234 Antropologia Teológica: pensar o humano na universidade

pessoas, qualidade capaz de fazê-las viver com alegria e considerar prazerosa a descoberta e a aceitação do outro.[32]

Se a falta de compreensão da sexualidade é uma realidade que provoca um certo espanto num contexto em que todo tipo de informação está acessível a todas as pessoas, as questões comportamentais elencadas no início desta reflexão, sobretudo quando os comportamentos são inadequados por não favorecerem a realização humana, provocam indignação e não podem deixar-nos indiferentes. Moser tem razão quando sugere que, "sem uma nova compreensão dos valores que estão em jogo, não há muito o que fazer" (...) "Sabidamente, encontra-se aqui o ponto mais difícil, uma vez que os tradicionais valores éticos parecem não mais refletir a compreensão que os seres humanos têm de si mesmos. Como conciliar fidelidade às intuições profundas da Teologia com procedimentos contrários, que vão, na prática, se impondo em nossos dias? Como evangelizar uma sexualidade que, no nosso contexto, conta com cinco séculos regidos por uma espécie de subcultura, à luz do princípio prático de que 'para além dos trópicos não existe pecado'? Como apresentar um rosto sorridente da sexualidade que vá abrindo novos caminhos de vida?"[33]

Precisamos de uma nova antropologia sexual, que assuma seriamente a realidade histórico-cultural na qual as pessoas estão insertas como realidade em contínuo desenvolvimento, que considere a sexualidade das pessoas na complexidade das suas dimensões, parta do princípio de que a integração sexual pode

---

32 ZACHARIAS. Educação sexual, p. 149-168.
33 MOSER. *Casado ou solteiro, você pode ser feliz*, p. 88-89. É interessante considerar a proposta feita por Moser para responder a tais questionamentos. Ele não apresenta uma lista de valores e/ou critérios éticos, mas uma espiritualidade que tenha condições de sustentar sejam quais forem os valores e/ou critérios éticos (89-222).

concretizar-se em qualquer estado de vida, seja informada pela concepção evangélica do amor e suscite uma ética sexual que dê prioridade ao significado dos relacionamentos interpessoais. Salzman e Lawler, por partirem do princípio de não existir uma moralidade 'tamanho único', oferecem uma excelente contribuição nesse sentido.[34]

Conclusão

Iniciamos esta reflexão afirmando que, de todos os direitos reivindicados, há um do qual ninguém abre mão: o direito de ser feliz. Podemos concluir voltando-nos para o que tão sabiamente afirma Moser: "poucas são as convicções mais compartilhadas e acertadas do que esta: a concretização do desejo de ser feliz passa pela maneira como as pessoas lidam com sua sexualidade. (...) Pessoa realizada é pessoa sexualmente realizada; pessoa frustrada é pessoa sexualmente frustrada. (...) Elaborar sua sexualidade é questão de vida e de morte, tanto para as pessoas quanto para as sociedades".[35] No contexto da reflexão aqui proposta, não seria indevido afirmar que, se o amor é o sentido mais profundo da sexualidade, pessoa realizada é pessoa que ama e, portanto, abre-se às múltiplas formas de encarnar o amor na vivência da própria sexualidade. As formas tornam-se relativas diante da substância!

---

34 SALZMAN; LAWLER. *A pessoa sexual.*
35 MOSER. *Casado ou solteiro, você pode ser feliz*, p. 11. Coelho parece caminhar na mesma direção quando afirma que "a pessoa de bem com a sua sexualidade é capaz de amar com maior profundidade, de respeitar melhor, de relacionar-se com mais dignidade (...). Porém, quando alguém não está de bem com a própria sexualidade, corre sério risco de fechar-se em si mesmo, de ser egoísta, individualista, frustrado". COELHO. *Sexualidade*, p. 52.

Referências

BARROS, Marcelo. Integrar a sexualidade no nosso projeto de vida. In: BEOZZO, José Oscar; FRANCO, Cecília Bernadete (Orgs.). *Juventude e relações afetivas.* São Paulo: Paulus, 2014 (Curso de Verão CESEEP – Ano XXVIII), p. 97-141.

BENTO XVI, Papa. *Carta Encíclica Deus Caritas Est. Sobre o amor cristão* (25.12.2005). São Paulo: Paulinas, 2006.

CATECISMO DA IGREJA CATÓLICA. Edição Típica Vaticana. São Paulo: Loyola, 2000.

COELHO, Mário Marcelo. *Sexualidade: O que os jovens sabem e pensam.* São Paulo: Canção Nova, 2010.

CONGREGAÇÃO PARA A DOUTRINA DA FÉ. *Persona Humana: Declaração sobre alguns pontos de ética sexual* (29.12.1975). São Paulo: Paulinas, 1976 (A Voz do Papa 86).

CONGREGAÇÃO PARA A EDUCAÇÃO CATÓLICA. *Orientações educativas sobre o amor humano: Linhas gerais para uma educação sexual* (1º.11.1983). São Paulo: Salesiana Dom Bosco, 1984.

CONSELHO PONTIFÍCIO PARA A FAMÍLIA. *Sexualidade humana: verdade e significado. Orientações educativas em família* (08.12.1995). 3ª ed. São Paulo: Paulinas, 2002 (A Voz do Papa 148).

FROMM, Erich. *A arte de amar.* Belo Horizonte: Itatiaia, 1991.

GENOVESI, Vincent J. *Em busca do amor: moralidade católica e sexualidade humana.* São Paulo: Loyola, 2008.

GONÇALVES, Ana Cristina Canosa; RIBEIRO, Marcos; ZACHARIAS, Ronaldo. Olhando para o futuro: educação e prevenção em saúde sexual. In: DIEHL, Alessandra; VIEIRA, Denise Leite (Orgs.). *Sexualidade: do prazer ao sofrer.* São Paulo: Roca, 2013, p. 661-691.

GUIMARÃES, Edward Neves M. B. Relações afetivas, sexualidade (gênero) e família no horizonte da ética cristã. In: BEOZZO, José Oscar; FRANCO, Cecília Bernadete (Orgs.). *Juventude e relações afetivas*. São Paulo: Paulus, 2014 (Curso de Verão CESEEP – Ano XXVIII), p. 47-94.

JESUS, Ana Márcia Guilhermina de; OLIVEIRA, José Lisboa Moreira de. *Teologia do prazer*. São Paulo: Paulus, 2014.

JOÃO PAULO II, Papa. *Exortação Apostólica Familiaris Consortio. Sobre a função da família cristã no mundo de hoje* (22.11.1981). 15ª ed. São Paulo: Paulinas, 2001.

LELOUP, Jean-Yves. *O corpo e seus símbolos: Uma antropologia essencial*. Petrópolis: Vozes, 2012.

LEWIS, C. S. *Os quatro amores*. 2ª ed. São Paulo: WMF Martins Fontes, 2009.

LEWIS, C. S. *A anatomia de uma dor: um luto em observação*. São Paulo: Vida, 2006.

MAÇANEIRO, Marcial. *Mística e erótica: Um ensaio sobre Deus, Eros e Beleza*. Petrópolis: Vozes, 1996.

MOSER, Antônio. *Casado ou solteiro, você pode ser feliz*. Petrópolis: Vozes, 2006.

_____. *O enigma da esfinge: a sexualidade*. Petrópolis: Vozes, 2001.

NELSON, James B. *Embodiment: An Approach to Sexuality and Christian Theology*. Minneapolis: Augsburg, 1978.

SALZMAN, Todd A.; LAWLER, Michael G. *A pessoa sexual: Por uma antropologia católica renovada*. São Leopoldo: UNISINOS, 2012.

VACEK, Edward C. *Love, Human and Divine: The Heart of Christian Ethics*. Washington: Georgetown University Press, 1994.

VALSECCHI, Ambrogio. *Nuove vie dell'etica sessuale. Discorso ai cristiani*. 4ª ed. Brescia: Queriniana, 1989 (Giornale di Teologia 62).

238 Antropologia Teológica: pensar o humano na universidade

VIDAL, Marciano. *Ética da sexualidade*. São Paulo: Loyola, 2017.

ZACHARIAS, Ronaldo. Direitos Humanos: Para além da mera retórica ingênua e estéril. In: TRASFERETTI, José Antonio; MILLEN, Maria Inês de Castro; ZACHARIAS, Ronaldo (Orgs.). *Introdução à Ética Teológica*. São Paulo: Paulus, 2015, p. 127-146.

_____. Educação sexual: entre o direito à intimidade e o dever da abstinência. In: PESSINI, Leo; ZACHARIAS, Ronaldo (Orgs.). *Ética Teológica e Juventudes II: interpelações recíprocas*. Aparecida: Santuário, 2014, p. 149-168.

_____. Abuso sexual: aspectos ético-morais. In: *Revista de Catequese* 113 (2006): 6-14.

16

Por que cuidar da criação?

Lino Rampazzo[1]

Introdução

O que está acontecendo no planeta terra, a nossa casa comum?[2] Infelizmente, as notícias não são tão boas: 1) poluição e mudanças climáticas: "a exposição aos poluentes atmosféricos produz uma vasta gama de efeitos sobre a saúde, particularmente dos mais pobres, e provocam milhões de mortes prematuras";[3] 2) a água: "grandes cidades, que dependem de importantes reservas hídricas, sofrem períodos de carência do recurso";[4] 3) perda da biodiversidade: "a perda de florestas e bosques implica simultaneamente a perda de espécies que poderiam constituir, no futuro, recursos extremamente importantes não só para a alimentação mas também para a cura de doenças e vários serviços";[5] 4) deterioração da qualidade de

---

1 Lino Rampazzo tem pós-doutorado em Democracia e Direitos Humanos (Universidade de Coimbra - Portugal), é doutor em Teologia (Pontifícia Universidade Lateranense - Roma), professor e pesquisador no Programa de Mestrado em Direito do Centro Universitário Salesiano de São Paulo. (UNISAL)
2 FRANCISCO, Papa. *Carta Encíclica Laudato Si'*. Sobre o cuidado da casa comum (24.05.2015). São Paulo: Paulinas, 2015. Daqui em diante = LS.
3 LS 20.
4 LS 28.
5 LS 32.

240 Antropologia Teológica: pensar o humano na universidade

vida humana e degradação social: "muitas cidades são grandes estruturas que não funcionam, gastando energia e água em excesso";[6] 5) desigualdade planetária: "o ambiente humano e o ambiente natural degradam-se em conjunto; e não podemos enfrentar adequadamente a degradação ambiental, se não prestarmos atenção às causas que têm a ver com a degradação humana e social".[7] Foram exatamente com essas palavras que, em 24 de maio de 2015, o Papa Francisco apresentou ao mundo o problema ecológico, na encíclica *Louvado sejas: sobre o cuidado da casa comum.*

A "*casa comum*" é o nosso "Planeta Terra". Aliás, a palavra "Ecologia" provém do grego *oikós* (= lugar de habitação) e *loghia* (= estudo): refere-se, portanto, à ciência que "estuda" o mundo como "morada" do homem.

No início do documento citado, Francisco aponta para a causa da degradação do meio ambiente: "A irmã (Terra) clama contra o mal que lhe provocamos por causa do uso irresponsável e do abuso dos bens que Deus nela colocou. Crescemos pensando que éramos seus proprietários e dominadores, autorizados a saqueá-la".[8]

Apresentamos, a seguir, algumas significativas reflexões da *Louvado sejas*, valiosas não só para aqueles que professam o credo, mas para "cada pessoa que habita neste planeta".[9]

---

6   LS 44.
7   LS 48.
8   LS 2.
9   LS 3.

1 Ecologia: uma questão também religiosa

A ciência e a religião, que fornecem diferentes abordagens da realidade, podem entrar num diálogo intenso e frutuoso para ambas.[10] De fato, se tivermos presente a complexidade ecológica, devemos reconhecer que as soluções não podem vir de uma única maneira de interpretar e transformar a realidade. É necessário recorrer também às diversas riquezas culturais dos povos, à arte e à poesia, à vida interior e à espiritualidade.[11] Além disso, não se pode esquecer que as convicções de fé oferecem aos cristãos, e também a outros crentes, motivações significativas para o cuidado da natureza e dos irmãos e irmãs mais frágeis.[12]

De acordo com as Sagradas Escrituras, cada ser humano é criado por amor e é feito à imagem e semelhança de Deus (Gn 1, 1); disso deriva a grandeza da sua dignidade.[13] Deus "colocou o homem no jardim de Éden para que o cultivasse e guardasse" (Gn 2, 15), isto é, para proteger, cuidar, preservar e velar pela criação. Isto implicava uma relação de reciprocidade responsável entre o ser humano e a natureza.[14] Implicava, também, que o ser humano, dotado de inteligência, respeitasse as leis da natureza e os delicados equilíbrios entre os seres deste mundo.[15] As diferentes criaturas refletem, pois, cada qual a seu modo, uma centelha da sabedoria e da bondade infinita de Deus. Por isso o homem deve respeitar a bondade própria de cada criatura para evitar o uso desordenado das coisas.[16]

---

10   LS 62.
11   LS 63.
12   LS 64.
13   LS 65.
14   LS 67.
15   LS 68.
16   LS 69.

242 Antropologia Teológica: pensar o humano na universidade

De que maneira, então, se explica o desrespeito das leis da natureza e os desequilíbrios entre os seres deste mundo?

O documento *Louvado sejas* responde a tal questionamento apresentando as etapas mais significativas da Bíblia nas quais continuamente aparece esta relação de harmonia ou de conflito do homem com Deus e do homem com a terra: relatos de Caim/Abel, Noé e o dilúvio; a legislação de Israel sobre o sábado, o ano sabático e o ano jubilar.[17] De fato, é sinal do respeito para com o homem e com a terra a instituição do sábado (o descanso semanal), do ano sabático (uma vez a cada sete anos não se semeava e só se colhia o indispensável para sobreviver e oferecer hospitalidade) e o jubileu (depois de 49 anos, além do descanso do trabalho da terra, "cada um recuperava a sua propriedade" [Lv 25, 13], para que se evitasse a concentração dos bens nas mãos de poucos).

A seguir o documento *Louvado sejas* faz referência à mensagem dos Salmos e dos Profetas que exaltam a ação de Deus, ao mesmo tempo criador do mundo e Salvador. Este poder de criação e salvação acompanha toda a história de Israel e dos cristãos até o fim da história.[18] A partir disso, afirma que a melhor maneira de colocar o ser humano no seu lugar e acabar com sua pretensão de ser dominador absoluto da terra é voltar a propor a figura de um Pai criador e único dono do mundo.[19]

Logo depois, há, uma série de reflexões sobre "o mistério do universo",[20] "a mensagem de cada criatura na harmonia de toda a criação",[21] "uma comunhão universal",[22] "o destino

---

17 LS 71.
18 LS 72-74.
19 LS 75.
20 LS 76-83.
21 LS 84-88.
22 LS 89-92.

Por que cuidar da criação? 243

comum dos bens"[23] e "o olhar de Jesus".[24] Em toda essa temática lembra-se que, na tradição judaico-cristã, dizer 'criação' é mais do que dizer natureza, porque tem a ver com um projeto do amor de Deus"[25]; que cada homem "tem em si uma identidade pessoal, capaz de entrar em diálogo com os outros e com o próprio Deus";[26] que "nenhuma criatura fica fora da manifestação de Deus";[27] que "tudo está relacionado e todos nós, seres humanos, caminhamos juntos como irmãos e irmãs numa peregrinação maravilhosa, entrelaçados pelo amor que Deus tem a cada uma das suas criaturas e que nos une também, com terna afeição, ao irmão sol, à irmã lua, ao irmão rio e à mãe terra";[28] que "a terra é, essencialmente, uma herança comum, cujos frutos devem beneficiar a todos".[29] E, quanto ao "olhar de Jesus", o texto lembra que ele "podia convidar os outros a estar atentos à beleza que existe no mundo, porque Ele próprio vivia em contato permanente com a natureza e prestava-lhe uma atenção cheia de carinho e admiração dizendo "Levantai os olhos e vede os campos que estão dourados para a ceifa" (Jo 4, 35).[30] Além disso, o destino da criação inteira passa pelo mistério de Cristo, que nela está presente desde a origem: "Todas as coisas foram criadas por Ele e para Ele" (Cl 1, 16);[31] e "o Cristo, ressuscitado e glorioso, está presente em toda a criação com o seu domínio universal, que se manifestará no fim dos tempos".[32]

---

23 LS 93-95.
24 LS 96-100.
25 LS 76.
26 LS 81.
27 LS 85.
28 LS 92.
29 LS 93.
30 LS 97.
31 LS 99.
32 LS 100.

2 Ecologia: a falta de cuidado

Há um modo desordenado de conceber a vida e a ação do ser humano, que contradiz a realidade até ao ponto de arruiná-la.[33] Isso se percebe, antes de tudo, pela maneira com a qual o homem se serve da tecnologia. Por um lado, é justo que nos alegremos com os progressos da tecnologia.[34] Não podemos, porém, ignorar que a energia nuclear, a biotecnologia, a informática, o conhecimento do nosso próprio DNA e outras potencialidades que adquirimos, nos dão poder tremendo sobre o conjunto do gênero humano e do mundo inteiro. Basta lembrar as bombas atômicas lançadas em pleno século XX.[35] De fato, o imenso crescimento tecnológico não foi acompanhado por um desenvolvimento do ser humano quanto à responsabilidade, aos valores, à consciência.[36]

Sempre se verificou a intervenção do ser humano sobre a natureza, mas agora, o que interessa é extrair o máximo possível das coisas. Daqui passa-se facilmente à ideia de um crescimento infinito ou ilimitado, que tanto entusiasmou os economistas, os teóricos da finança e da tecnologia.[37]

É preciso reconhecer que os produtos da técnica não são neutros, porque criam uma trama que acaba por condicionar os estilos de vida e orientam as possibilidades sociais na linha dos interesses de determinados grupos de poder.[38] E o paradigma tecnocrático tende a exercer o seu domínio também sobre a

---

33 LS 101.
34 LS 102.
35 LS 104.
36 LS 105.
37 LS 106.
38 LS 107.

Por que cuidar da criação?

economia e a política.[39] A fragmentação do saber realiza a sua função no momento de se obter aplicações concretas, mas frequentemente leva a perder o sentido da totalidade. Isto impede de individuar caminhos adequados para resolver os problemas mais complexos do mundo atual, sobretudo os do meio ambiente e dos pobres, que não se podem enfrentar a partir de uma única perspectiva nem de um único tipo de interesses.[40] Ninguém quer o regresso à Idade da Pedra, mas é indispensável abrandar a marcha para olhar a realidade de uma outra forma.[41] Em seguida, o documento critica aquele relativismo prático que se dá quando o ser humano, colocando-se no centro, acaba por dar prioridade absoluta aos seus interesses contingentes, e tudo o mais se torna relativo.[42]

Uma outra consequência deste antropocentrismo é a desvalorização do trabalho humano. Mas não podemos esquecer que o trabalho é uma necessidade, faz parte do sentido da vida nesta terra, é caminho de maturação, de desenvolvimento humano e de realização pessoal. Nesse sentido, ajudar os pobres com o dinheiro deve ser sempre um remédio provisório para enfrentar emergências. O verdadeiro objetivo deveria ser sempre consentir-lhes uma vida digna através do trabalho.[43]

Uma das questões de toda esta problemática diz respeito à inovação biológica a partir da pesquisa: o que poderia levar a uma indiscriminada manipulação genética que ignore os efeitos negativos destas intervenções.[44] Além disso, é preocupante

---

39   LS 109.
40   LS 110.
41   LS 114.
42   LS 122.
43   LS 128.
44   LS 131.

246 Antropologia Teológica: pensar o humano na universidade

constatar que alguns movimentos ecologistas, por um lado, defendem justamente a integridade do meio ambiente, mas, por outro, não aplicam estes mesmos princípios à vida humana. Muitas vezes justifica-se que se ultrapassem todos os limites, quando se fazem experiências com embriões humanos vivos. Esquece-se que o valor inalienável do ser humano é independente do seu grau de desenvolvimento.[45]

3 Ecologia integral

O adjetivo "integral" já aponta para os vários aspectos da ecologia, que vão ser tratados no capítulo IV do documento,[46] a saber: Ecologia ambiental, econômica e social; Ecologia cultural; e Ecologia da vida quotidiana. De fato, os problemas atuais requerem um olhar que tenha em conta todos os aspectos da crise mundial. Em seguida, apresentam-se algumas considerações sobre o princípio do bem comum e a justiça intergeracional.

A Ecologia estuda as relações entre os organismos vivos e o *meio ambiente* onde se desenvolvem. E isto exige refletir acerca das condições de vida e de sobrevivência de uma sociedade.[47] Não há duas crises separadas: uma *ambiental* e outra *social*; mas uma única e complexa crise *socioambiental*.[48]

Hoje, pois, a análise dos problemas ambientais é inseparável da análise dos contextos humanos, familiares, laborais, urbanos e da relação de cada pessoa consigo mesma, que gera um modo específico de se relacionar com os outros e com o meio ambiente. Por isso, é necessária uma *Ecologia*

---

45 LS 136.
46 LS 137-162.
47 LS 138.
48 LS 139.

econômica, capaz de induzir a considerar a realidade de forma mais ampla.[49]

Além do patrimônio natural, encontra-se igualmente ameaçado um patrimônio histórico, artístico e cultural. Por isso, a *Ecologia* envolve também o cuidado das *riquezas culturais* da humanidade. É preciso, pois, que se preste atenção às culturas locais, quando se analisam questões relacionadas com o meio ambiente, fazendo dialogar a linguagem técnico-científica com a linguagem popular.[50] A visão consumista do ser humano, tende a homogeneizar as culturas e a debilitar a imensa variedade cultural.[51] O desaparecimento duma cultura pode ser tanto ou mais grave do que o desaparecimento de uma espécie animal ou vegetal.[52]

A sucessiva temática relativa à *Ecologia da vida quotidiana* diz respeito à maneira de viver a vida, no nosso quarto, na nossa casa, no nosso lugar de trabalho e no nosso bairro. Esforçamo-nos por nos adaptar ao ambiente e, quando este aparece desordenado, caótico ou cheio de poluição visual e acústica, o excesso de estímulos põe à prova as nossas tentativas de desenvolver uma identidade integrada e feliz.[53] É preciso, pois, cuidar dos espaços comuns, dos marcos visuais e das estruturas urbanas que melhoram o nosso sentido de pertença, a nossa sensação de enraizamento, o nosso sentimento de "estar em casa" dentro da cidade que nos envolve e une.[54]

O documento aponta para outros problemas, como o da falta de habitação, tanto nas áreas rurais, quanto nas grandes

---

49 LS 141.
50 LS 143.
51 LS 144.
52 LS 145.
53 LS 147.
54 LS 150-151.

248 Antropologia Teológica: pensar o humano na universidade

cidades,[55] o dos transportes inadequados, que muitas vezes são causa de grandes tribulações para os habitantes das cidades[56] e o do estado de abandono e desleixo, em que vivem alguns habitantes das áreas rurais.[57] Fala em seguida de uma *Ecologia humana* que se expressa também na aceitação do próprio corpo, cuidando dele e respeitando os seus significados, inclusive na sua feminilidade ou masculinidade, para se poder reconhecer a si mesmo no encontro com o outro que é diferente.[58]

O bem comum consiste no conjunto das condições da vida social que permitem, tanto aos grupos, como a cada membro, alcançar mais plena e facilmente a própria perfeição:[59] pressupõe o respeito pela pessoa humana enquanto tal, com seus direitos fundamentais e inalienáveis; exige os dispositivos de bem-estar e segurança social e o desenvolvimento dos vários grupos intermédios, aplicando o princípio da subsidiariedade. Destaca-se, de forma especial, a valorização da família, enquanto célula basilar da sociedade. O bem comum requer a paz social;[60] nas condições atuais da sociedade mundial, apela para a solidariedade e para uma opção preferencial pelos mais pobres.[61]

Por fim, a noção de bem comum engloba também as gerações futuras: trata-se da *justiça intergeracional*. Quando pensamos na situação em que se deixa o planeta às gerações futuras, entramos numa outra lógica: a do dom gratuito, que recebemos e comunicamos.[62] As previsões catastróficas já não se podem

---

55 LS 152.
56 LS 153.
57 LS 154.
58 LS 155.
59 LS 156.
60 LS 157.
61 LS 158.
62 LS 159.

Por que cuidar da criação?   249

olhar com desprezo e ironia. Às próximas gerações, poderíamos deixar demasiadas ruínas, desertos e lixo.[63]

4 Ecologia e política

O capítulo V do documento,[64] intitulado "Algumas linhas de orientação e ação", procura delinear grandes percursos de diálogo que ajudem a sair da espiral de autodestruição; mais especificamente: o diálogo sobre o meio ambiente na política internacional, o diálogo para novas políticas nacionais e locais, o diálogo e transparência nos processos decisórios, a Política e Economia em diálogo para a plenitude humana e as religiões no diálogo com as ciências. Destacam-se, a seguir, apenas alguns pontos.

As cúpulas mundiais sobre o meio ambiente dos últimos anos não corresponderam às expectativas, porque não alcançaram, *por falta de decisão política*, acordos ambientais globais realmente significativos e eficazes,[65] inclusive no sistema de governança dos oceanos.[66] Além disso, criticam-se aquelas estratégias que apostam na internacionalização dos custos ambientais, como a compra-venda de "créditos de emissão", que não ajuda a reduzir a emissão global de gases poluentes.[67] Neste contexto, torna-se indispensável a maturação de instituições internacionais mais fortes e eficazmente organizadas, com autoridades designadas de maneira imparcial por meio de acordos entre os governos nacionais e dotadas de poder de sancionar.[68]

---

63 LS 161.
64 LS 163-201.
65 LS 166.
66 LS 174.
67 LS 170-171.
68 LS 175.

250 Antropologia Teológica: pensar o humano na universidade

Destaca-se a importância do *Direito*, que atua como moderador efetivo, estabelecendo regras para as condutas permitidas, à luz do bem comum.[69] Mas, dado que o direito por vezes se mostra insuficiente devido à corrupção, requer-se uma decisão política sob pressão da população.[70] Criticam-se as atitudes de governos que, respondendo a interesses eleitorais, não se aventuram facilmente a irritar a população com medidas que possam afetar o nível de consumo ou pôr em risco investimentos estrangeiros.[71] Em âmbito nacional e local, há sempre muito o que fazer, como, por exemplo, promover formas de poupança energética, com menor utilização de matérias-primas, retirando do mercado os produtos pouco eficazes do ponto de vista energético ou mais poluentes.[72]

Fala-se, em seguida, da necessidade de um sério estudo sobre o impacto ambiental,[73] sobre a necessidade de tomar decisões baseadas num confronto entre riscos e benefícios[74] e sobre a aplicação do princípio de precaução, para o qual, se a informação objetiva leva a prever um dano grave e irreversível, mesmo que não haja uma comprovação indiscutível, o projeto previsto deverá ser suspendido, ou modificado.[75]

No item "Política e economia em diálogo para a plenitude humana" afirma-se que a política não deve submeter-se à economia, e esta não deve submeter-se aos ditames e ao paradigma eficientista da tecnocracia.[76] Temos de nos convencer que

---

69   LS 177.
70   LS 179.
71   LS 178.
72   LS 180.
73   LS 183.
74   LS 184.
75   LS 186.
76   LS 189.

reduzir um determinado ritmo de produção e consumo pode dar lugar a outra modalidade de progresso e desenvolvimento.[77] Um desenvolvimento tecnológico e econômico, que não deixa um mundo melhor e uma qualidade de vida integralmente superior, não se pode considerar progresso.[78]

A Política e a Economia tendem a culpar-se reciprocamente a respeito da pobreza e da degradação ambiental. Mas o que se espera é que reconheçam os seus próprios erros e encontrem formas de interação orientadas para o bem comum.[79]

Por fim, no item "As religiões no diálogo com as ciências", afirma-se que não se pode sustentar que as ciências empíricas expliquem completamente a vida, a essência íntima de todas as criaturas e o conjunto da realidade. Se se reflete dentro deste quadro restrito, desaparecem a sensibilidade estética, a poesia e ainda a capacidade da razão perceber o sentido e a finalidade das coisas. Os textos religiosos clássicos podem oferecer um significado para todas as épocas e possuem uma força motivadora que abre sempre novos horizontes. Será razoável e inteligente relegá-los para a obscuridade, só porque nasceram no contexto duma crença religiosa? Os princípios éticos, que a razão é capaz de perceber, sempre podem reaparecer sob distintas roupagens e expressos com linguagens diferentes, incluindo a religiosa.[80]

Em todo o caso, será preciso fazer apelo aos crentes para que sejam coerentes com a sua própria fé e não a contradigam com as suas ações. Se às vezes uma má compreensão dos princípios

---

77   LS 191.
78   LS 194.
79   LS 198.
80   LS 199.

Antropologia Teológica: pensar o humano na universidade

religiosos levou a justificar o abuso da natureza, ou as guerras, a injustiça e a violência, os crentes devem reconhecer que então foram infiéis ao tesouro de sabedoria que deviam guardar.[81]

A maior parte dos habitantes do planeta declara-se crente, e isto deveria levar as religiões a estabelecerem diálogo entre si, visando o cuidado da natureza, a defesa dos pobres, a construção de uma trama de respeito e de fraternidade. De igual modo é indispensável um diálogo entre as próprias ciências, porque cada uma costuma fechar-se nos limites da sua própria linguagem, e a especialização tende a converter-se em isolamento. A gravidade da crise ecológica obriga-nos, a todos, a pensar no bem comum e a prosseguir pelo caminho do diálogo que requer paciência, ascese e generosidade.[82]

5 Ecologia e Educação

O capítulo VI do documento,[83] intitulado "Educação e espiritualidade ecológicas" diz respeito ao grande desafio cultural, espiritual e educativo para permitir novas convicções, atitudes e estilos de vida; e mais especificamente: apontar para outro estilo de vida, educar para a aliança entre a humanidade e o ambiente, a conversão ecológica, alegria e paz, amor civil e político, os sinais sacramentais e o descanso celebrativo, a Trindade e a relação entre as criaturas, a Rainha de toda a criação e para além do sol. Aqui também destacam-se, a seguir, apenas alguns pontos.

O mercado tende a criar um mecanismo consumista compulsivo para vender os seus produtos.[84] Isso acontece porque,

---

81   LS 200.
82   LS 201.
83   LS 202-246.
84   LS 203.

Por que cuidar da criação? 253

quanto mais vazio está o coração da pessoa, tanto mais necessita de objetos para comprar, possuir e consumir.[85] Existe uma responsabilidade social dos consumidores. A esse respeito é bom lembrar que, quando os hábitos da sociedade afetam os ganhos das empresas, estas veem-se pressionadas a mudar a produção.[86]

A Carta da Terra, iniciativa global da sociedade civil, publicada no ano de 2000, convidava-nos, a todos, nestes termos: "como nunca antes na história, o destino comum obriga-nos a procurar um novo início".[87]

A educação ambiental, no começo, estava muito centrada na informação científica e na conscientização e prevenção dos riscos ambientais, mas agora tende a incluir uma crítica dos "mitos" da modernidade baseados na razão instrumental (individualismo, progresso ilimitado, concorrência, consumismo, mercado sem regras) e tende também a recuperar os distintos níveis de equilíbrio ecológico: o interior consigo mesmo, o solidário com os outros, o natural com todos os seres vivos, o espiritual com Deus. A educação ambiental deveria predispor-nos para dar este salto para o Mistério, do qual uma *ética ecológica* recebe o seu sentido mais profundo.[88]

O respeito para com o ambiente se manifesta através de pequenas ações diárias, tais como: evitar o uso de plástico e papel, reduzir o consumo de água, diferenciar o lixo, cozinhar apenas aquilo que razoavelmente se poderá comer, tratar com desvelo os outros seres vivos, servir-se dos transportes públicos ou partilhar o mesmo veículo com várias pessoas, plantar

---

85 LS 204.
86 LS 206.
87 LS 207.
88 LS 210.

árvores, apagar as luzes desnecessárias.[89] E isso, nos vários âmbitos educativos (escola, família, os meios de comunicação, a catequese, e outros,[90] sem esquecer, naturalmente, que compete à política e às várias associações um esforço de formação das consciências da população.[91]

Os itens que seguem, a partir da temática da "conversão ecológica" referem-se especificamente aos cristãos: a eles Francisco propõe algumas *linhas de espiritualidade ecológica*, que gera motivações para alimentar uma paixão pelo cuidado do mundo.[92] Ei-las: a) viver a vocação de guardiões da obra de Deus não é algo de opcional nem um aspecto secundário da experiência cristã, mas parte essencial duma existência virtuosa;[93] b) São Francisco de Assis é um modelo para propor uma sã relação com a criação como dimensão da conversão integral da pessoa;[94] c) a conversão ecológica, que se requer para criar um dinamismo de mudança duradoura, é também uma conversão comunitária, até porque não basta que cada um seja melhor;[95] d) esta conversão comporta várias atitudes: em primeiro lugar, gratidão e reconhecimento do mundo como dom recebido do amor do Pai, que consequentemente provoca disposições gratuitas de renúncia e gestos generosos; a consciência amorosa de não estar separado das outras criaturas, mas de formar com os outros seres do universo uma estupenda comunhão universal; a responsabilidade para fazer crescer as peculiares capacidades que Deus deu a cada crente, que o leva a desenvolver a sua criatividade e entusiasmo

89 LS 211.
90 LS 213.
91 LS 214.
92 LS 216.
93 LS 217.
94 LS 218.
95 LS 219.

Por que cuidar da criação? 255

para resolver os dramas do mundo, oferecendo-se a Deus "como sacrifício vivo, santo e agradável" (Rm 12, 1).[96]

Há várias convicções da fé cristã que ajudam a enriquecer o sentido dessa conversão ecológica, a saber: a consciência de que cada criatura reflete algo de Deus e tem uma mensagem para transmitir, ou a certeza de que Cristo assumiu em Si mesmo este mundo material e agora, ressuscitado, habita no íntimo de cada ser, envolvendo-o com o seu carinho e penetrando-o com a sua luz; e ainda o reconhecimento de que Deus criou o mundo, inscrevendo nele uma ordem e um dinamismo que o ser humano não tem o direito de ignorar. Tudo isso suscita aquela sublime fraternidade com a criação inteira que viveu, de maneira tão elucidativa, São Francisco de Assis.[97]

A espiritualidade cristã encoraja um estilo de vida profético e contemplativo, capaz de gerar profunda *alegria* sem estar obcecado pelo consumo: propõe, assim, um crescimento na sobriedade e uma capacidade de se alegrar com pouco.[98] Trata-se de uma sobriedade vivida livre e conscientemente, que é libertadora: dá apreço a cada pessoa e a cada coisa, aprende a familiarizar com as coisas mais simples e sabe alegrar-se com elas. Encontra satisfação nos encontros fraternos, no serviço, na frutificação dos próprios carismas, na música e na arte, no contato com a natureza, na oração.[99]

O desaparecimento da humildade, num ser humano excessivamente entusiasmado com a possibilidade de dominar tudo sem limite algum, só pode acabar por prejudicar a sociedade e o

---

96   LS 220.
97   LS 221.
98   LS 222.
99   LS 223.

256 Antropologia Teológica: pensar o humano na universidade

meio ambiente. Não é fácil desenvolver esta humildade sadia e uma sobriedade feliz, se nos tornamos autônomos, se excluímos Deus da nossa vida fazendo o nosso eu ocupar o seu lugar.[100]

Uma ecologia integral exige que se dedique algum tempo para recuperar a harmonia serena com a criação, refletir sobre o nosso estilo de vida e os nossos ideais, contemplar o Criador, que vive entre nós e naquilo que nos rodeia e cuja presença não precisa de ser criada, mas descoberta, desvendada.[101]

Vivemos já muito tempo na degradação moral, furtando-nos à ética, à bondade, à fé, à honestidade. Uma tal destruição de todo o fundamento da vida social acaba por colocar-nos uns contra os outros na defesa dos próprios interesses, provoca o despertar de novas formas de violência e crueldade.[102] É preciso se contrapor a este estilo de vida através de um amor fraterno gratuito,[103] a partir de pequenos gestos. Este amor é também *civil* e *político*. Nesse contexto, o amor social impele a pensar em grandes estratégias que detenham eficazmente a degradação ambiental e incentivem uma *cultura do cuidado* que permeie toda a sociedade.[104]

Na espiritualidade cristã há um espaço significativo na experiência dos sacramentos, que constituem um modo privilegiado em que a natureza é assumida por Deus e transformada em mediação da vida sobrenatural. A água (batismo), o azeite (crisma, unção dos enfermos, ordem), o fogo (círio pascal) e as cores (na liturgia), a mão que abençoa, o pão (consagrado na Eucaristia) são assumidos com toda a sua força simbólica e incorporam-se

---

100 LS 224.
101 LS 225.
102 LS 229.
103 LS 228.
104 LS 231.

Por que cuidar da criação? 257

no louvor.[105] Além disso, a celebração do domingo torna este dia como um tempo de cura das relações do ser humano com Deus, consigo mesmo, com os outros e com o mundo.[106]

Por fim, a fé cristã na Trindade considera o Pai como a fonte última de tudo; o Filho, como Aquele por Quem tudo foi criado e se uniu a esta terra; o Espírito, como vínculo infinito de amor, intimamente presente no coração do universo.[107] Isso leva a pensar que toda a realidade contém em si mesma uma marca propriamente trinitária.[108] E como as Pessoas divinas se relacionam continuamente e reciprocamente, assim também o mundo, criado segundo o modelo divino, é uma trama de relações. Nessa perspectiva, a pessoa humana cresce, amadurece e santifica-se quanto mais se relaciona, ao sair de si mesma para viver em comunhão com Deus, com os outros e com todas as criaturas.[109]

Os últimos números do Documento fazem referência a Maria Mãe de Cristo, cujo corpo glorificado, juntamente com Cristo ressuscitado, é uma parte da criação que alcançou toda a plenitude da sua beleza;[110] apontam para o final da história, a vida eterna, onde cada criatura, esplendorosamente transformada, ocupará o seu lugar.[111] Assim, "na expectativa da vida eterna, unimo-nos para tomar a nosso cargo esta casa que nos foi confiada, sabendo que aquilo de bom que há nela será assumido na festa do Céu".[112] Segue, por fim o convite à "oração pela nossa terra" e à "oração cristã com a criação".

---

105 LS 235-236.
106 LS 237.
107 LS 238.
108 LS 239.
109 LS 240.
110 LS 241.
111 LS 243.
112 LS 244.

Conclusão

Pode-se verificar, neste *Documento*, uma mensagem dirigida "à toda a família humana", como, particularmente, aos cristãos. Percebe-se, então, que este *Documento* vem provocando não somente uma repercussão nos ambientes religiosos, principalmente católicos, mas na sociedade em geral e nos meios de comunicação de massa. Com isso, é possível responder à pergunta-chave deste capítulo, como expressa em seu título, da seguinte forma: Por que cuidar da criação? Porque o futuro da "mãe Terra" interessa a todos.

Referências

BENTO XVI, Papa. Se quiseres cultivar a paz, preserva a criação. Mensagem para a celebração do Dia Mundial da Paz 2010. *L'Osservatore Romano*, Città del Vaticano, 15 dez. 2009. Disponível em: <http://www.vatican.va/holy_father/benedict_xvi/messages/peace/documents/hf_ben-xvi_mes_20091208_xliii-world-day-peace_po.html>.

BOFF, Leonardo. *Ecologia, mundialização e espiritualidade: a emergência de um novo paradigma*. 3ª ed. São Paulo: Ática, 1998.

_____. Ethos mundial: um consenso mínimo entre os humanos. Brasília: Letraviva, 2000.

_____. *Cuidar da Terra, proteger a vida: como evitar o fim do mundo*. Rio de Janeiro: Record, 2010.

BRASIL. Ministério do Meio Ambiente. *Carta da Terra*, Haia, 29 jun. 2000. Disponível em: <http://www.mma.gov.br/estruturas/agenda21/_arquivos/carta _terra.pdf>.

CAPRA, Fritjof. Alfabetização Ecológica: o desafio para a educação do século 21. In: TRIGUEIRO, André (Coord.). *Meio*

Ambiente no século XXI: 21 especialistas falam da questão ambiental nas suas áreas de conhecimento. 5ª ed. Campinas: Armazém Ipê, 2008, p. 19-33.

FIORILLO, Celso António Pacheco. *Curso de Direito Ambiental Brasileiro.* 14ª ed. São Paulo: Saraiva, 2013.

FRANCISCO, Papa. *Carta Encíclica Laudato Si'.* Sobre o cuidado da casa comum (24.05.2015). São Paulo: Paulinas, 2015 (A Voz do Papa, n. 201).

JUNGUES, José Roque. *Ética Ambiental.* São Leopoldo: Unisinos, 2004.

JUNGES, José Roque. Desafios das biotecnologias à teologia moral. In: TRASFERETTI, José; ZACHARIAS, Ronaldo (Orgs.). *Ser e Viver: Bioética, biotecnologias e sexualidade.* Aparecida: Santuário; São Paulo: Centro Universitário São Camilo, 2008.

LEFF, Enrique. *Saber ambiental: sustentabilidade, racionalidade, complexibilidade, poder.* Trad. Lúcia Mathilde Endlich Orth. 8ª ed. Petrópolis: Vozes, 2011.

MILARÉ, Edis. *Direito do Ambiente.* 8. ed. São Paulo: Revista dos Tribunais, 2013.

MORIN, Edgar. *Saberes globais e saberes locais: o olhar transdisciplinar.* Trad. Flávia Nascimento. Rio de Janeiro: Garamand, 2000.

NALINI, Renato. Justiça: aliada eficaz na natureza. In: TRIGUEIRO, André (Coord.). *Meio Ambiente no século XXI: 21 especialistas falam da questão ambiental nas suas áreas de conhecimento.* 4ª ed. Campinas: Armazém Ipê, 2005, p. 284-305.

PESSINI, Leocir; BARCHIFONTAINE, Christian de Paul de. *Problemas atuais de Bioética.* 8ª ed. revista e ampliada. São Paulo: Loyola, 2007.

RAMPAZZO, Lino. Aspectos éticos e místicos do Texto-base da Campanha da Fraternidade 2004: Fraternidade e Água. In:

260   Antropologia Teológica: pensar o humano na universidade

YOSHIDA, Consuelo Yatsuda Moromizato (Org.). *Recursos Hídricos: aspectos éticos, jurídicos, econômicos e socioambientais*. Campinas: Alínea, 2007. Cap. 1. p. 9-36. v. 1.

RIBEIRO, Jorge Ponciano. Religião e Psicologia. In: HOLANDA, Adriano (Org.). *Psicologia, religiosidade e fenomenologia*. Campinas: Alínea, 2004, p. 11-36.

SGREGGIA, Elio. *Manual de Bioética: I - Fundamentos e Ética Biomédica*. 2ª ed. Trad. Orlando Soares Moreira. São Paulo: Loyola, 2002.

SILVA, Olmiro Ferreira da. *Direito ambiental e ecologia: aspectos filosóficos contemporâneos*. Barueri: Manole, 2003.

SOARES, Guido Fernando Silva. *Direito internacional e meio ambiente: emergência, obrigações e responsabilidade*. 2ª ed. São Paulo: Atlas, 2003.

SUSIN, Luiz Carlos. *Nosso planeta, nossa vida: ecologia e teologia*. São Paulo: Paulinas, 2011.

YOSHIDA, C. Y. M.; RAMPAZZO, L. (Orgs.). *O Direito e a Dignidade Humana: aspectos éticos e socioambientais*. Campinas: Alínea, 2012.

V
O HUMANISMO CRISTÃO

17

Qual a relação entre cristianismo e promoção do humano?

Luiz Augusto de Mattos[1]

Introdução

Não é possível compreender o cristianismo sem aprofundar o significado e a centralidade da mensagem sobre a defesa e a promoção da vida humana em vista da humanização. Ademais, o cristianismo deve ser vivenciado à luz da prática de Jesus,[2] pois Ele testemunhou com radicalidade uma ética de humanização.

O cristianismo tem por vocação servir à vida. Serviço que está orientado para dignificar e humanizar a pessoa, em nome de um Deus que quer ser vida para todos. É importante entender que o

---

1 Luiz Augusto de Mattos é doutor em Teologia Moral (Faculdade de Teologia Nossa Senhora da Assunção - São Paulo), mestre em Teologia (Centro Universitário Assunção - UNIFAI - São Paulo) e professor do Instituto de Teologia São Paulo (ITESP) e da Universidade São Francisco.
2 "O que é o cristianismo? Não é o Cristo continuado. É outra realidade, mas não pode ser entendido sem o Cristo. O primeiro, Cristo, é o Mistério do Filho que se encarnou. O segundo, o cristianismo, um acontecimento histórico aberto e ainda em construção, fundado no Reino de Deus que não veio em plenitude, possibilitado pelo fracasso da cruz e pela vitória que foi a efetivação parcial deste Reino pela ressurreição de Jesus". BOFF, Leonardo. *Cristianismo: O mínimo do mínimo*. Petrópolis: Vozes, 2011, p. 187.

264 Antropologia Teológica: pensar o humano na universidade

fundamento dessa vocação humanista está em duas afirmações fundamentais do dogma cristão: a *encarnação do Verbo*, isto é, o fato de o Filho de Deus ter assumido a condição humana, tornando o humano expressão do divino; e a *ressurreição do corpo*, isto é: a dimensão corporal participa da realidade salvífica ou, em outras palavras, a matéria humana é divinizada.[3]

Não se pode negar que está "em jogo a tensão dual que atravessa o Cristianismo visceralmente: o divino se faz humano, o humano evolui e se transforma, sem ameaçar a verdade do divino. É o paradoxo da Encarnação do Verbo".[4] E mais, aprofundar a temática da compreensão da vinculação, da interação e da correspondência entre o cristianismo e a promoção humana exige captar bem a centralidade do mistério da encarnação.

O mistério da encarnação é central, principalmente no tratado de Deus e para o conhecimento de Deus. A partir desse mistério insondável, Deus começa a ser diferente para nós, porque, na encarnação, *Deus se funde e se confunde com o humano*, a ponto de já não ser possível nem entender, nem ter acesso a Deus prescindindo do humano e, menos ainda, entrando em conflito com o humano, com tudo o que é verdadeiramente humano e, portanto, com tudo o que nos torna felizes, a nós, humanos, com tudo o que nos realiza, nos aperfeiçoa e nos faz gozar e desfrutar da vida humana em toda a sua amplitude e formosura.[5]

Por isso, é inconcebível querer vivenciar o cristianismo desvinculando-se de uma prática sintonizada com o

---

3 JUNGES, José Roque. O respeito à dignidade humana como fundamento de todo humanismo. In: OSOWSKI, Cecília Irene (Org.). *Teologia e Humanismo social cristão: Traçando rotas*. São Leopoldo: UNISINOS, 2000, p. 154.

4 LIBÂNIO, João Batista. *Olhando para o futuro: Prospectivas teológicas e pastorais do Cristianismo na América Latina*. São Paulo: Loyola, 2003, p. 35.

5 CASTILLO, José Maria. *A ética de Cristo*. São Paulo: Loyola, 2010, p. 28-29.

Qual a relação entre cristianismo e promoção do humano? 265

resgatar, reencantar, libertar e dar sustentabilidade à vida humana (Mt 25).

1 A ética de Jesus e a promoção humana

Querer refletir sobre uma ética da humanização que aponta para um compromisso de promover a vida humana, sobretudo dos mais vulneráveis e excluídos da sociedade, implica ir ao encontro, para os cristãos,[6] do Deus humanizado na experiência de Jesus. Enfim, não há como separar nossa fé em Deus da nossa prática diante do outro e da sociedade. É sabido que "de acordo como for o Deus no qual se crê, assim será a ética a ser deduzida dessa crença".[7]

Outra questão importante é perceber que a "fé em Deus e o comportamento moral são duas grandezas indissolúveis unidas na vida daquele que crê. Não somente coexistem, mas mutuamente se condicionam e se constroem. A essa relação cabe a sabedoria do dito popular: 'Diga-me que imagem de Deus tens e te direi que tipo de moral praticas' e vice-versa: 'Diga-me que moral vives e te direi que tipo de Deus tens'";[8] vale dizer,

---

6 "O que define o cristão, enquanto tal, é a sua referência a Cristo. Ter fé é aderir à pessoa e ao projeto de Cristo. Essa adesão a Cristo e à sua proposta provoca uma nova compreensão do ser e do agir do cristão. O encontro com Cristo é um encontro com o seu ser e o seu agir, mediados pela prática referida pelos evangelhos. Em Jesus, o ser e o agir identificam-se, e através da prática se tem acesso a Ele. Por isso, o modo privilegiado de conhecer Jesus é compreender a sua prática ou, mais exatamente, seguir a sua prática". JUNGES, José Roque. *Evento Cristo e ação humana: Temas fundamentais da ética teológica.* São Leopoldo: UNISINOS, 2001, p. 118.
7 CASTILLO. *A ética de Cristo,* p. 34. Afirma ainda o autor: "Se no século XVIII as pessoas criam em um 'Deus' tão insuportável, que de semelhante crença se deduzia a *moral do medo e do terror,* é evidente que, enquanto não modificarmos nossa ideia de Deus, não podemos organizar nossos comportamentos de acordo com uma moral que se mostre razoável".
8 VIDAL, Marciano. *Nova moral fundamental: O lar teológico da Ética.* São Paulo:

266   Antropologia Teológica: pensar o humano na universidade

uma "ética construída a partir do Deus humanizado e vivida de acordo com esse Deus *é a única ética que hoje pode ser aceita e que pode humanizar este mundo tão desumano*".[9]

A representação de um Deus misericordioso, humano, libertador é fundamental para um compromisso em direção à promoção do humano. Por isso, quando uma pessoa ou uma comunidade se entrega ou se deixa afetar pela pessoa de Jesus, como por um "modelo fundamental de uma maneira de ver e viver a vida", fica transformada em todo o seu ser. Jesus não é um ideal fora do tempo, uma regra geral de conduta ou uma dimensão vaga para a vida. Ou seja, a pessoa de Jesus favorece uma nova orientação e atitude fundamental, leva a novas ações e disposições, contribui com um novo horizonte de sentido para a vida.[10] Como afirma Junges:

> A experiência do encontro com Cristo possibilita um novo horizonte de sentido para o cristão, abre para uma nova escala de valores e estimula um novo agir inspirado pela prática de Jesus. Esta não visa determinar regras de bom comportamento moral, nem pretende oferecer um código de normas. A prática de Jesus não aponta para proposições de doutrina moral, mas abre uma perspectiva pré-moral ou, em outras palavras, abre um horizonte de sentido que é ainda anterior e mais profundo que o próprio agir. Esse horizonte repercute no modo de agir e na impostação dos problemas morais sem, contudo, oferecer uma receita de solução.[11]

À luz da prática de Jesus o cristão poderá assumir uma prática ética e responsável no que diz respeito à promoção do ser humano, em vista de uma verdadeira humanização. Isso pelo

---

Paulinas; Aparecida: Santuário, 2003, p. 24.
9   CASTILLO. *A ética de Cristo*, p. 35.
10   KUNG, Hans. *Jesús*. Madrid: Trotta, 2014.
11   JUNGES. *Evento Cristo e ação humana*, p. 118.

Qual a relação entre cristianismo e promoção do humano? 267

fato de a prática de Jesus ser uma prática a serviço do Reino; prática necessariamente assumida no compromisso com a justiça, com a verdade, com a libertação. Em outras palavras, a prática de Jesus

> é sempre orientada para os outros e, entre estes, principalmente para os que estão em necessidade. Jesus faz-se ativamente próximo dos pequeninos e dos que não têm voz nem vez, o que constitui uma prática tão radical que o próprio Jesus se identifica com quem tem fome e sede, está nu etc.[12]

A ética de Jesus tem como imperativo fundamental resgatar a dignidade, a humanidade. Nesse sentido se diz que no "homem Jesus, o divino fundiu-se com o humano, de tal modo que, a partir de Cristo, ficou demonstrado que Deus é diferente do que se supõe. Porque o distintivo mais profundo de Deus não é sua *divindade* (que nem sabemos o que é, nem podemos sabê-lo), mas sim sua *humanidade*".[13] É a transcendência de Deus na imanência da realidade humana, em prol da realização mais plena e profunda da humanidade.

A chave básica da ética de Jesus tem a ver com práticas que procuram libertar o ser humano de tudo aquilo que "sangra" a vida na sua dignidade.

> Todos vivemos atrás das grades de leis, normas, prescrições, tradições, prêmios e castigos. Assim funcionam as religiões e as sociedades que, com tais instrumentos, enquadram as pessoas, mantêm-nas submissas e criam a ordem estabelecida. Jesus põe em xeque este tipo de montagem que impede o exercício da liberdade e afoga o amor como energia criativa: "ouvistes o que foi dito aos antigos, eu, porém vos digo" (Mt 5, 21-22). [...] O mais importante

---

12 JUNGES. *Evento Cristo e ação humana*, p. 109.
13 CASTILLO. *A ética de Cristo*, p. 30.

268 Antropologia Teológica: pensar o humano na universidade

da lei não é observar as tradições e cumprir os preceitos religiosos, mas realizar a justiça, a misericórdia e a boa-fé (Mt 23, 23).[14]

Portanto, tratar da ética de Jesus implica despertar a pessoa para o amor solidário e libertador, preferencialmente em relação aos mais descuidados e excluídos da sociedade. Despertar esse que deverá fomentar e testemunhar Jesus Cristo em prol de uma transformação na perspectiva das bem-aventuranças.[15]

2 A promoção humana desde a luta pela dignificação da vida

Todo ser humano é digno de respeito pelo fato de ser pessoa. Por isso, há que se garantir a dignidade humana, porque a dignidade diz respeito à categoria de pessoa; vale dizer, entender da significação do ser pessoa implica ressignificar o conteúdo da dignidade humana. Nessa direção, pode-se dizer que

A dignidade não admite privilégios em sua significação. Não é um atributo outorgado, mas uma qualidade inerente, enquanto pessoa; é um *a priori* ético comum a todos seres humanos. A dignidade é uma qualidade axiológica que não admite um mais ou menos. Não se pode ter

---

14 BOFF. *Cristianismo*, p. 128-129.

15 "Temos que ser amorosos e misericordiosos. Sem a incorporação destas atitudes o Reino não avança, mesmo quando já inaugurado pela prática de Jesus. Quando o Reino se instaurar, assistiremos à grande revolução no sentido do espírito das bem-aventuranças: os pobres se sentirão cidadãos do Reino, os que choram vão se sentir consolados, os não violentos vão possuir e administrar a terra, os famintos e sedentos de justiça verão seus sonhos realizados, aqueles que se compadecerem dos outros experimentarão misericórdia, os puros de coração terão a experiência concreta de Deus, os pacíficos serão reconhecidos como filhos e filhas de Deus, os perseguidos por causa da justiça se sentirão herdeiros do Reino, e os que foram insultados e perseguidos por causa do sonho de Jesus serão especialmente bem-aventurados (cf. Mt 5, 3-11). Nunca se fez tão radical inversão de valores como esta, corajosamente proposta por Jesus". BOFF. *Cristianismo*, p. 132.

Qual a relação entre cristianismo e promoção do humano? 269

mais ou menos dignidade, como não se pode ser mais ou menos pessoa. Ela serve para incluir todo ser humano e não para excluir alguns que não interessam; não pode ser usada como critério de exclusão, pois seu significado é justamente de inclusão.[16]

Desde uma inclusividade, à luz da promoção da dignidade humana, é possível uma orientação no agir que favorece a meta, o sonho da humanização. Porém, a inclusividade exige a garantia de uma vida na espiritualidade,[17] na liberdade,[18] na reciprocidade[19] e na singularidade.[20] Não se pode putrificar, massificar,

---

16   JUNGES. O respeito à dignidade humana como fundamento de todo humanismo, p. 164.

17   "Afirmar a natureza espiritual significa dizer que o ser humano não se esgota na sua dimensão corpórea e psíquica. (...) O espírito é o lugar da manifestação do sentido de todas as coisas. Assim, ele procura dar sentido à sua existência e ao seu agir, sentido que não se identifica com sua exterioridade somática nem sua interioridade psíquica, mas transcende-as, abrindo um horizonte infinito. Para o cristão, esse horizonte de sentido é a comunhão pessoal com Deus em Cristo e identifica-se com a vontade de Deus. Esse horizonte transcendental de sentido possibilita a abertura contínua na busca da verdade e na realização do bem". JUNGES. O respeito à dignidade humana como fundamento de todo humanismo, p. 161.

18   "Liberdade não consiste em fazer constantemente o contrário do que se fez até então, mas em definitivamente autoconstituir-se diante de algo que é absoluto e confere sentido à existência. Essa autorrealização é um movimento de autoexpressão, que é liberdade, pois é assumir-se como sujeito. Trata-se de tornar-se sujeito, levando à expressão as estruturas do corpo, psique e espírito através das relações com a realidade (o mundo, os outros, o absoluto)". JUNGES. O respeito à dignidade humana como fundamento de todo humanismo, p. 161-162.

19   "Pessoa designa a *reciprocidade* do ser humano. A pessoa é um ser de relação que se autoconstitui na intersubjetividade. A intersubjetividade instaura a relação dialógica com um outro eu; o eu é supra-assumido na prioridade fundante da reciprocidade que institui o 'nós'. Pessoa e comunidade são realidades correlativas. O ser humano como pessoa está orientado à comunicação com outras pessoas, e comunidade só existe onde existem pessoas enquanto tais. A reciprocidade faz emergir a questão do outro e compreende o ser humano como ser-com-outros. É no reconhecimento de outro sujeito que o ser humano, tornando-se sujeito, se manifesta como pessoa. Por ser reciprocidade, a pessoa inclui uma exigência de *responsabilidade*, isto é, um responder frente ao outro e um sentir-se responsável pelo outro". JUNGES. O respeito à dignidade humana como fundamento de todo humanismo, p. 162.

20   "Pessoa designa a *singularidade* de um sujeito que assume a universalidade

270 Antropologia Teológica: pensar o humano na universidade

excluir o outro. Na experiência da garantia de que o *outro* seja respeitado e promovido como *sujeito* histórico, em processo contínuo de inclusividade e de libertação de tudo que oprime a vida, que é possível falar da dignidade humanizadora.

Contudo, refletir sobre a importância da dignidade humana demanda entrar no tema dos *direitos humanos* em nossa atual civilização ocidental. O problema é que a sociedade burguesa impôs a tese de que os "direitos humanos se realizam automaticamente à medida que se realiza a privatização de toda propriedade";[21] ou seja, os direitos humanos são compreendidos e absorvidos pelo conceito propriedade. Sendo assim, a dignidade não é ponto de referência ou de partida para os direitos humanos.

> Uma compreensão assim exclui da reflexão sobre o ser humano a dimensão da dignidade humana e transforma a própria democracia liberal numa casca vazia. Em oposição a isso surgem os grandes movimentos de emancipação a partir do século XIX. Todos eles, diante da redução do pensamento social, insistem num pensamento fundamentado na dignidade humana. Sem dúvida, entre eles, o movimento operário representa a força política maior; mas é preciso igualmente lembrar os movimentos de emancipação dos escravos, das mulheres, dos povos indígenas, dos pequenos camponeses, das colônias e das culturas e da própria natureza. Todas essas emancipações só podem ser entendidas enquanto reivindicam o respeito à dignidade humana; não se pode reduzi-las a movimentos que perseguem algum tipo de propriedade.[22]

---

da natureza humana, previamente dada, pela mediação da particularidade de uma existência histórica concreta. Designa a existência singular do sujeito e não a universalidade da natureza comum a todos os seres humanos. Portanto, pessoa é o indivíduo na sua unidade profunda e singular, na sua originalidade e irredutibilidade". JUNGES. O respeito à dignidade humana como fundamento de todo humanismo, p. 162.

21 HINKELAMMERT, Franz. *Mercado versus direitos humanos*. São Paulo: Paulus, 2014, p. 114.

22 HINKELAMMERT. *Mercado versus direitos humanos*, p. 120.

Na atualidade só se pode falar de direitos humanos quando se respeitam os valores que promovem e asseguram as bases da vida humana – direitos humanos compreendidos e defendidos como direitos da vida humana, sobretudo as mais vulneráveis e oprimidas, à vida humana humanizada. Não se podem assegurar os direitos humanos se não se assegura a possibilidade de viver bem ao ter garantido os imperativos básicos.[23]

Diante de uma globalização neoliberal que adota a política do mercadocentrismo, as sociedades trabalham por uma maximização dos lucros e, com isso, fomentam a abolição dos direitos humanos. Sendo assim, não existe outra saída: ou se assume uma luta pela sobrevivência da vida digna e justa, ou se declina a uma atitude irresponsável de acolitar uma "economia só mercado", que não respeita os direitos humanos.

Importante é ter claro que a promoção humana tem a ver com uma sociedade onde todos possam viver dignamente. Em outras palavras, lutar pela dignidade humana, na ótica da defesa dos direitos humanos, tem como preocupação de fundo promover uma "sociedade vivível".

Enfim, se o cristianismo é identificado e tem como vocação ser a "religião do amor", o verdadeiro sacrifício e culto ao Deus de Jesus Cristo é a misericórdia. Misericórdia testemunhada desde um agir em prol da dignidade de vida para toda a humanidade.

---

23 "A burguesia desagregou essa visão integral e criou seus valores em termos abstratos, e agora os valores de respeito à vida humana individual surgem como juízos de valor arbitrários sobre os quais a ciência não deve se pronunciar e a teoria econômica não deve se deter. A teoria econômica burguesa não leva em conta necessidades, leva em conta preferências; com isso a perspectiva integral da realidade se desintegrou. (...) A ideologia burguesa se limita a determinar categorias de pensamento, mas é incapaz de perceber que a base de todos os direitos humanos são os direitos da vida concreta, que podemos chamar de direitos econômico-sociais". HINKELAMMERT. *Mercado versus direitos humanos*, p. 115.

272 Antropologia Teológica: pensar o humano na universidade

3 O Cristianismo e sua contribuição humanizadora na civilização

O futuro do cristianismo passa por uma resposta plausível e libertadora no processo civilizatório, o qual vive uma crise sem precedente. Lembra-nos o Papa Francisco:

> O ambiente humano e o ambiente natural degradam-se em conjunto; e não podemos enfrentar adequadamente a degradação ambiental, se não prestarmos atenção às causas que têm a ver com a degradação humana e social. De fato, a deterioração do meio ambiente e a da sociedade afetam de modo especial os mais frágeis do planeta. (...) O impacto dos desequilíbrios atuais manifesta-se também na morte prematura de muitos pobres, nos conflitos gerados pela falta de recursos e em muitos outros problemas que não têm espaço suficiente nas agendas mundiais.[24]

Ainda na trilha do desvendar a raiz da crise, afirma o Pontífice:

> A crise financeira que atravessamos faz-nos esquecer que, na sua origem, há uma crise antropológica profunda: a negação da primazia do ser humano. Criamos novos ídolos. A adoração do antigo bezerro de ouro (cf. Ex 32, 1-35) encontrou uma nova e cruel versão no fetichismo do dinheiro e na ditadura de uma economia sem rosto e sem um objetivo verdadeiramente humano. A crise mundial, que investe as finanças e a economia, põe a descoberto os seus próprios desequilíbrios e, sobretudo, a grave carência de uma orientação antropológica que reduz o ser humano apenas a uma das suas necessidades: o consumo. Enquanto os lucros de poucos crescem exponencialmente, os da maioria situam-se cada vez mais longe do bem-estar daquela minoria feliz.[25]

---

24 FRANCISCO. Papa. *Carta Encíclica Laudato Si: Sobre o cuidado da casa comum.* São Paulo: Paulus/Loyola, 2015, n° 48.
25 FRANCISCO, Papa. *Exortação Apostólica Evangelii Gaudium: Sobre o anúncio do Evangelho no mundo atual.* São Paulo: Paulus/Loyola, 2013, n° 55-56. Daqui em diante = EG.

Qual a relação entre cristianismo e promoção do humano? 273

Somente inseridos ética e responsavelmente nessa realidade que se pode dar testemunho da Boa-nova à humanidade. A experiência cristã é vivenciada no entendimento de que Jesus

> quer que toquemos a miséria humana, que toquemos a carne sofredora dos outros. Espera que renunciemos a procurar aqueles abrigos pessoais ou comunitários que permitem manter-nos à distância do nó do drama humano, a fim de aceitarmos verdadeiramente entrar em contato com a vida concreta dos outros e conhecermos a força da ternura.[26]

São indissociáveis a paixão por Jesus e a paixão pelo povo. No encontro com o outro o ser humano, descobrimos uma faceta nova de Deus.[27] Nesse sentido, o cristianismo deverá ser missionariedade no coração do povo, preferencialmente do povo sofrido, desesperançado, exilado, excluído[28] e, ao mesmo tempo, ser resposta nova e transformadora, que contribui para construir uma alternatividade civilizacional em que a vida, em qualquer nível, seja experiência de sustentabilidade, realização e humanização.

---

26 EG 270.
27 "Cada vez que nos encontramos com um ser humano no amor, ficamos capazes de descobrir algo de novo sobre Deus. Cada vez que os nossos olhos se abrem para reconhecer o outro, ilumina-se mais a nossa fé para reconhecer a Deus" (EG 272).
28 "A reconciliação com Deus e com a humanidade exige um novo espírito movendo a humanidade. Exige que criemos novos tipos de relações humanas e sociais e um novo sentido de vida que sejam sinais visíveis da presença do Espírito entre nós. Por isso, a tarefa fundamental do Cristianismo hoje é espiritual. Lutar pela vida dos mais pobres e, por isso, por uma sociedade alternativa ao capitalismo não é apenas um compromisso social ou uma articulação entre a fé e a política, mas é viver a 'vida no Espírito', uma vida movida por amor-solidariedade e liberdade, contra o 'espírito do mundo', que é feito de cobiça e orgulha da riqueza (cf. 1Jo 2, 16)". MO SUNG, Jung. *Cristianismo de libertação: Espiritualidade e luta social*. São Paulo: Paulus, 2008, p. 163.

Conclusão

A experiência do cristianismo tem que fazer acontecer na experiência humana, eclesial e social o testemunho do Evangelho. É a boa-nova do Reino sendo acontecimento no processo de humanização. Humanização compreendida como conquista da promoção e da defesa da vida em qualquer âmbito, sobretudo em relação à vida ameaçada, fragilizada, empobrecida e excluída. Caso contrário, vive-se um descompromisso com a experiência cristã.

Enfim, diante de tanta injustiça, insensibilidade e exclusão não há como pensar o cristianismo "descolado" de uma prática misericordiosa, libertadora e alternativa em relação à vida. Esse é o modelo de compromisso que coloca a humanidade ética e responsavelmente, esperançada e utopicamente na trilha da realização do sonho do Deus cristão: "eu vim para que tenham vida e a tenham em abundância" (Jo 10, 10).

Referências

BOFF, Leonardo. *Cristianismo: O mínimo do mínimo*. Petrópolis: Vozes, 2011.

CASTILHO, José Maria. *A ética de Cristo*. São Paulo: Loyola, 2010.

FRANCISCO. Papa. *Carta Encíclica Laudato Si: Sobre o cuidado da casa comum*. São Paulo: Paulus/Loyola, 2015.

_____. *Exortação Apostólica Evangelii Gaudium: Sobre o anúncio do Evangelho no mundo atual*. São Paulo: Paulus/Loyola, 2013.

HINKELAMMERT, Franz. *Mercado versus direitos humanos*. São Paulo: Paulus, 2014.

JUNGES, José Roque. O respeito à dignidade humana como fundamento de todo humanismo. In: OSOWSKI, Cecília Irene

Qual a relação entre cristianismo e promoção do humano? 275

(Org.). *Teologia e humanismo social cristão: Traçando rotas*. São Leopoldo: UNISINOS, 2000.

_____. *Evento Cristo e ação humana: Temas fundamentais da ética teológica*. São Leopoldo: UNISINOS, 2001.

KUNG, Hans. *Jesús*. Madrid: Trotta, 2014.

LIBÂNIO, João Batista. *Olhando para o futuro: Prospectivas teológicas e pastorais do cristianismo na América Latina*. São Paulo: Loyola, 2003.

MO SUNG, Jung. *Cristianismo de libertação: Espiritualidade e luta social*. São Paulo: Paulinas, 2008.

VIDAL, Marciano. *Nova moral fundamental: O lar teológico da ética*. São Paulo: Paulinas; Aparecida: Santuário, 2003.

18

Em que consiste o compromisso social cristão?

Rosana Manzini[1]

*Uma fé autêntica – que nunca é cômoda nem indi-
vidualista – comporta sempre um profundo desejo
de mudar o mundo, transmitir valores, deixar a
terra um pouco melhor depois da nossa passagem
por ela.*
(Papa Francisco)[2]

Introdução

O mundo de hoje continua sendo o resultado de grandes transformações. Essas mudanças ocorreram em todos os setores da vida humana e acabaram por configurar um novo modo

---

1   Rosana Manzini é mestre em Teologia Prática (Pontifícia Universidade Católica de São Paulo) e em Teologia Moral (Pontifícia Faculdade de Teologia Nossa Senhora da Assunção – São Paulo), Diretora Operacional da Unidade São Paulo do Centro Universitário Salesiano (UNISAL), professora na PUC-SP e no UNISAL e membro da Red Latinoamericana del Pensamiento Social de la Iglesia (REDLAPSI).
2   FRANCISCO, Papa. *Exortação Apostólica Evangelii Gaudium: Sobre o anúncio do Evangelho no mundo atual.* São Paulo: Paulus/Loyola, 2013, nº 183. Daqui em diante = EG.

278   Antropologia Teológica: pensar o humano na universidade

de ser e viver das pessoas. Vivemos em uma realidade onde nos deparamos com situações de grandes e graves contrastes sociais, econômicos e políticos. Isso atinge também a compreensão de religiosidade. Vivemos em uma sociedade cada vez mais desigual que, apesar de todo avanço científico, exclui grande parte da população, tanto da produção quanto do acesso aos produtos; supervaloriza a emoção fugaz e o imediatismo; a liberdade sem limites é compreendida como valor absoluto e único que acaba por envolver toda a existência humana;[3] a dignidade humana se tornou volátil e mercantilizada como qualquer produto descartável. Precisamos de uma nova sociedade.

Falar de compromisso é falar de uma obrigação contraída com alguém ou com algum objetivo que se tornará uma responsabilidade que adquirimos em virtude de alguma forma de aceitação do que nos foi proposto. É criar um vínculo que gera fidelidade ao proposto. Falar de compromisso social cristão significa falar de uma obrigação, de uma responsabilidade com o projeto do Reino de Deus, com a proposta oferecida à toda humanidade, que no seu seguimento construirá uma sociedade mais fraterna e justa. Tornar o Reino de Deus presente pressupõe a compreensão clara de que não pode existir, na vida cristã, o divórcio entre fé e vida. "Nenhuma definição parcial e fragmentária, porém, chegará a dar a razão da realidade rica, complexa e dinâmica que é a evangelização, a não ser com o risco de a empobrecer e até mesmo de a mutilar".[4]

---

3   Não se trata aqui da autêntica liberdade que, conjugada com a vida, é um valor absoluto. Ao falar de "liberdade sem limites" entendemos a raiz do individualismo moderno, que acaba por minar a relacionalidade, tornando-se, assim, um antivalor que coloca em risco a vida. Isto se verifica, por exemplo, na questão ambiental.
4   PAULO VI, Papa. *Exortação Apostólica Evangelii Nuntiandi: Sobre a evangelização no mundo contemporâneo*. São Paulo: Paulinas, 1976, n° 17.

Em que consiste o compromisso social cristão? 279

O compromisso social cristão é o resultado de uma resposta de fé que homem e mulher, em seu encontro pessoal com Jesus, dão ao chamado imperativo do "Segue-me"! Essa resposta tem consequências na história de cada um e na história de toda humanidade. É uma resposta amorosa que deve provocar consequências sociais, onde "a vida social será um espaço de fraternidade, de justiça, de paz, de dignidade para todos".[5] Este compromisso está implícito na vocação social do cristão, pois se toda pessoa tem uma natureza social e necessita do outro para poder ser ela mesma, podemos afirmar que o cristão necessita do outro para compreender a própria fé. Torna-se assim claro que esta vocação traz consigo uma razão de agir e de amar muito específica, pois existe uma íntima conexão entre a experiência de fé e a experiência moral: Deus se torna Pai por meio de Jesus e, por meio dele, para toda a humanidade. Isto nos lança na dimensão da fraternidade: já não somos somente imagem e semelhança de Deus, mas sim filhos do mesmo Pai e, consequentemente, irmãos.

O Papa Francisco, no Capítulo IV da Exortação Apostólica *Evangelii Gaudium*, de modo profundo, nos mostra essa íntima conexão entre o professar e confessar a fé e o compromisso social que daí resulta:

> Confessar um Pai que ama infinitamente cada ser humano implica descobrir que 'assim lhe confere uma dignidade infinita'. Confessar que o Filho de Deus assumiu a nossa carne humana significa que cada pessoa humana foi elevada até ao próprio coração de Deus. Confessar que Jesus deu o seu sangue por nós impede-nos de ter qualquer dúvida acerca do amor sem limites que enobrece todo ser humano. A sua redenção tem um sentido social, porque

---

5   EG 180.

280 Antropologia Teológica: pensar o humano na universidade

'Deus, em Cristo, não redime somente a pessoa individual, mas também as relações sociais entre os homens'. Confessar que o Espírito Santo atua em todos implica reconhecer que Ele procura permear toda a situação humana e todos os vínculos sociais: 'O Espírito Santo possui uma inventiva infinita, própria da mente divina, que sabe prover a desfazer os nós das vicissitudes humanas mais complexas e impenetráveis'. A evangelização procura colaborar também com esta ação libertadora do Espírito. O próprio mistério da Trindade nos recorda que somos criados à imagem desta comunhão divina, pelo que não podemos realizar-nos nem salvar-nos sozinhos. A partir do coração do Evangelho, reconhecemos a conexão íntima que existe entre evangelização e promoção humana, que se deve necessariamente exprimir e desenvolver em toda a ação evangelizadora. A aceitação do primeiro anúncio, que convida a deixar- se amar por Deus e a amá-Lo com o amor que Ele mesmo nos comunica, provoca na vida da pessoa e nas suas ações uma primeira e fundamental reação: desejar, procurar e ter a peito o bem dos outros.[6]

1 A dignidade inviolável de toda pessoa

Quando tratamos de temas referentes à questão social é comum apelarmos para a "dignidade da pessoa". Em todas as discussões e posicionamentos ela é sempre defendida. Ninguém está disposto a ser acusado de desrespeito, violação, desconsideração da "dignidade humana". Porém é fácil constatar que nem sempre os pressupostos sobre os quais são ancorados os fundamentos da defesa e promoção da dignidade humana são os mesmos.

A Comissão Teológica Internacional, em seu documento *Dignità e diritti della persona umana*, de 1983, afirma que é necessário compreender as diversas concepções da dignidade:

---

6   EG 178.

Em que consiste o compromisso social cristão?   281

> Alguns fazem a dignidade humana consistir numa autonomia absoluta, desligada de qualquer relação com um Deus transcendente, quando não chegam a negar até mesmo a existência de um Deus criador e providente. Outros, entretanto, reconhecem a consistência e o valor do homem, como também a sua autonomia relativa, e insistem no respeito às liberdades pessoais, mas afirmam que o fundamento último dessa autonomia e dessas liberdades está na relação do homem com a transcendência suprema divina mesmo se, depois, dão desta última, diversas interpretações. Outros, enfim, referem-se à teologia da história da salvação para encontrar a origem e o verdadeiro significado da dignidade do homem. Mesmo tendo em conta o pecado (cf. Tese A, II, 2), procuram iluminar o mistério ou a condição do homem mediante a incorporação dos homens em Jesus Cristo, plenamente Deus e plenamente homem.[7]

A dignidade da pessoa humana se fundamenta no fato de ela ser *Imago Dei*: "Deus criou o homem à sua imagem, à imagem de Deus o criou, homem e mulher os criou" (Gn 1, 27). A criação do homem como imagem e semelhança de Deus se torna o núcleo da Revelação e "põe em luz o fato de que a essência e a existência do homem são constitucionalmente relacionadas com Deus do modo mais profundo".[8]

> Dotados de alma racional e criados à imagem de Deus, todos os homens têm a mesma natureza e a mesma origem; redimidos por Cristo, todos gozam da mesma vocação e destinação divina: deve-se portanto reconhecer cada vez mais a igualdade fundamental entre todos.[9]

---

7   COMMISSIONE TEOLOGICA INTERNAZIONALE. *Dignità e dirittti della persona umana* (1983). Disponível em: <http://www.vatican.va/roman_curia/congregations/cfaith/cti_documents/rc_cti_1983_dignita-diritti_it.html>. Acesso em: 02 fev. 2016 (tradução nossa).

8   PONTIFÍCIO CONSELHO 'JUSTIÇA E PAZ'. *Compêndio da Doutrina Social da Igreja*. 7ª ed. São Paulo: Paulinas, 2011, n° 109. Daqui em diante = CDSI.

9   COMPÊNDIO DO VATICANO II. *Constituições, Decretos, Declarações*. 29ª ed. VIER, Frederico (coord.). Petrópolis: Vozes, 2000. "Constituição Pastoral *Gaudium et Spes*: Sobre a Igreja no mundo atual", n° 29.

282 Antropologia Teológica: pensar o humano na universidade

Em síntese, o fato de a pessoa ser *Imago Dei* determina o *porquê* e o *como* ela deve agir. Ser imagem e semelhança de Deus implica viver num constante processo de conformação com Ele. "Dentre todas as criaturas, com efeito, somente o homem é "'capaz' de Deus". (...) O ser humano é um ser pessoal criado por Deus para a relação com Ele, que somente na relação pode viver e exprimir-se, e que tende naturalmente a Ele".[10] A existência humana é tarefa de assemelhar-se cada vez mais a Deus, até a consumação escatológica.

2 Opção pelos pobres é opção pela justiça

Se a dignidade da pessoa se fundamenta no fato de ela ser *Imago Dei*, é a justiça a categoria determinante que tutela os direitos e deveres para que essa dignidade seja respeitada. A justiça deve garantir e proteger os direitos e deveres fundamentais da pessoa humana; deve ainda julgar as condições que a sociedade proporciona para que cada pessoa se realize; deve vigiar e guiar a igualdade de oportunidades; deve orientar o convívio entre os povos para que o resultado seja a paz. A justiça, escreve John Rawls,

> é a primeira virtude das instituições sociais, como a verdade o é dos sistemas de pensamento. Embora elegante e econômica, uma teoria deve ser rejeitada ou revisada se não é verdadeira; da mesma forma leis e instituições, por mais eficientes e bem organizadas que sejam, devem ser reformadas ou abolidas se são injustas.[11]

Podemos dizer que a verdade e a justiça cobrem os dois lados mais decisivos da vida humana: o pensamento e a vida. É

---

10 CDSI 109.
11 RAWLS, John. *Uma teoria da justiça*. São Paulo: Martins Fontes, 2000, p. 3-4.

Em que consiste o compromisso social cristão? 283

impossível ordenar uma sociedade mediante relações injustas. Nesta perspectiva, adquire significado ainda mais pujante o que afirma o Documento de Aparecida sobre o fato de os rostos sofredores dos pobres serem os rostos sofredores de Cristo:

> Eles desafiam o núcleo do trabalho da Igreja, da pastoral e de nossas atitudes cristãs. Tudo o que tenha relação com Cristo tem relação com os pobres, e tudo o que está relacionado com os pobres clama por Jesus Cristo: "Tudo quanto vocês fizeram a um destes meus irmãos menores, o fizeram a mim" (Mt 25, 40).[12]

O compromisso social cristão está vinculado ao fato de Deus ser contra a injustiça e pôr-se ao lado do injustiçado; Ele assume a causa e o destino dos injustiçados,[13] o que é testemunhado por toda a Sagrada Escritura. A escolha por eles se insere no quadro de:

> Uma *forma especial* de primado na prática da caridade cristã, testemunhada por toda a Tradição da Igreja. Ela concerne à vida de cada cristão, enquanto deve ser imitação da vida de Cristo; mas aplica-se igualmente às nossas *responsabilidades sociais* e, por isso, ao nosso viver e às decisões que temos de tomar, coerentemente, acerca da propriedade e do uso dos bens. Mais ainda: hoje, dada a dimensão mundial que a questão social assumiu, este amor preferencial, com as decisões que ele nos inspira, não pode deixar de abranger as imensas multidões de famintos, mendigos, sem-teto, sem assistência médica e, sobretudo, sem esperança de um futuro melhor.[14]

---

12 CONSELHO EPISCOPAL LATINO AMERICANO. *Documento de Aparecida.* Texto conclusivo da V Conferência Geral do Episcopado Latino-Americano e do Caribe (13-31 de maio de 2007). 2ª ed. Brasília/São Paulo: Edições CNBB/Paulinas/Paulus, 2007, nº 393

13 Para uma maior compreensão da expressão "opção pelos pobres", recomendamos a leitura do artigo de VIGIL J. M. A opção pelos pobres é opção pela justiça, e não é preferencial: Para um reenquadramento teológico-sistemático da opção pelos pobres. In: *Perspectiva Teológica* 36 (2004): 241-252.

14 JOÃO PAULO II, Papa. *Carta Encíclica Sollicitudo rei socialis. Pelo vigésimo ani-*

3 A Doutrina Social da Igreja como orientação para o agir

A Igreja tem um conjunto de ensinamentos sobre as situações em que as pessoas e os povos vivem, pois tudo o que diz respeito à dignidade humana está intimamente ligado à tarefa de evangelização; *não se pode afirmar que a religião deve limitar-se ao âmbito privado e serve apenas para preparar as almas para o céu.*[15] Chamamos esta preciosa reflexão de Doutrina Social da Igreja (DSI).

A DSI é o encontro da mensagem evangélica e de suas exigências éticas com os desafios que a sociedade de cada época histórica apresentou e continua apresentando. Para muitos, ela é um tesouro ainda escondido, a ser descoberto.

O ponto de partida é a Sagrada Escritura; nela se fundamenta todo nosso compromisso social como desafio evangelizador. Ao considerarmos o Antigo Testamento, verificamos em todos os livros um projeto de sociedade querida pelo Deus da Aliança. Uma sociedade fundada na justiça e na solidariedade, em que todas as pessoas pudessem ter acesso aos bens necessários para seu desenvolvimento em dignidade. O mesmo ocorre no Novo Testamento: Jesus nos coloca diretamente diante da responsabilidade e do compromisso com o outro, revelando-nos Deus como Pai. Essa revelação "anuncia a misericórdia libertadora de Deus para com aqueles que encontra no Seu caminho, a começar pelos pobres, pelos marginalizados, pelos pecadores, e convida à Seu seguimento (...)".[16]

---

versário da encíclica *Populorum progressio* (30.12.1987). Trad. Tipografia Poliglota Vaticana. São Paulo: Paulus, 1997, n° 42.
15   EG 182.
16   CDSI 29.

Na fidelidade à Palavra, a Igreja vai construindo sua Tradição, tendo sempre presente a preocupação com a questão social. A DSI surge, oficialmente, quando o Papa Leão XIII (1891) publica a primeira encíclica social, a *Rerum Novarum*, em resposta aos graves problemas decorrentes da Revolução Industrial. Nela, Leão XIII trata da condição sub-humana em que viviam os operários da época.

A *Rerum Novarum* inaugura uma sequência de pronunciamentos oficiais dos Papas sobre a questão social em cada momento da história humana. Depois dela tivemos: *Quadragesimo Anno* (1931), de Pio XI, sobre as novas circunstâncias que caracterizavam a situação social e econômica; *La Solenità* (1941), de Pio XII, sobre o direito de todos os homens ao uso dos bens criados; *Mater et Magistra*, (1961), de João XXIII, sobre as novas e importantes situações sociais, econômicas e políticas; *Pacem in Terris* (1963), de João XXIII, sobre a Paz no mundo após a ameaça de uma guerra nuclear; *Gaudium et Spes,* (1965), do Concílio Vaticano II, sobre a preocupação com o gênero humano e com os problemas daquele tempo; *Populorum Progressio* (1967), de Paulo VI, sobre a aspiração de todos os povos a um desenvolvimento integral; *Octogesima Adveniens* (1971), de Paulo VI, destinada particularmente aos católicos comprometidos na ação social; *Laborem Exercens* (1981), de João Paulo II, sobre o trabalho humano; *Sollicitudo Rei Socialis* (1987), também de João Paulo II, que reafirma a continuidade da DSI e sua renovação; *Centesimus Annus* (1991), ainda de João Paulo II, sobre a nova situação sociopolítica e econômica após a queda do muro de Berlim; *Caritas in Veritate*, (2009), de Bento XVI, sobre a nova questão social antropológica; *Laudato Si'*, (2015) de Francisco, sobre o Cuidado da Casa Comum.

286 Antropologia Teológica: pensar o humano na universidade

Nessa longa história os princípios norteadores da DSI vão tomando forma. O princípio fundamental norteador de toda a DSI é a *defesa da dignidade humana e dos seus direitos inalienáveis*. Outros princípios surgem em decorrência deste e sua compreensão se torna imprescindível para o compromisso social:

Princípio do bem comum: "da dignidade, unidade e igualdade de todas as pessoas deriva, antes de tudo, o princípio do bem comum, a que se deve relacionar cada aspecto da vida social para encontrar pleno sentido. Segundo uma primeira e vasta acepção, por 'bem comum' se entende: 'O conjunto daquelas condições da vida social que permitem aos grupos e a cada um dos seus membros atingirem de maneira mais completa e desembaraçadamente a própria perfeição'".[17]

Princípio da destinação universal dos bens: "Deus destinou a terra, com tudo que ela contém, para o uso de todos os homens e de todos os povos, de tal modo que os bens criados devem bastar a todos, com equidade, segundo a regra da justiça, inseparável da caridade".[18]

Princípio da solidariedade: "a solidariedade confere particular relevo à intrínseca sociabilidade da pessoa humana, à igualdade de todos em dignidade e direitos, ao caminho comum dos homens e dos povos para uma unidade cada vez mais convicta. Nunca como hoje houve uma consciência tão generalizada do liame de interdependência entre os homens e os povos, que se manifesta em qualquer nível. A rapidíssima multiplicação das vias e dos meios de comunicação 'em tempo real', como são os telemáticos, os extraordinários progressos da informática, o crescente volume dos intercâmbios comerciais

---

17 CDSI 164.
18 CDSI 171.

Em que consiste o compromisso social cristão? 287

e das informações estão a testemunhar que, pela primeira vez desde o início da história da humanidade, ao menos tecnicamente, é já possível estabelecer relações também entre pessoas muito distantes umas das outras ou desconhecidas".[19]

Princípio da subsidiariedade: a subsidiariedade está entre as mais constantes e características diretrizes da doutrina social da Igreja, presente desde a primeira grande encíclica social. É impossível promover a dignidade da pessoa sem que se cuide da família, dos grupos, das associações, das realidades territoriais locais, em outras palavras, daquelas expressões agregativas de tipo econômico, social, cultural, desportivo, recreativo, profissional, político, às quais as pessoas dão vida espontaneamente e que lhes tornam possível um efetivo crescimento social. É este o âmbito da *sociedade civil*, entendida como o conjunto das relações entre indivíduos e entre sociedades intermédias, que se realizam de forma originária e graças à 'subjetividade criadora do cidadão'. A rede destas relações inerva o tecido social e constitui a base de uma verdadeira comunidade de pessoas, tornando possível o reconhecimento de formas mais elevadas de sociabilidade".[20]

Princípio da participação: "consequência característica da subsidiariedade é a participação, que se exprime, essencialmente, em uma série de atividades mediante as quais o cidadão, como indivíduo ou associado com outros, diretamente ou por meio de representantes, contribui para a vida cultural, econômica, política e social da comunidade civil a que pertence: a participação é um dever a ser conscientemente exercitado por todos, de modo responsável e em vista do bem comum".[21]

---

19 CDSI 192.
20 CDSI 185.
21 CDSI 189.

288 Antropologia Teológica: pensar o humano na universidade

O Papa Bento XVI bem sintetiza o significado do compromisso social da Igreja:

> O compromisso social da Igreja não é somente algo de humano, nem se resolve numa teoria social. A transformação da sociedade, realizada pelos cristãos ao longo dos séculos, constitui uma resposta à vinda do Filho de Deus ao mundo: o esplendor de tal Verdade e Caridade ilumina todas as culturas e sociedades. São João afirma: "Nisto temos conhecido amor: no facto de que Ele (Jesus) deu a sua vida por nós. Portanto, também nós devemos dar a nossa vida pelos nossos irmãos" (1Jo 3, 16).[22]

Conclusão

Aqui estão algumas indicações do "mapa" desse tesouro. Se o ignorarmos estaremos enquadrados na resposta que o coelho dá para Alice, no País das Maravilhas: "quem não sabe para onde vai, corre o risco de chegar em qualquer lugar".

Quem for buscá-lo se encantará com o trajeto: uma estrada cheia de homens e mulheres de fé no Deus da Vida, que se comprometeram com a busca da justiça. Quem for até o fim encontrará o tesouro, não só para si, mas para muitos: a vida em abundância.

Referências

BENTO XVI, Papa. *Discurso à Pontifícia Comissão Teológica Internacional* (02.12.2011). Disponível em: <http://w2.vatican.va/content/benedict-xvi/pt/speeches/2011/december/documents/hf_ben-xvi_spe_20111202_comm-teologica.html>.

---

22 BENTO XVI, Papa. *Discurso à Pontifícia Comissão Teológica Internacional* (02.12.2011). Disponível em: <http://w2.vatican.va/content/benedict-xvi/pt/speeches/2011/december/documents/hf_ben-xvi_spe_20111202_comm-teologica.html>. Acesso em: 30 jun. 2016.

Em que consiste o compromisso social cristão? 289

COMMISSIONE TEOLOGICA INTERNAZIONALE. *Dignità e dirittti della persona umana* (1983). Disponível em: <http://www.vatican.va/roman_curia/congregations/cfaith/cti_documents/rc_cti_1983_dignita-diritti_it.html>.

COMPÊNDIO DO VATICANO II. *Constituições, Decretos, Declarações.* 29ª ed. VIER, Frederico (coord.). Petrópolis: Vozes, 2000.

CONSELHO EPISCOPAL LATINO AMERICANO. *Documento de Aparecida: Texto conclusivo da V Conferência Geral do Episcopado Latino-Americano e do Caribe* (13-31 de maio de 2007). 2ª ed. Brasília/São Paulo: Edições CNBB/Paulinas/Paulus, 2007.

FRANCISCO, Papa. *Exortação Apostólica Evangelii Gaudium: Sobre o anúncio do Evangelho no mundo atual.* São Paulo: Paulus/Loyola, 2013.

JOÃO PAULO II, Papa. *Carta Encíclica Sollicitudo rei socialis: Pelo vigésimo aniversário da encíclica Populorum progressio* (30.12.1987). Trad. Tipografia Poliglota Vaticana. São Paulo: Paulus, 1997.

PAULO VI, Papa. *Exortação Apostólica Evangelii Nuntiandi: Sobre a evangelização no mundo contemporâneo.* São Paulo: Paulinas, 1976.

PONTIFÍCIO CONSELHO 'JUSTIÇA E PAZ'. *Compêndio da Doutrina Social da Igreja.* 7ª ed. São Paulo: Paulinas, 2011.

RAWLS, John. *Uma teoria da justiça.* São Paulo: Martins Fontes, 2000.

VIGIL J. M. A opção pelos pobres é opção pela justiça, e não é preferencial: Para um reenquadramento teológico-sistemático da opção pelos pobres. In: *Perspectiva Teológica* 36 (2004): 241-252.

19

Existe uma Ética Cristã?

José Antonio Trasferetti[1]

Introdução

A moral é uma ciência prática, que reflete sobre casos da vida real, da vida vivida. A ética cristã deve também olhar para a vida humana e refletir, à luz da Revelação de Deus e da fé, sobre os casos da vida real das pessoas. Assim, começamos essa reflexão com um caso de racismo e de preconceito.

"De novo vítima de racismo, Hulk responde com beijos. Ofensas são reincidentes no país que sediará próxima a Copa do Mundo. O jogador do Zenit e da seleção brasileira de futebol, Hulk, voltou a reclamar do racismo na Rússia neste domingo (27). Um dia antes, no empate em 2 a 2 contra o Sparttak Moscou, pelo campeonato russo, ele mandou beijos para torcedores adversários quando deixou o campo após ser substituído. O gesto foi uma resposta a insultos racistas vindos das arquibancadas. 'Infelizmente, as mesmas coisas continuam acontecendo. Não vou responder, já falamos sobre isso. Essas coisas

---

1 José Antonio Trasferetti é doutor em Teologia Moral (Pontifícia Universidade Lateranense - Roma) e em Filosofia (Pontifícia Universidade Gregoriana - Roma), professor da Pontifícia Universidade Católica de Campinas, vice-presidente da Sociedade Brasileira de Teologia Moral (SBTM) e avaliador do INEP/MEC.

não são para discutir. Então, eu seguirei enviando beijos e respondendo em campo', explicou o atacante, atual artilheiro do campeonato russo com seis gols e autor de um dos gols contra o Spartak. No Zenit desde 2012, Hulk já disse que o problema acontece em quase todos os jogos do campeonato, e responder a insultos já não é uma novidade para ele. No fim do ano passado, Hulk chegou a levar à diretoria do Zenit uma reclamação contra um árbitro da liga local, que teria dito 'não gosto de preto', segundo ele. Em março deste ano, também na capital russa, além de beijos, ele provocou a torcida levando as mãos ao ouvido como se pedisse para que os insultos fossem ditos em volume mais alto. Na ocasião, os torcedores do Torpedo Moscou imitaram som de macaco. O incidente fez com que o time fosse punido em dois jogos com portões fechados. Em julho deste ano, logo após uma de suas inúmeras reclamações sobre o tema, o atacante desistiu de participar do sorteio da copa do Mundo de 2018, na Rússia, para o qual fora convidado pela Fifa, alegando que o clube não o liberou por conta de compromissos. Ele disse ainda que o racismo na Rússia é uma vergonha e teme que o problema manche a Copa no país, daqui a dois anos. Em 2012, ano de sua chegada ao clube, fãs do Zenit, que tem uma das mais fervorosas torcidas do país, divulgaram manifesto em que expressavam a preferência por jogadores brancos no elenco".[2]

Esse fato retrata a triste situação de uma pessoa que sofre o preconceito e a dor da violência física e psicológica. Todos os dias, de muitos modos, muitas pessoas também passam por

---

2 Após novos insultos na Rússia, Hulk diz que seguirá mandando beijos. In: *Folha de São Paulo* (28.09.2015). Caderno Esporte, p. B2. Disponível em: <http://www1.folha.uol.com.br/esporte/2015/09/1687200-apos-novos-insultos-racistas-na-russia-hulk-diz-que-seguira-mandando-beijos.shtml>. Acesso em: 30 jun. 2015.

Existe uma Ética Cristã? 293

situações parecidas. Os casos de jogadores de futebol, ou mesmo de outros esportes, tornam-se mais conhecidos porque são divulgados pela mídia. Entretanto, sabemos que existem muitas outras situações que não são de conhecimento do grande público. A ética, enquanto capacidade de exercício da razão na arte do discernimento, não pode ficar indiferente.

Os agentes éticos são chamados a oferecer condições concretas para o exercício da crítica sobre todos os fatos da vida humana, sobretudo, daqueles em que a dignidade do ser humano é ferida pela violência. O ser humano é essencialmente um ser cultural. Ele está inserido no meio social de forma dialética. Assim diz Junges:

> Existe uma interação dialética entre a pessoa humana e seu meio. Tanto o meio é fruto de um constructo humano quanto a pessoa se constitui mediada pelo seu meio. Ela transforma o meio em seu ambiente social, que lhe serve de "casa", onde interage com os outros e torna-se alguém. O seu desenvolvimento como pessoa acontece em interação com o ambiente sociocultural, que é a matriz da sua identidade. Os gestos e as ações adquirem significado quando referidos a este contexto cultural.[3]

O caso do Jogador Hulk e as várias situações de racismo refletem uma situação cultural própria de pessoas e países que não sabem conviver com o diferente. A convivência com o diferente exige abertura ao outro no sentido de acolhê-lo como ele é, em sua totalidade de ser, em sua originalidade única, sem julgamentos ou preconceitos de quaisquer espécies. As pessoas são como são e devem ser respeitadas em sua dignidade. Os diferentes devem ser tratados como iguais em dignidade. O respeito à diversidade não significa superioridade nem inferioridade. Somos

---

3 JUNGES, J. R. *Evento Cristo e Ação Humana: Temas fundamentais de ética teológica*. São Leopoldo: UNISINOS, 2001, p. 17.

294 Antropologia Teológica: pensar o humano na universidade

todos humanos, filhos da mesma mãe Terra, e convivemos no mesmo espaço buscando os mesmos significados para viver de forma única e irrepetível.

1 A ética pós-moralista

Na verdade, a situação atual apresenta muitos desafios para a ética cristã, enquanto ética que pauta sua conduta na perspectiva apontada pelos valores oriundos do Evangelho. A sociedade pós-moderna tem experimentado uma crise ética sem precedentes. Podemos afirmar que as referências éticas do agir humano em sociedade no contexto atual entraram em colapso. Presenciamos uma anomia ampla e generalizada. Os desafios se situam tanto no âmbito da teoria (doutrina moral) quanto da prática (moral vivida).

A sociedade atual, caracterizada pelos valores do mercado, da técnica e do consumo aponta para o surgimento de uma sociedade pós-moralista. Trata-se de uma sociedade que difunde mais normas de bem-estar do que obrigações ou orientações de vida. Na verdade, a sociedade atual recusa as normas do dever moral e impõe os direitos individuais à autonomia, à felicidade e ao desejo. A ética pós-moralista é uma ética que se distancia do compromisso com a verdade e com os valores do Reino. Não se refere a sacrifício, caridade, amor ao próximo. Suas verdades estão pautadas no individualismo de mercado, no subjetivismo fácil, nas mentiras do consumo como formas de enaltecer a pessoa enquanto consumidora.

O teólogo Comblin, denunciando o pensamento único, afirma:

> Hoje é mais difícil ser livre. Há um pensamento único, um único modo de vida que se impõe a todos, ainda que os pobres não o possam alcançar. Há um controle social muito forte e milhares de regras de comportamento social obrigatório.

Existe uma Ética Cristã?

> Para pessoas de classe alta ou de classe média, a liberdade é mais difícil do que nunca. O estresse ameaça a todos. Ainda é entre os pobres que se pode encontrar mais liberdade. Pois o que faz a liberdade não é o dinheiro, mas a recusa de toda entrega de si mesmo por dinheiro. O dinheiro é o que torna a pessoa escrava.[4]

O dinheiro, este grande deus da sociedade capitalista, se impõe a todos transformando vidas, mentalidades e comportamentos. É o amor a ele que gera o tráfico de pessoas, o uso exacerbado de álcool, drogas, corrupção sistêmica, violências de todo tipo.

Na sociedade pós-moralista o amor ao dinheiro tem corroído a sociedade e produzido um novo tipo de ser humano, com um novo caráter. Esta nova forma de viver conduz a pessoa ao nada, porque o "ser", enquanto ontologia, não é mais o fundamento da existência, uma vez que se transforma apenas num evento. Segundo Junges:

> O fundamento estabelece-se no nível ôntico. Impõe-se o reino da multiplicidade. A regressão da procura do fundamento (Grund) leva ao abismo (Abgrund). Se o ser não é o fundamento, mas apenas se dá como evento, o enviar do ôntico ao ontológico aprofunda-se no horizonte do nada e desemboca no niilismo. Esse niilismo manifesta-se como nada metafísico, isto é, a desconstrução do ser, como nada cognoscitivo, isto é, a desconstrução da verdade, e tem, como consequência, o nada ético (desconstrução de qualquer *a priori* ético, valor ou norma). O fundamento do niilismo está no irracionalismo provocado pela fragmentação da razão.[5]

A ética pós-moralista está enraizada em nosso cotidiano e se apresenta de forma subliminar. Está colocada no contexto da forte presença dos meios de comunicação de massa como força

---

4 CONBLIN, J. *A Profecia na Igreja*. São Paulo: Paulus, 2008, p. 286.
5 JUNGES. *Evento Cristo e Ação Humana*, p. 22.

296 Antropologia Teológica: pensar o humano na universidade

que viola leis e normas que regulamentam a conduta crítica. A criticidade perde espaço para o ideal do consumo e das contradições expostas de forma irreal ou mesmo virtual. As formas de autocontrole do comportamento são dissolvidas. A sociedade torna-se superficial em seus relacionamentos que transitam entre a flacidez dos comportamentos e o movimento rítmico do caos anunciado. Nada é verdadeiro; tudo é mascarado e camuflado. A mentira prevalece e se faz verdade de tanto ser repetida e praticada. Os relacionamentos são pragmáticos e se regem pelas ideias de custo x benefício. Na verdade, a sociedade pós-moralista atinge profundamente os jovens. Afirma Junges:

> "em nossa realidade brasileira, a mentalidade individualista e a correspondente moral do pós-dever estão presentes em todas as camadas sociais, principalmente entre os jovens; são difundidas sempre mais através dos meios de comunicação social".[6]

Podemos observar a presença da ética pós-moralista nas mais variadas formas da nossa vida social. No campo da economia encontramos uma crescente e forte desigualdade social. Concentração de renda e pobreza encontram-se lado a lado gerando grandes diferenças entre pessoas e grupos. No campo da política observa-se uma grande apatia. Apesar das manifestações de protestos que às vezes se apresentam, as pessoas estão descrentes e desmotivadas para uma ação política consistente. Os poucos grupos que agem não conseguem práticas inovadoras e eficazes para combater as injustiças sociais e a corrupção endêmica que assola nosso país. No âmbito da cultura, observamos o crescimento cada vez maior de uma cultura de massa que torna os cidadãos dependentes acríticos em relação às manipulações

---

6 JUNGES. *Evento Cristo e Ação Humana*, p. 26.

políticas e sociais que constantemente influenciam os comportamentos. Trata-se de uma cultura que desintegra, desenraiza, destruindo a capacidade de criar e criticar constantemente num processo dialético de transformação criadora.

No campo da psicologia, a subjetividade é realçada em prejuízo da vida social no contexto da alteridade. A preocupação com as questões subjetivas de cunho emocional ganha sentido. A sexualidade torna-se vazia, fugaz e passageira. Perde-se o sentido do amor e do relacionamento profícuo que produz identidade e crescimento pessoal. A religiosidade presente neste contexto perde a sua identidade confessional e ganha em sentido emocional e individualista. O desejo de cura e encontro pessoal com o sagrado é reforçado por meio de práticas sentimentais e fugazes. Esses elementos, ao mesmo tempo que desintegram, geram uma nova reorganização social que subliminarmente influencia comportamentos e produz novos valores sociais. A sociedade pósmoralista afeta especialmente os jovens porque estão mais vulneráveis aos fatores que desintegram a personalidade dificultando uma postura crítica e proativa. Somente o jovem que se dedica aos estudos, que se interessa pelas ciências humanas, que deixa de ser um "analfabeto funcional", poderá enfrentar este mundo cruel que o afasta do seu real ser. O caso de racismo em relação ao jogador Hulk reflete esta mentalidade pós-moralista na qual discriminar um jogador em razão da cor da sua pele torna-se algo normal ou mesmo banal.

2 Ética Cristã

Vivemos num contexto de prevalência de uma ética pósmoralista. No entanto, é preciso reafirmar os valores da ética

298 Antropologia Teológica: pensar o humano na universidade

cristã, enquanto ética que se fundamenta na prática de Jesus de Nazaré e em seu amor pelas pessoas e pelo mundo. A ética cristã encontra suas raízes na perspectiva da produção de frutos de caridade para a vida do mundo.[7] A ética cristã ao longo da história procurou a sua superação, sobretudo, em relação à ética chamada manualística, que se concentrava num legalismo despropositado, gerador de uma moralidade rigorista/objetivista. Trata-se de uma moral estática concentrada no rigor da lei, deixando de lado a presença e a atuação do sujeito moral na determinação da conduta humana. Este posicionamento ético foi sendo aos poucos superado, sobretudo, pela presença de uma ética renovada, estabelecida pelo Concílio Vaticano II (1962-1965).

O documento *Optatam Totius*, já mencionado, procurou rearticular a ética cristã colocando-a no centro da vida dos cidadãos. Muitos estudiosos europeus, sobretudo da Alemanha, foram importantes nessa nova elaboração, culminando com Bernhard Häring, com a sua obra "A Lei de Cristo" (1953), posteriormente reeditada com o nome "Livres e Fiéis em Cristo" (1978). A ética cristã nesse contexto procura uma nova epistemologia e uma nova fundamentação bíblica para ser fiel ao chamado de Jesus para produzir frutos na caridade. Não mais uma ética da condenação, ou mesmo do rigor da lei, mas uma ética centrada em Jesus de Nazaré e na pessoa humana como portadora de consciência ética capaz de discernir os sinais dos tempos e tomar decisões importantes para a sua vida.

---

7 Decreto *Optatam Totius. Sobre a formação sacerdotal,* n° 16. In: VIER, Frederico (coord.). *Compêndio do Vaticano II: Constituições, decretos, declarações.* 22. edição. Petrópolis: Vozes, 1991, p. 521-522.

3 A Ética Cristã é Cristocêntrica

Segundo Junges, "o cristocentrismo é o princípio teológico da moral renovada, que está fundada sobre as implicações éticas do evento Cristo, que não significou o aparecimento de um novo código de normas, mas o surgimento de uma nova autocompreensão do sujeito moral".[8] Na verdade, a compreensão das ações de Jesus numa perspectiva ética nos coloca diante de uma postura que acolhe, integra e educa. Jesus não discrimina, não condena, não julga. Aqueles, por exemplo, que julgam e condenam um jogador de futebol por ser negro, estão completamente fora da perspectiva da ética cristã, pois no centro, está a figura do irmão na sua singularidade.

O comportamento ético de Jesus nos remonta a um personagem que viveu em contextos profundamente complexos do ponto de vista do relacionamento humano, mas que soube indicar um novo caminho, uma nova ética. Para Jesus, o amor educativo de Deus supera todas as divisões, rixas e contendas entre pessoas e povos. As culturas diferentes não devem afastar uns dos outros, mas permear o relacionamento humano e flexibilizar as riquezas sociais e culturais que cada um possui. No caso do jogador Hulk, as pessoas deveriam respeitá-lo e aprender com ele as belezas que carrega em seu histórico de vida. O racismo e o preconceito afastam as pessoas e tornam mais mesquinho o ambiente cultural. Jesus, no seu tempo, denunciou posturas muito parecidas com este caso atual.

---

8 JUNGES. *Evento Cristo e Ação Humana*, p. 38.

4 A Ética Cristã é personalista

O personalismo é o princípio antropológico da ética social enraizada na sociedade. Segundo Junges, "o ser humano é pessoa. Isso significa que é um ser inacabado, que tem a tarefa de ir constituindo-se, o que acontece na relação com Deus, com os outros e com o mundo".[9] A ética cristã, centrada no poder da pessoa, supõe liberdade, mas, ao mesmo tempo, responsabilidade. A pessoa, enquanto portadora de sentido e de decisões morais no uso da sua racionalidade, assume as tarefas de conduzir sua própria vida. Trata-se de um compromisso com a verdade moral, enquanto consciência primeira e única de se posicionar diante do mundo e das necessidades de escolhas que a vida lhe apresenta. Nesse sentido, a ética cristã supera o rigorismo exacerbado e o legalismo hipócrita e prioriza a pessoa humana com suas necessidades, vulnerabilidades e fragilidades. Entretanto, com racionalidade, torna-se capaz de superar limites e apontar horizontes de vida para todos. Trata-se de uma ética da libertação, pois coloca no centro o protagonismo daquele que se transforma em sujeito das ações éticas, mediado por uma consciência lúcida.

O personalismo valoriza a pessoa em sua capacidade de tomar decisões e, ao mesmo tempo, de assumir suas responsabilidades na liberdade que Deus lhe conferiu. Não pode mais pôr a culpa nos outros, no sistema ou mesmo em Deus. O sujeito, em sua autonomia criativa, torna-se responsável pela sua vida em todos os sentidos. A juventude é o melhor momento para ir formando esta consciência moral e assumindo perspectivas de autonomia diante dos pais, mães e outros tutores que porventura

---

9 JUNGES. *Evento Cristo e Ação Humana*, p. 38.

possuem poder de decisão em suas vidas. O ambiente universitário deve proporcionar suficiente educação para que o jovem conquiste sua liberdade na responsabilidade por meio do desenvolvimento crítico e racional de sua consciência ética. Nos ambientes universitários, atitudes de preconceito e racismo, como muitas vezes vemos no futebol, não são concebíveis, porque a universidade é justamente o momento de exercer a crítica social destes comportamentos.

5 A Ética Cristã é Ética do Amor

Todo amor é libertador. Na verdade, a ternura e o amor de Deus são mais fortes do que as fraquezas humanas. O ser humano, em sua constituição básica, é imperfeito, marcado pelas fissuras dos maus pensamentos, desejos indevidos, ações mesquinhas. Entretanto, ele pode superar-se centrando-se na figura de Jesus de Nazaré, que revelou a face misericordiosa de Deus. Podemos afirmar que a essência do cristianismo é ser uma religião do amor. O amor vale mais do que tudo, porque sua essência é sempre divina. O amor supera divisões, rixas, desentendimentos. O amor transforma pessoas e culturas. Trata-se de uma atitude nobre do ser humano, que vai além do ciúme, da rivalidade, da inveja, da competição etc. Embora não seja fácil, é possível fazer da própria vida um ato de amor. Quem ama não pode ser racista ou mesmo preconceituoso. O preconceito não combina com o amor. O amor, na verdade, se processa dentro de um estado espiritual de misericórdia.

Deste modo, a ética cristã se desdobra numa ética da misericórdia, atingindo a totalidade do ser humano. O Papa Francisco, em sua bula "*Misericordiae Vultus*", afirma:

302 Antropologia Teológica: pensar o humano na universidade

> [...] Misericórdia: é a palavra que revela o mistério da San-
> tíssima Trindade. Misericórdia: é o ato último e supremo
> pelo qual Deus vem ao nosso encontro. Misericórdia: é a lei
> fundamental que mora no coração de cada pessoa, quando
> vê com olhos sinceros o irmão que encontra o caminho da
> vida. Misericórdia: é o caminho que une Deus e o homem,
> porque nos abre o coração à esperança de sermos amados
> para sempre, apesar da limitação do nosso pecado.[10]

Neste sentido, mais do que uma questão de Teologia, o tema do amor que se traduz em ação misericordiosa é uma forma de ver o mundo, um jeito de olhar a vida, uma postura diante da existência. Trata-se de uma questão relacionada com o coração de Deus, porque Deus em sua essência é pura misericórdia. A forma como Jesus de Nazaré agiu diante das questões polêmicas do seu tempo revela um coração profundamente misericordioso, porque não julgava movido por sentimentos de racismo, xenofobia, homofobia, fundamentalismos ou fanatismos de qualquer espécie. A Ética da Misericórdia em sua originalidade sempre procurou compreender a fragilidade do ser humano, mesmo vivendo em situações-limite. O coração misericordioso possui o olhar divino e compreende cada situação de uma forma transformadora. Evidentemente que misericórdia não significa concordar com tudo, posicionar-se de forma laxista, aceitar o erro como normal e/ou natural. Existem muitas maneiras de corrigir uma pessoa. Mostrar a outra face, como sugere Jesus, não significa revidar a agressão com outra agressão, mas ensinar o caminho certo de um jeito certo no momento mais adequado. Com paciência e retidão, o coração misericordioso acolhe, perdoa, integra e transforma vidas.

---

10 FRANCISCO, Papa. *Misericordiae Vultus: O rosto da misericórdia*. São Paulo: Paulus/Loyola, 2015, n° 02.

O agir de Jesus, na verdade, é a melhor prática de amor. Jesus sintetizou toda a lei na prática do amor ao próximo, numa sociedade profundamente excludente e marcada por divisões históricas como era a sua. A ética cristã, segundo a proposta de Jesus, concentra a prática do amor a Deus e ao próximo como umbilicalmente ligadas. Não se pode amar a Deus sem amar o próximo, e não se pode amar o próximo sem amar a Deus. O amor se estabelece em sua forma dialética de ser, num processo constante de crescimento e transformação. Para atingir essa meta é preciso uma nova espiritualidade, que só se adquire por meio de uma ascese interior que elimina as marcas do homem velho e faz renascer as oportunidades do homem novo.

O jovem é chamado a realizar essa reviravolta em sua vida. Enquanto jovem, vive numa sociedade velha, cercada de vícios próprios do "jeitinho brasileiro", de preconceitos etc. Entretanto, por ser jovem e universitário, não pode se acomodar a esses comportamentos, mas fazer a sua crítica na teoria e na prática, propondo novos comportamentos, novos costumes que certamente influenciarão a sociedade do futuro. A ética cristã é uma ética do futuro, na medida em que critica a sociedade atual e projeta novos relacionamentos numa nova sociedade. A ética cristã é liberdade por sua natureza original. Não aceita imposições dos meios de comunicação de massa, não aprova comportamentos de corrupção, não tolera preconceito e discriminações de natureza racial, étnica ou mesmo sexual.

O jovem é chamado a ser um agente social, protagonista de uma nova ordem moral. Uma ordem marcada pelas relações de amor entre as pessoas. O amor supera qualquer posicionamento puramente político, pois sua essência vai além das análises de

304 Antropologia Teológica: pensar o humano na universidade

relações de poder ou correlações de força. O Papa Bento XVI, em sua encíclica *Caritas in Veritate*, afirma:

> Quando o empenho pelo bem comum é animado pela caridade, tem uma valência superior à do empenho simplesmente secular e político. Aquele, como todo o empenho pela justiça, inscreve-se no testemunho da caridade divina que, agindo no tempo, prepara o eterno. A ação do homem sobre a terra, quando é inspirada e sustentada pela caridade, contribui para a edificação daquela cidade universal de Deus, que é a meta para onde caminha a história da família.[11]

Portanto, o amor possui uma dimensão social e permeia a ação daqueles que amam a humanidade e sonham com um mundo melhor.

A ética cristã, diferentemente da ética civil (ainda norteada pela pós-moralidade, enquanto moral do dever profundamente influenciada pelo mercado e pelo consumo), traz em seu cerne uma perspectiva de ética da libertação. Segundo Junges:

> Na América Latina surgiu a ética da libertação, que procurou assumir a perspectiva do pobre como princípio de articulação da reflexão ética e como configuradora do sentido da ação. Quer aliar indignação ética diante da injustiça e racionalidade ética da práxis. Apresenta-se como uma reflexão motivada pela misericórdia diante do sofrimento dos pobres e desencadeadora de uma ação solidária.[12]

Neste sentido, a ética cristã no mundo de hoje não pode deixar de se converter em ética mundial. Uma ética que interage com todos os problemas da humanidade, no sentido de promover o bem comum e a justiça social. Uma ética que não seja

---

11 BENTO XVI, Papa. *Carta Encíclica Caritas in Veritate. Sobre o desenvolvimento humano integral na caridade e na verdade*. São Paulo: Paulus/Loyola, 2009, n° 07.
12 JUNGES. *Evento Cristo e Ação Humana*, p. 42.

Existe uma Ética Cristã? 305

ecológica, global, aberta e sem discriminação não faz sentido neste mundo globalizado.[13]

A ética cristã, em sua perspectiva libertadora e a favor da dignidade humana, rejeita qualquer forma de racismo. O racismo é uma demonstração de intolerância, que prejudica a vida humana. A convivência com o outro, enquanto alteridade de qualquer cultura, não pode ser marcada pelo ódio ou pela violência das armas ou das palavras. Todo ser humano, seja de onde for, merece respeito e tratamento digno. Quando alguém fere as normas sociais pelo roubo, tráfico, violência etc., merece a punição especificada pelas leis que regem o país. A essência do amor é a educação que transforma vidas. Amar não significa necessariamente complacência com o erro, aprovação de comportamentos lascivos ou inócuos. É preciso corrigir, com o amor que transforma vidas.

Os textos do Evangelho nos mostram que Jesus combateu a hipocrisia dos fariseus de uma forma profundamente humana e, ao mesmo tempo, profética. Neste tempo, marcado pela cultura do descartável, pela ignorância radical, pela banalidade do mal, pela corrupção generalizada, pela inversão de valores, ser misericordioso é ser profeta, anunciando com o testemunho da vida um novo caminho para a humanidade. Um caminho que fortalece o amor e o respeito à fragilidade humana em sua luta por um crescimento sadio e progressivo. A Ética da Misericórdia coloca no centro da existência a irmandade amorosa, na arte da convivência com os seres vivos, visando uma harmonia integral capaz de transformar a depredação em cuidado, a violência em amor, a morte em vida.

---

13 TRASFERETTI, J.A. *Ética e Responsabilidade Social*. Campinas: Alínea, 2001, p. 127.

O olhar misericordioso que tudo transforma deve iluminar nossas ações numa sociedade hipócrita e mesquinha. A misericórdia está no olhar, no jeito de falar, nas atitudes e gestos que beneficiam o ser humano em sua singularidade primeira. O pontificado do Papa Francisco tem apontado para essa direção: o rosto da misericórdia deve ser o rosto da Igreja de Jesus, deve ser o rosto de todas as pessoas de boa vontade. Neste sentido, a misericórdia é o cerne da ética cristã.

Conclusão

Todos os dias, de muitos modos, jogadores de futebol, artistas, trabalhadores, professores, pessoas comuns etc., têm sido vítimas do racismo no Brasil e no mundo. O racismo é uma atitude covarde, pois as pessoas são julgadas e condenadas não por aquilo que são, mas pela cor de sua pele, cabelo, roupa, pela origem, pela classe social, pelos lugares que frequentam etc. O racismo é um preconceito "embutido" no interior daquelas pessoas incapazes de conviver com o diferente. A convivência com o diferente implica numa atitude de respeito e aceitação da pessoa como ela é. O outro é justamente uma pessoa diferente de mim, porém com a mesma dignidade em seu ser ontológico. As pessoas são realmente diferentes, ninguém é igual a ninguém. Somos únicos em nossa existência pessoal, em nossos condicionamentos biológicos, sociais e educacionais. Saber viver em sociedade, de modo especial nos tempos atuais, é saber conviver com o pluralismo das ideias e das vidas. A sociedade pós-moderna, fragmentada em sua concepção existencial, efêmera em seu posicionamento diante do mundo, comporta uma série de atitudes que devem ser acolhidas como expressão da diversidade na igualdade. Expressões racistas em nosso cotidiano apenas revelam um preconceito superficial de quem não conhece as pessoas em sua essência. Olhares superficiais denotam ignorância e visam prejudicar o outro em sua capacidade de expressão pessoal. O caso do jogador Hulk e os de tantos outros apenas espelham o retrato de uma sociedade doente e perdida.

A Ética Cristã enquanto ética que pauta seus valores na mensagem e na vida de Jesus de Nazaré não pode compactuar com atitudes e comportamentos racistas. O comportamento racista não respeita a história e a identidade das pessoas, muito menos, sua essência enquanto ser dotado de dignidade. A consciência moral em sua liberdade contextual procura valorizar a pessoa humana não por aquilo que ela aparenta ser, mas por aquilo que ela é. Antes de julgarmos uma pessoa, ou mesmo de condenarmos sua postura, é necessária conhecê-la por dentro. O conhecimento superficial constrói uma imagem falsa que nem sempre condiz com a verdadeira realidade da pessoa.

A Ética Cristã, por ser cristocêntrica e personalista, analisa o comportamento de Jesus diante dos muitos casos de preconceito da sua época. Jesus olhou com profundo amor e compreensão para cada ser humano, sobretudo, para aqueles que a sociedade condenava como pecadores e pobres. A atitude de Jesus foi sempre a atitude de alguém que procura compreender o ser humano em sua totalidade ao mesmo tempo em que denuncia os sistemas de opressão cultural de sua época. Jesus não compactuou com a moral farisaica, que valorizava o exterior e não cuidava do interior. Ele criticou os que eram apegados à lei (legalismo) e se esqueciam do amor de Deus. O amor de Jesus transformava vidas, porque compreendia as pessoas e suas condições reais de existência. Jesus não julgava pelas aparências nem excluía pelas imposições morais da época. Jesus criticou

308 Antropologia Teológica: pensar o humano na universidade

os condicionamentos morais. Ele foi profeta no bom sentido da palavra, porque denunciava a violência que maltratava o povo em todos os sentidos (econômico, político, cultural, religioso etc.). O racismo e os racistas não compreendem o amor de Deus, centrado na pessoa humana (imagem e semelhança de Deus) e suas necessidades materiais e espirituais. Qualquer pessoa, cristã ou não, deve combater com palavras e exemplos todo comportamento que venha ferir a dignidade da pessoa humana.

Por fim, a juventude é o momento ideal para construção de pessoas com consciência ética, que visem o bem-estar da humanidade. A ética cristã se propõe a ser um instrumento útil para a educação dos jovens. O jovem é chamado a ser um revolucionário, em oposição aos instrumentos que produzem uma moralidade laxista de cunho consumista e conformista. Nada de conformismo! Viva a rebeldia do amor que tudo transforma!

Referências

BENTO XVI, Papa. *Carta Encíclica Caritas in Veritate. Sobre o desenvolvimento humano integral na caridade e na verdade.* São Paulo: Paulus/Loyola, 2009.

COMPÊNDIO DO VATICANO II: *Constituições, decretos, declarações.* 22ª edição. Petrópolis: Vozes, 1991.

CONBLIN, J. *A Profecia na Igreja.* São Paulo: Paulus, 2008.

FRANCISCO, Papa. *Misericordiae Vultus: O rosto da misericórdia.* São Paulo: Paulus/Loyola, 2015.

JUNGES, J. R. *Evento Cristo e Ação Humana: Temas fundamentais de ética teológica.* São Leopoldo: UNISINOS, 2001.

TRASFERETTI, J. A. *Ética e Responsabilidade Social.* Campinas: Alínea, 2001.

20

O que significa ser um profissional cristão?

Fernando Altemeyer Júnior[1]

Introdução

Qual o significado de uma profissão iluminada por valores cristãos? Em primeiro lugar, é preciso compreender que o profissional cristão não pode ser um vencedor que esmaga derrotados. E tampouco um escravo do sistema que docilmente contribui com a exploração de seus companheiros. Deve ser fermento e luz no mundo, cidadão que vive valores e assume compromissos com a vida e com a sua família. Ou seja, alguém diferente no mundo, pois crê em valores que não se compram nem se vendem. Esse modo de viver pode muito bem ser expresso pelo projeto de dom Bosco: "Formar bons cristãos e honestos cidadãos". Essa tarefa permanente e pessoal deve assumir o melhor da fé cristã, o melhor da evolução profissional e, levar a viver um novo espírito no mundo do trabalho e na

---

[1] Fernando Altemeyer Júnior é doutor em Ciências Sociais (Pontifícia Universidade Católica - São Paulo), mestre em Teologia e Ciências da Religião (Université Catholique de Louvain – Bélgica) e professor da Pontifícia Universidade Católica de São Paulo.

310 Antropologia Teológica: pensar o humano na universidade

família. Estar com todos sendo diferente. Vestir-se igualmente, tendo um coração distinto e luminoso. Essa é a tarefa: ser semente de outro mundo possível.[2]

1 O primeiro passo do profissional cristão

Muitos poderiam pensar que o primeiro passo é o de ser o melhor na profissão para destacar-se ou comandar a empresa ou o trabalho. Embora a competência seja extremamente importante, a questão primordial é anterior. O que é preciso no mundo do trabalho é ser, primeiro, um bom cristão, isto é, viver esforçando-se para testemunhar os valores evangélicos. Ser cristão é, portanto, assumir o seguimento de Jesus na fé, no amor e na esperança. Vivendo essas três virtudes serenamente o cristão pode aplicar-se em ser bom profissional. Sendo bom profissional sem a prática das virtudes, ele será apenas um bom escravo do sistema de exploração. Primeiro os valores e depois o resto.

A identidade de um bom católico emerge na pia batismal e se exprime em sua vida familiar e comunitária revelando que ouve e crê na mensagem dos Evangelhos. Tudo é bem simples e transparente. Se alguém é coerente com os valores de Jesus será sempre um irmão e companheiro. A partir da pedra angular é possível ampliar a ação cristã.

O segundo passo é viver isso de forma adequada e não artificial ou cosmética na vida profissional, mergulhando no mundo de interesses contraditórios, mas convivendo com pessoas de outros credos e até mesmo sem fé religiosa. Em um mundo cada vez mais secularizado e agnóstico, o desafio é dialogar

---

2 Este capítulo é inspirado em: SERTILLANGES, Antonin-Dalmace. *A vida intelectual: Seu espírito, suas condições, seus métodos.* São Paulo: Editora É, 2010.

O que significa ser um profissional cristão? 311

com todos a partir de um lugar claro de valores que não teme o confronto nem se acovarda diante dos desafios. A questão será: como manter a fidelidade e o testemunho na sociedade capitalista urbanizada? A resposta só pode ser esta: sendo coerente. Não é fácil, mas é possível.

Quando o cristianismo nasceu pelos anos 30 da era cristã seguindo o anúncio dos apóstolos e a pregação de Paulo em toda Ásia Menor, a maior preocupação era a de não ser confundido com aqueles que martirizavam os cristãos em nome de César. Ser cristão era negar a fé imperial idolátrica. Ser cristão era ser ateu do deus dominante e assassino imposto pelo Império Romano. Era conviver e partilhar com os subalternos. Toda profissão e trabalho eram permitidos e assumidos, exceto aqueles vinculados aos repressores: soldados, sacerdotes imperiais, comércio e venda de escravos, prostituição e, especialmente, os magos e feiticeiros, vetados e execrados pelos cristãos. Durante três séculos, dos anos 30 d.C. até 313 d.C., ser cristão era sinônimo de pertencimento às classes populares vivendo de acordo com a mensagem de Jesus, na vida pública, privada e econômica, sem pactuar com o Império e com a exploração romana, quer na política quer na religião. A Carta a Diogneto assim o explicita:

> Os cristãos, de fato, não se distinguem dos outros homens, nem por sua terra, nem por sua língua ou costumes. Com efeito, não moram em cidades próprias, nem falam língua estranha, nem têm algum modo especial de viver. Sua doutrina não foi inventada por eles, graças ao talento e a especulação de homens curiosos, nem professam, como outros, algum ensinamento humano. Pelo contrário, vivendo em casas gregas e bárbaras, conforme a sorte de cada um, e adaptando-se aos costumes do lugar quanto à roupa, ao alimento e ao resto, testemunham um modo de vida admirável e, sem dúvida, paradoxal. Vivem na sua pátria, mas como forasteiros; participam de tudo como cristãos

312 Antropologia Teológica: pensar o humano na universidade

> e suportam tudo como estrangeiros. Toda pátria estrangeira é pátria deles, e cada pátria é estrangeira. Casam-se como todos e geram filhos, mas não abandonam os recém-nascidos. Põe a mesa em comum, mas não o leito; estão na carne, mas não vivem segundo a carne; moram na terra, mas têm sua cidadania no céu; obedecem as leis estabelecidas, mas com sua vida ultrapassam as leis; amam a todos e são perseguidos por todos; são desconhecidos e, apesar disso, condenados; são mortos e, deste modo, lhes é dada a vida; são pobres e enriquecem a muitos; carecem de tudo e tem abundância de tudo; são desprezados e, no desprezo, tornam-se glorificados; são amaldiçoados e, depois, proclamados justos; são injuriados, e bendizem; são maltratados, e honram; fazem o bem, e são punidos como malfeitores; são condenados, e se alegram como se recebessem a vida. Pelos judeus são combatidos como estrangeiros, pelos gregos são perseguidos, a aqueles que os odeiam não saberiam dizer o motivo do ódio".[3]

Depois do Edito de Constantino legalizando a fé subversiva dos cristãos, a visão mudará profundamente. Começarão a fazer parte das igrejas profissionais das muitas classes sociais de todo o Império, inclusive gente dos palácios e das cortes judiciárias. A expansão para os outros povos e culturas da Europa e Ásia tornará a pertença multiétnica e multiprofissional. O critério do seguimento de Jesus se explicitará nos sacramentos, na vida compartilhada, e as profissões serão acolhidas pela Igreja desde que não contradigam com o preceito do amor fraterno. Serão vetados assassinos, apóstatas, idólatras e mercadores de escravos. Ser profissional, segundo o Evangelho, será sinônimo de ser capaz de viver segundo os desígnios de Deus, ofertar de seus bens para sustentar os pobres e, sobretudo, ser fiel aos ditames de Cristo expressos no Pai Nosso e nas bem-aventuranças.

---

3 CARTA a Diogneto. In: PATRÍSTICA. *Padres Apologistas*. Trad. Ivo Storniolo. São Paulo: Paulus, 1995, n° 5.

O que significa ser um profissional cristão? 313

Assim muitos identificarão a profissão cristã com a vida monástica e religiosa. São os que podem renegar este mundo e o dinheiro os que se aproximam mais do caminho da perfeição. O caminho cristão ficará, por séculos, restrito aos puros e santos. Muitos séculos de cristandade medieval, a alteração do modo de produção feudal e a irrupção de novo modo de produzir e reproduzir a vida pela revolução da modernidade atingiram o cerne da vida cristã, mudaram o estilo de vida das pessoas nos campos e nas novas cidades desenhando, a partir do século XII, novas feições de outro modo de ser cristão. O jeito siríaco de ser cristão vivido nas origens da mensagem dos apóstolos passa pelo crivo da cultura céltica gestando o modo celta de viver a fé cristã. O jeito latino e romano de exprimir a fé cristã e a mensagem de Jesus será profundamente mudado quando da missão em terras germânicas e entre os povos do outro lado dos Urais, alterando o idioma litúrgico, as expressões teológicas e a maneira de viver o que nascera no Oriente Médio. Aquilo que se exprimia pelo modo asiático semita agora encontrava distintos modos de celebrar o trabalho, de exprimir a cultura e de transformar a religião metamorfoseando o pão mediterrâneo em novos ofertórios de trabalho e profissão. Assim, quanto mais se afastava do Mar Mediterrâneo, de seus afluentes europeus, asiáticos e africanos mais o cristianismo se abria às terras dos povos do norte, depois ao sul do Equador e se confrontava ao Leste e ao Oeste, com enigmas a serem decifrados. Eram grupos étnicos que possuíam outras formas de produzir a vida e de organizar o trabalho exigindo dos missionários numerosas adaptações ao seu modo de falar, de pensar, de comer, de vestir, enfim, era preciso desenhar um rosto novo para apresentar o Evangelho de modo que fosse compreendido, amado e vivido por esses povos novos. Sem

314 Antropologia Teológica: pensar o humano na universidade

imersão não há salvação. Sem compreender não há como ser compreendido. Ao ouvir a melodia de Cristo em seu idioma e sua labuta, aquele povo novo podia reverberar essa música em estilo próprio e, até aquele momento, inaudito. Surgiram formas culturais, profissionais, morais distintas, vividas por armênios, russos, germânicos, catalães, portugueses, celtas, britânicos, franceses, e mais tarde, por mongóis, turcos, chineses, nipônicos, indianos, africanos e, em séculos recentes, ainda vemos os novos rostos entre os aborígenes das Américas e da Oceania. Hoje quem sabe estamos assistindo ao surgimento de um novo cristianismo sendo gestado pelas juventudes conectadas pelas redes sociais em favor de um mundo de paz.

Não há, portanto, uma receita imutável ou um decálogo dos dez mandamentos de um profissional cristão para todos os tempos e povos. Este seria um contrassenso, pois aprisionaria o Evangelho em margens estreitas e estéreis. O que de fato existe é um espírito e uma leveza espirituais que se inserem, mergulham e produzem um amálgama com a cultura e o modo de viver o trabalho em cada povo específico. É um estilo de vida frente aos distintos modos de produzir a vida. Não é uma questão de vestes, músicas, formatos predeterminados que nos fazem bons católicos. Não é uma questão de grife ou "patentes" de distinção na pele ou nos cabelos. Ninguém se mostra mais ou menos cristão por uma tabela de sucesso de vendas ou performances de lucros. Essa maneira de exprimir cristianismo como conta bancária ou sucesso empresarial é a forma abusiva da chamada "Teologia da Prosperidade", que certamente é um desvio ideológico e maldoso da gratuidade e amor de Deus. Prosperidade como critério profissional é manipular a fé para alavancar sistemas financeiros e não a verdade evangélica.

O que significa ser um profissional cristão? 315

A identidade profissional cristã é muito mais interior e se manifesta publicamente por valores vividos no agir profissional. Ser um bom profissional cristão é ser regido pela ética cristã negando-se a explorar seus companheiros, afastando-se de toda corrupção financeira e protegendo os valores da cidadania e da justiça social. Profissional cristão competente é aquele que possui atitudes morais que balizam práticas e falas. Muito mais cristão é dar bom dia ao porteiro da empresa que mostrar-se agradável ao chefe ou superior. O primeiro ato é gratuito e amoroso. O segundo é obrigatório e normal. Ser um profissional cristão é ser capaz de conjugar de forma harmônica o ser profissional e o ser cristão.

O profissional é sempre alguém que se consagra durante toda a sua vida para ser o melhor em seu campo de atividades. Estuda, progride, estabelece metas concretas de superação, faz autocrítica e escuta seus pares. Profissão sempre designou uma atividade produtiva especializada, na qual e pela qual a pessoa humana está vital e permanentemente engajada, encontrando de alguma maneira a razão de viver em sociedade. Antes da revolução industrial, a profissão definia uma pessoa e seu lugar na sociedade. Era um orgulho mostrar suas habilidades profissionais e participar de sua corporação marcada por uma hierarquia social estrita e clara. Depois da revolução do século XIX, a civilização industrial, e agora pós-industrial e tecnológica, apresenta uma crise na estrutura profissional antiga. Gera mobilidade de emprego, contínuos desempregos e realocações profissionais, ameaça permanente de desemprego estrutural; em alguns países até assistimos a volta de escravidão disfarçada, o que exige que se enfrente com vigor e em rede a desqualificação profissional e, em alguns casos, até a supressão de profissionais pelo avanço da robótica e da técnica, que excluem

316 Antropologia Teológica: pensar o humano na universidade

o humano. Hoje é fundamental preparar-se para atuar em novas estruturas mutantes de trabalho industrial, ser capaz de adquirir múltiplos modos de agir nas empresas, projetar sua profissão e até o seu modo de trabalhar. Uma das palavras essenciais da parte dos capitalistas é a reconversão. E, do lado dos trabalhadores, é a complexidade e a defesa dos direitos fundamentais. Há limites para a voracidade do capital e há urgência na requalificação da mão de obra. A parte humana é que deve ditar a parte secundária da mercadoria. O mercado não pode se sobrepor ao pão nosso de cada dia que é, este sim, sagrado. Não é mais possível fechar-se em uma especialização original e monolítica, mas tampouco desfazer-se de pessoas como se fossem peças ou objetos descartáveis. A vida vale mais do que a mercadoria. E a mercadoria só vale se estiver a serviço da vida. Eis a lógica cristã que possui uma visão social da profissão por vislumbrar uma função pública e justa do Estado, da empresa e do trabalho.

Essa perspectiva invertida, que coloca os trabalhadores no centro, faz compreender que o profissional cristão é aquele que não se isola nem aceita qualquer ação se esta for contra a vida, contra a verdade e, sobretudo contra os pobres. "O isolamento é inumano; pois trabalhar humanamente é trabalhar com o sentimento do homem, suas necessidades, suas grandezas, solidariedade que nos une numa vida intimamente partilhada".[4]

O profissional cristão pertence ao seu tempo e a um grupo humano onde se insere e é capaz de aprender e ensinar. Deve viver constantemente no universal, na história. Já que vive com Jesus Cristo, não pode dele separar as épocas, nem os homens. Em seu trabalho diário deve sempre estar pronto para arrancar

---

4 SERTILLANGES. *A vida intelectual*, p. 27.

O que significa ser um profissional cristão? 317

da escuridão aos colegas que estão cegos ou doentes; enobrecer seus amigos e companheiros de empresa e trabalho; ouvir o que os outros dizem; identificar suas fraquezas e suas forças; ser fiel e amigo. O capital mais precioso de uma empresa não são as paredes ou produtos por ela fabricados, mas os profissionais e as pessoas que nela convivem.

2 Virtudes comuns do profissional cristão

A primeira e fundamental virtude é a qualidade pessoal de caráter vivido no cotidiano. Dizia o P. Sertillanges: "Fica-se escandalizado com uma desunião que ofende a harmonia humana. Não se acredita nesses joalheiros que vendem pérolas, mas não as usam".[5] Viver o que se fala é primordial.

Em seguida, lutar contra a ignorância pessoal e contra o orgulho que ofusca e afasta da verdade. Evitar também a inveja e a irritação para não se fincar no erro. Enfim, o mais simples e fundamental é expressar-se para não engolir sapos e adoecer. Todos sabem que é verdadeira a nobre expressão: os grandes pensamentos nascem do coração.

As virtudes capitais de um profissional cristão são o empenho e a fidelidade permanentes. Nada de bom pode nascer sem perseverança e trabalho árduo. No passado isso era chamado pelos clássicos de temperança, ou seja, capacidade de adaptar-se às circunstâncias e juntar às obrigações diárias e pequeninas aquele apetite por conhecer o mais elevado e o melhor dos outros e de si mesmo. Em resumo, oferecer o melhor, trabalhar pelo melhor e cultivar o melhor. Podemos dizer que é oposto de ser medíocre e negligente.

---

5 SERTILLANGES. *A vida intelectual*, p. 31.

318 Antropologia Teológica: pensar o humano na universidade

O espírito do trabalho será sempre a chave do profissional cristão, como alguém zeloso e persistente. Um espírito ativo está sempre em busca da verdade. Devemos agir tal qual criança em cujos lábios emerge a questão recorrente: Por quê? Esse apetite insaciável pela verdade que se irmana à curiosidade pelo bem e pela beleza faz com que não envelheçamos nunca. Pensar-se como eterno aluno aprendente é a melhor posição para não se acomodar e desistir. O grande inimigo é sempre a preguiça. Precisamos alçar voo e abastecer nosso espírito a cada manhã. Resolver problemas e assumir novas questões.

Fervor, concentração, abertura e senso do mistério somados nos fazem ser pessoas felizes. Nunca teremos a plena verdade, mas seremos sempre audazes e corajosos para escavar mais fundo em busca da luz que sempre nos instiga e desafia.

3 Senso de humor

Para manter uma saúde psíquica e corporal é preciso dispor de algum humor. O maior de todos os humores é a capacidade de rir de seus próprios erros. Ou seja, para ser um bom profissional é preciso evitar toda ansiedade e estresse que aprisionam a alma. Diz Sertillanges: "O que mais importa à vida não são os conhecimentos, é o caráter, e o caráter estaria ameaçado se o homem se encontrasse por assim dizer abaixo de seu trabalho, oprimido pela rocha de Sísifo. Existe uma oura ciência além da que cai para dentro da memória: a ciência de viver. O estudo tem de ser um ato de vida, ser proveitoso para a vida, sentir-se impregnado de vida".[6]

Devemos, portanto, manter o contato com a vida, a nossa, com a de nossos amados familiares e companheiros de labuta e

---

6 SERTILLANGES. *A vida intelectual*, p. 181.

O que significa ser um profissional cristão? 319

com toda a vida do planeta sendo serenos e suaves em palavras e atos. Saber relaxar e gozar os momentos de alegria e convivência. Aceitar as provações. Apreciar e degustar as alegrias e relativizar e curtir com lucidez as amarguras e, sobretudo, ansiar pelos frutos.

Será sempre preciso ser mais do que se é na profissão e no trabalho. Sendo economista, é bom ser também poeta e cantor. Sendo poeta, é bom ser também matemático e jogador de vôlei. Diz Sertillanges: "O escritor precisa ser um médico e o clínico precisa saber escrever. Todo especialista é antes de tudo uma pessoa, e o essencial da pessoa está para além de tudo o que se pensa, de tudo o que se faz".[7]

Conclusão

O profissional cristão é alguém que aprendeu não uma especialidade, uma profissão, um saber específico, uma técnica, um adestramento, uma função. Ele é alguém que aprender a arte de viver. Essa arte vivida o faz alegre e firme no seu trajeto humano, sabedor de dores e amores, de erros e acertos. Sobretudo o faz humilde e solidário com os outros que navegam com ele no mesmo oceano do viver. Como ensinava um rabino: "Quando um recipiente está preenchido com nozes, pode-se ainda deitar nele muitas medidas de azeite".[8] Se as nozes podem exprimir o trabalho profissional adquirido na universidade e na empresa, podemos pensar que o azeite nela acrescido, em lugar de fazer sobrepesar a vida, chega a aliviar o peso do trabalho e as crises que surgem, pois ele será unguento de amor, arte, luz, espiritualidade ofertados pela fé

---

7   SERTILLANGES. *A vida intelectual*, p. 182.
8   Ibid., p. 182.

cristã e pelos valores mais íntimos da alma humana. Vale lembrar: "o homem que não graceja nunca, diz Santo Tomás, que não aceita brincadeira e não incentiva o lado lúdico ou relaxante de outrem é um bronco, e tem um alto custo para o próximo".[9]

Ninguém consegue viver com homens sombrios. Cristãos precisam ser alegres e fazedores de alegrias. O profissional cristão nasce do equilíbrio entre trabalho e lazer, entre perseverança e suavidade. O trabalho bem feito é sempre o bálsamo, o remédio e o incentivo. Enfim, a cereja do bolo é esta: diante da crítica alheia, o importante é não responder imediatamente e de forma nervosa e ácida, mas ser impessoal e íntegro, escutando quem critica. Aprender do outro e crescer sem soberba é o segredo. Chegará o dia dos aplausos e do reconhecimento. Talvez nem tanto pelo trabalho ou pelas atividades realizadas, mas sempre pelo carinho, pelo afeto e pela honestidade no trato com as pessoas. Os frutos sempre aparecem! E têm muita chance de serem suculentos e saborosos!

Referências

CARTA a Diogneto. In: PATRÍSTICA. *Padres Apologistas.* Trad. Ivo Storniolo. São Paulo: Paulus, 1995.

SERTILLANGES, Antonin-Dalmace. *A vida intelectual: Seu espírito, suas condições, seus métodos.* São Paulo: Editora É, 2010.

---

9 SERTILLANGES. *A vida intelectual*, p. 190.

A marca FSC® é a garantia de que a madeira utilizada na fabricação do papel deste livro provém de florestas que foram gerenciadas de maneira ambientalmente correta, socialmente justa e economicamente viável.

Este livro foi composto com as famílias tipográficas Adobe Caslon, Frutiger, Gill Sans e Times New Roman e impresso em papel Pólen Soft 80g/m² pela **Gráfica Santuário**.